COURS
DE DICTÉES

ADAPTÉES A LA GRAMMAIRE
DES ÉCOLES PRIMAIRES
DE E. SOMMER

PAR

CHARLES DEFODON

Rédacteur du *Manuel général de l'instruction primaire*
Membre du Conseil d'administration de la Société pour l'instruction élémentaire

PARIS
LIBRAIRIE DE L. HACHETTE ET Cie
BOULEVARD SAINT-GERMAIN, N° 77

1867

COURS

DE DICTÉES

Adaptées à la Grammaire

DES ÉCOLES PRIMAIRES

IMPRIMERIE GÉNÉRALE DE CH. LAHURE
rue de Fleurus, 9, à Paris.

COURS
DE DICTÉES
ADAPTÉES A LA GRAMMAIRE
DES ÉCOLES PRIMAIRES
DE E. SOMMER

PAR

CHARLES DEFODON

Rédacteur du *Manuel général de l'instruction primaire*
Membre du Conseil d'administration de la Société pour l'instruction élémentaire

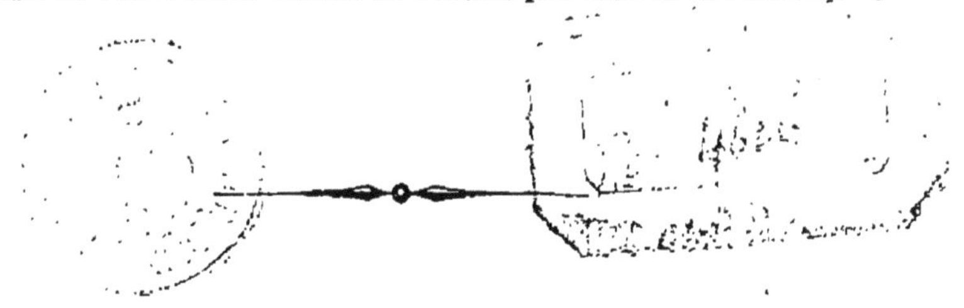

PARIS
LIBRAIRIE DE L. HACHETTE ET Cie
BOULEVARD SAINT-GERMAIN, N° 77

1867

PRÉFACE.

C'est un devoir pour nous, au moment de publier ce livre, de rendre un solennel hommage à la mémoire de l'homme excellent, du maître savant et habile qui devait le garantir de son nom, et qui avait bien voulu lui marquer une place dans le vaste ensemble de son œuvre.

Si ce cours de dictées a quelque mérite, il le devra surtout au plan que nous avait tracé M. Édouard Sommer.

Ce plan est, d'ailleurs, le même que Mme Cécile Regnard a si heureusement suivi dans son *Cours de dictées adaptées à la Grammaire des jeunes filles* *.

L'ordre de nos dictées est celui des paragraphes de la *Grammaire des écoles primaires*, une ou plusieurs dictées correspondant, suivant la nature et la difficulté des règles, à un ou à plusieurs de ces paragraphes.

L'emploi d'un caractère typographique spécial indique le mot ou le membre de phrase à propos duquel

---

* On sait que la *Grammaire des écoles primaires* et la *Grammaire des jeunes filles*, extraites l'une et l'autre du *Cours de Grammaire française* de M. E. Sommer, ne diffèrent entre elles que par les exercices qui accompagnent les règles.

il y a lieu d'observer la règle dont il s'agit particulièrement dans le morceau.

Une courte donnée, placée en tête de chaque sujet, fournit, de plus, au maître le moyen de transformer la dictée en exercice.

Ces données, ainsi que les titres courants et une table grammaticale détaillée, suffiront amplement à ceux qui n'ont point entre les mains la *Grammaire des écoles primaires* pour trouver, dans l'ensemble des dictées, le sujet grammatical dont ils pourraient avoir spécialement besoin.

Nous avons enfin pris soin de noter, toutes les fois que l'occasion s'est présentée, les points, fort rares d'ailleurs, où M. Sommer a cru devoir, sur telle ou telle question de détail, suivre une opinion particulière.

En somme, ce que nous offrons aux maîtres des écoles primaires, c'est une série de sujets à dicter et d'exercices à proposer, ou, plus simplement encore, si l'on veut, de lectures raisonnées, série logique et ordonnée, embrassant toutes les règles que doit comprendre, en général, une bonne grammaire élémentaire; c'est, en un mot, une *méthode grammaticale appliquée*, la seule méthode, — personne ne le nie aujourd'hui, — qui puisse convenir aux enfants et soit exempte de cette métaphysique dont Lhomond ne ne voulait plus déjà, ce qui n'a pas empêché la métaphysique de se maintenir dans les écoles pendant un siècle entier, depuis Lhomond.

Mais, dans un livre de ce genre, tout dépend, nous le savons, de l'exécution. C'est au public à juger de ce que nous aurons su faire.

Du moins pouvons-nous dire que nous nous sommes proposé, dans le choix de nos sujets et dans la manière de les traiter, d'abord de ne rien mettre sous les yeux des enfants qui ne fût vrai, bon et honnête, et ensuite, pourquoi ne le dirions-nous pas? de les intéresser, de les amuser même, persuadé qu'il n'est pas absolument nécessaire d'être ennuyeux pour être utile.

C'est dans cette vue que nous avons emprunté la matière de nos dictées à l'histoire, à la géographie, aux éléments des sciences naturelles, aux genres littéraires que les enfants comprennent le mieux, aux connaissances usuelles, à la morale pratique, surtout à la morale en action, choisissant de préférence ce qui nous paraissait le plus propre à être saisi et goûté.

Nous espérons qu'à ce titre les maîtres de l'enfance voudront bien nous tenir compte de nos efforts, efforts d'autant plus méritants peut-être que nous avons dû, naturellement, chercher le moyen de n'en pas laisser voir la trace. Puisse ce livre, laborieux à composer, ne pas sembler trop pénible à lire!

Charles DEFODON.

Avril 1867.

COURS
DE DICTÉES
ADAPTÉES A LA GRAMMAIRE
DES ÉCOLES PRIMAIRES.

PREMIÈRE PARTIE.

ÉLÉMENTS DU LANGAGE.

I. — DICTÉES SUR LE NOM.

1re Dictée.

(*Grammaire*, § 15 à 16.)

Les élèves rangeront sur deux colonnes les noms donnés dans cette dictée, et mettront d'un côté les noms communs, de l'autre les noms propres.

LA POULE NOIRE DE LA MÈRE NANETTE.

I.

Le *fermier Anfry*, mon *voisin* de *campagne*, a trois petits *garçons*, très-gentils d'ordinaire, mais un peu gourmands, le dernier surtout, qui a eu sept *ans*, l'*hiver* passé. Ce n'est pas là, me direz-vous, un bien grand *péché*, à cet *âge*. Non, mais il peut conduire, comme vous allez voir, à de plus graves. L'autre *jour* il manquait à l'*office* deux *poires*, deux poires magnifiques, qu'on gardait pour le *dîner* de *famille*, quand viendrait la *fête* du *pays*.

Qui donc a pu prendre les poires? On interroge nos *marmots* qui, d'une *voix* unanime, répondent : « Ce n'est pas moi ! » Et je crois même que l'un des trois ajouta : « Ce pourrait bien être *Isidore*, le *fils* du *père Mathieu*, qui, depuis la *semaine* dernière, pique les *bœufs*, à la *ferme*. » Anfry était très-triste, moins pour avoir perdu ses *fruits*, que parce qu'il en coûtait beaucoup à son *âme* honnête et droite d'avoir à soupçonner de *malhonnêteté* et de *mensonge* une des *personnes* de sa *maison*, qui sait? peut-être un de ses propres *enfants*.

II.

Comme il était dans cette *tristesse*, vient à passer la *mère Nanette*, qui a la *réputation* d'être une des plus fines *mouches* du *canton*. « Ce n'est que cela, dit-elle à Anfry, après qu'il lui eut conté sa *peine* : attendez, réunissez tous vos *gens*, et vous verrez. » Quand tout le *monde* fut venu : « Il y a ici, dit la mère Nanette, un *voleur* et un *menteur*. Eh bien ! ma *poule*, ici présente, laquelle est une poule d'*Amérique*, d'une *espèce* toute particulière, se charge de reconnaître le *coupable*. Et il importe qu'il soit reconnu, d'abord pour qu'il subisse son *châtiment*, et ensuite pour qu'on ne puisse faire retomber la *faute* sur ceux qui ne l'ont pas commise. Vous allez donc tous venir passer la *main* sur le *dos* de ma poule ; pour celui qui n'aura rien fait, elle ne bougera pas ; mais quand viendra le *malfaiteur*, elle va crier et battre des *ailes*. » Et, en parlant ainsi, la mère Nanette posa sur la *table* un *panier* où se trouvait une superbe poule noire.

III.

Valets, *bouviers*, *bergers*, *gardeurs* de *bêtes*, *serviteurs* et *servantes*, tous défilèrent successivement en flattant le dos de la poule, qui ne soufflait *mot*. A la *fin*, vinrent les trois enfants du *fermier*, *Georges* d'abord, *Henri* ensuite, puis, en dernier *lieu*, le petit *Jules*, qui affectait, je dois le dire, la plus grande *tranquillité*. La poule continua à se taire. « Ah! ah! dit la mère Nanette, il faut donc croire que *Cocotte* a perdu de sa *vertu*. Voyons pourtant, mes *amis*, montrez-moi maintenant la *paume* de votre main; il se pourrait faire qu'il y fût écrit certaine *chose*. » Le premier qui retourna sa main poussa un grand *cri* : cette main était, en effet, toute noire. Et de même le second, et ainsi des autres, jusqu'à Jules, dont la main n'avait aucune *tache*. Alors, la mère Nanette, s'avançant vers lui et le regardant entre les deux *yeux* : « C'est vous, lui dit-elle, qui avez menti et qui avez volé les poires. Osez-donc soutenir que je ne dis pas la *vérité*. » Jules, sans répondre, tout rouge de *terreur* et de *colère*, recula, épouvanté, puis, fondant en *larmes*, il alla cacher sa *tête* sur les *genoux* de sa vieille *nourrice*, qui le couvrit de son *tablier*.

Vous comprenez, mes enfants, l'*artifice* de la mère Nanette. Elle avait frotté avec de la *suie* et du *charbon* les *plumes* de sa poule. Ceux dont la *conscience* était nette avaient, sans rien craindre, passé leur main sur le dos noirci de Cocotte et ils en conservaient la *marque*. Quant à Jules, qui redoutait, pour de bonnes *raisons*, d'entendre la poule crier, il avait fait seulement semblant de la flatter, et voilà pourquoi sa main était restée blanche.

Ne faisons pas le *mal*, ou si nous l'avons fait, ne mentons pas pour nous excuser : c'est le plus honnête et le plus sûr.

2e Dictée.

(*Grammaire*, § 17 et 18.)

Les élèves rangeront sur deux colonnes les noms donnés dans cette dictée, et mettront d'un côté les noms masculins, et de l'autre les noms féminins.

NOUVELLES DU VILLAGE.

I.

Je me suis engagé, cher *frère* et chère *sœur*, à vous faire savoir, tant que vous resteriez à la *ville*, tout ce qui se passerait d'intéressant dans le *village* et dans notre *maison*. Je vais tenir ma *promesse*.

Je n'ai rien à vous dire sur *papa* et sur *maman;* ils sont toujours l'un et l'autre en excellente *santé*. *Jules* est allé, cette *semaine*, avec le *garde*, dans la *forêt*, où l'on avait tué tout récemment un *loup*, une *louve* et deux *louveteaux*. En se promenant, ils ont aperçu un *cerf* et une *biche* avec leur *faon;* un peu plus loin, un *chevreuil*, une *chevrette*, deux *chevrotins*, et, dans un *fourré*, un *sanglier*, une *laie* et six petits *marcassins*. Vous jugez si le garde était enchanté : voilà qui lui promet de beaux *coups* de *fusil* pour l'*hiver*.

La *chasse* est ouverte depuis le premier *jour* du *mois :* le *chien* et la *chienne* de Jules sont toujours malades, et il n'a pu les emmener, mais hier il a emprunté le grand *épagneul* d'*Alfred*, et il a rapporté un *lièvre*, une *hase*, trois *perdrix*, deux jeunes *perdreaux* et un *râle* de *genêt :* on dit que le *gibier* est rare cette *année*.

Pour moi, qui ne chasse point encore, je m'exerce à monter à *cheval*.... sur un *âne;* c'est encore Alfred qui m'a ouvert les *portes* de son *écurie*, notre *anesse* ne pouvant sortir, parce qu'elle allaite son *ânon*. Papa a vendu son cheval blanc; il ne nous reste plus que la *jument* grise et le petit *poulain*, qui est le plus joli du *monde*.

II.

Le *coq* et la *poule* d'*Amélie* lui font tous leurs *compliments;* les petits *poussins* viennent à ravir. La poule blanche me fait à chaque *instant* mourir de rire : on lui a donné à couver des œufs de *cane*, qui ont parfaitement éclos; il faut la voir courir autour de la *mare*, quand les *canetons*, sans écouter ses *cris* et sans tenir compte de ses *conseils*, s'en vont bravement s'y promener avec les autres *canards*.

Notre *taureau*, il y a quelques heures, vient de partir pour l'*abattoir;* il était devenu tellement méchant, qu'on osait à peine s'approcher de lui; les *valets* et les *servantes*, qu'il gratifiait souvent de bons *coups* de *corne*, ne seront certes pas fâchés de son *départ*. Nous avons maintenant trois *vaches*, deux *génisses*, sans oublier un petit *veau* qui tette encore. Oserai-je ajouter que le *cochon* et la *truie*, sauf votre *respect*, prennent, par mes *soins*, un *embonpoint* de plus en plus respectable?

Les *fermiers* qui ont des *moutons*, sont en ce moment bien désolés. La *maladie* s'est mise sur les *troupeaux*, et ce sont les plus beaux *béliers* et les plus belles *brebis* qui sont les premiers attaqués; *Pierre* a perdu tous ses *agneaux* : c'est une véritable *peste*. Le *berger* m'a conseillé de retirer du *bercail* de notre *voisin* mon *bouc*, ma *chèvre* et mon *chevreau*, qui auraient pu, me disait-il, tomber malades : ils sont aujourd'hui dans notre *étable*, où, comme vous pensez bien, je ne les laisse pas dépérir.

Je vous dirai, pour finir sur une *nouvelle* moins triste, qu'*Isidore*, qui était *fourrier*, comme vous savez, aux *chasseurs* d'*Afrique*, vient de revenir au *pays*. Il apporte du *Mexique* un *sapajou*, une *guenon*, un *perroquet* et une *perruche*. Vous jugez le *vacarme* * !

3e Dictée.

(*Grammaire*, § 19 à 21.)

Les élèves rangeront sur deux colonnes les noms donnés dans cette dictée, et mettront d'un côté les noms qui sont au singulier, et de l'autre les noms qui sont au pluriel. Ils souligneront ensuite d'un trait simple les noms qui n'ont pas de pluriel et d'un trait double ceux qui n'ont pas de singulier **.

DAME LOUISE.

Vous n'avez pas connu, mes petits enfants, cette bonne dame que tout le village appelait dame Louise, parce qu'on

---

* Le maître pourra profiter de cette dictée pour mettre sous les yeux des élèves un certain nombre de rapprochements entre les noms, au point de vue de l'espèce. Nous ne croyons pas inutile de faire observer que la guenon n'est pas la femelle du singe, ni le perroquet le mâle de la perruche, comme on le croit généralement.

** Nous écrivons en italiques les noms communs qui n'ont pas de plune lui connaissait pas d'autre nom. A en juger par son visage un peu triste et mélancolique, elle avait eu sans doute des chagrins et des souffrances; qui sait? peut-être avait-elle éprouvé le dénûment et la misère, la *faim* et la *soif :* on dit qu'il faut de ces sortes d'épreuves pour attendrir les sentiments et grandir les âmes.

D'elle-même, d'ailleurs, elle ne parlait jamais; toutes ses pensées étaient pour les autres.

Aussi dame Louise pouvait-elle justement passer pour la *providence* du canton ; on venait de dix lieues pour implorer son appui ou demander ses conseils, tant on savait trouver en elle de *sagesse* et de *charité*. Le dimanche était son grand jour, le jour d'audience de dame Louise. Je crois la voir encore, ici près, assise, après VÊPRES, sur son grand fauteuil, à l'ombre du marronnier qui ombrageait sa porte, recevant ceux qu'elle appelait ses clients et ses pupilles. C'étaient des vieillards sans ressources, des soldats partant pour le service, des fils qui avaient perdu leur père, des mères qui craignaient pour le *sort* de leurs enfants.

Dame Louise donnait aux uns et aux autres ce qui leur convenait, l'aumône de son cœur ou celle de sa bourse, suivant les besoins des GENS, qui jamais, je vous assure, ne s'en retournaient les yeux secs ou les mains vides.

Elle est morte, la pauvre dame : nouveau venu dans le pays, je n'ai guère pu faire autre chose que d'assister à ses FUNÉRAILLES. On lui a bien rendu, ce jour-là, les PLEURS que, durant sa vie, elle avait, pour ainsi dire, pris pour elle, en en tarissant la source, et il eût fallu n'avoir pas d'ENTRAILLES pour s'empêcher soi-même de pleurer. Ce

---

riel, et en petites capitales ceux qui n'ont pas de singulier. Inutile de faire remarquer que cette dictée n'est pas faite pour les tout petits enfants. A ceux-ci les deux précédentes pourraient suffire. Nous ne renouvellerons plus cette observation, laissant aux maîtres le soin de proportionner les exercices à l'intelligence de l'élève et à l'étendue de ses connaissances.

fut un jour de *deuil* pour la contrée entière : tout n'était que sanglots, du château à la chaumière. Dieu vous accorde à tous, chers enfants, quand la terre reprendra vos restes, un cortége comme celui que j'ai vu se presser autour du cercueil de dame Louise!

4e Dictée.

(*Grammaire*, § 22 et 23.)

Les élèves mettront au pluriel les noms donnés au singulier dans cette dictée, et au singulier ceux qui sont donnés au pluriel; ils souligneront ceux qui ne changent pas au pluriel*.

LE LABOUREUR ET SES ENFANTS.

Un vieux et honnête *laboureur*, sentant sa *mort* prochaine, réunit ses FILS autour de son *lit*, et leur tint, à peu près, ce DISCOURS : « Mes *enfants*, je sens que mes *forces* m'abandonnent; je veux, avant ma *fin*, vous donner un sage AVIS : Gardez-vous de vendre jamais le *champ* que je vous laisse : un *trésor* y est caché. Quand vous aurez fait la *moisson*, tournez et retournez le *terrain*; défrichez même le petit BOIS, qui est au bout de notre *pièce* de *luzerne*. Assurément vous trouverez un *sac* de LOUIS que je sais être enfoui dans l'ENCLOS. » Ils firent ce que leur *père* avait dit; la *pioche* et la *bêche* eurent une rude *besogne*, et ils ne ménageaient pas leurs BRAS. Ils ne trouvèrent pas le plus petit *écu*; mais, sur le *sol* remué et travaillé chaque *jour*, il vint le plus beau *blé*, le plus beau *seigle*, la plus belle *avoine* du monde, et le *marché* du *canton* leur rendit en bonne *monnaie* le PRIX de leurs *peines*. Ils comprirent alors toute la *valeur* des derniers *conseils* du *vieillard*, et chaque FOIS qu'ils allèrent ensuite

* Nous écrivons en italiques les noms qui forment le pluriel en ajoutant un *s* au singulier et en petites capitales ceux qui ne changent pas au pluriel.

s'agenouiller devant l'humble CROIX plantée sur sa *tombe*, le *souvenir* de ce qu'ils lui devaient leur faisait verser des *larmes*.

5e Dictée.

(*Grammaire*, § 24.)

Les élèves mettront au pluriel les noms en *au*, *eu* et *ou* qui sont donnés au singulier dans cette dictée, et au singulier ceux qui sont donnés au pluriel; ils souligneront les noms qui forment leur pluriel d'après la règle générale ou qui ne changent pas au pluriel *.

L'OMBRE D'UN ÂNE.

I.

Un grand *orateur* grec, *Démosthène*, plaidait, un *jour*, pour un pauvre *diable* accusé d'un *crime* capital. Mais il avait beau faire briller tous les FEUX de son *éloquence*, les *juges*, ce n'est pas ici le LIEU de rechercher pourquoi, semblaient se faire un JEU de tous ses *efforts*, et ne l'écoutaient même pas. Démosthène fit alors comme ceux qui ploient les GENOUX pour sauter plus loin et plus haut; il interrompit brusquement son *discours* : « L'*an* dernier, dit-il, un *homme* loua un *âne* à un *ânier*, qui se chargea de le conduire chez un de ses NEVEUX, dans une *campagne* assez éloignée. Ils partirent au MILIEU du *jour*; le *soleil* était ardent, la *route* montante et poudreuse. Pas un *verre* d'EAU à boire, pas le moindre ARBRISSEAU, le moindre *buisson* pour se mettre à l'*abri* des *rayons* brûlants. Exténué, l'homme prend l'âne par le LICOU, et l'attache à un PIEU, au bord du *sentier*. Puis, s'étendant à l'*ombre* que projetait le *corps* du *baudet*, il veut se reposer et dormir. Mais l'ânier s'y opposa, prétendant qu'il avait loué son âne, à la vérité, mais non pas l'*ombre* de son âne.... »

---

* Nous écrivons en italiques les noms qui forment leur pluriel d'après la règle générale ou qui ne changent pas au pluriel, et en petites capitales ceux qui sont terminés en *au*, en *eu* et en *ou*.

II.

Ici Démosthène s'arrêta. « Eh bien, qu'arriva-t-il ? » lui cria-t-on de toutes *parts*. « Vous le voyez, reprit l'orateur, vous voilà réduits, ô *Athéniens*, à en faire vous-même l'AVEU : le grave *peuple* de *Minerve* * est comme un *enfant* qui ne se plaît qu'avec ses JOUJOUX, comme un OISEAU qui voltige deçà et delà, peu soucieux de l'*endroit* où il ira poser son *aile*, et c'est bien en vain, selon moi, que le HIBOU de la *déesse*, *symbole* de *prudence*, est sculpté sur les *murs* de vos *maisons* et de vos *temples*. Il faut à vos *esprits*, pour les intéresser et les captiver, des *histoires* et des *contes*. Mais quand il s'agit de la *vie* d'un de vos *concitoyens*, alors vous n'avez plus d'*oreilles*. Et cependant, ne l'oubliez pas, vous ne pouvez toucher impunément à un seul CHEVEU de cet homme, et votre *insouciance* sera un *crime* qui attirera sur vous la malédiction des DIEUX. » Je n'ai pas *besoin* d'ajouter que Démosthène gagna sa *cause*.

6ᵉ Dictée.

(*Grammaire*, § 25.)

Les élèves mettront au pluriel les noms en *al* et en *ail* donnés au singulier dans cette dictée ; ils mettront également au pluriel le mot *œil* et le mot *ciel* ; ils formeront aussi le pluriel de tous les autres noms qui sont donnés au singulier **.

L'INONDATION.

J'ai à vous annoncer une triste *nouvelle* : pendant que vous vous divertissez au BAL et au *spectacle*, l'*inondation* ravage notre *plantation*, la plus belle naguère de toute la

* Minerve était la déesse de la sagesse ; la ville d'Athènes, où Démosthène plaidait, était consacrée à cette déesse. On représentait Minerve avec un hibou.

** Nous écrivons en petites capitales les noms en *al* et en *ail*, ainsi que les mots *œil* et *ciel*, et en italiques les autres noms.

colonie. *Rivière*, CANAL, *torrent*, tout, jusqu'au plus mince RUISSEAU, a débordé. On nous avait avertis, mais notre OEIL prévenu se ferma au SIGNAL qui nous fut fait; nous ne voulûmes point interrompre notre TRAVAIL. Notre *défiance* fut cruellement punie, et quand l'*eau* se déchaîna, nous ne pûmes lui opposer aucune *résistance*. La *digue* fut soudainement brisée, et le *flot*, envahissant la *rue*, entra en *masses* écumantes dans notre *maison* par le SOUPIRAIL de la cave; il monta rapidement jusqu'au *plafond* du premier *étage*. Nous fûmes assez heureux pour nous sauver dans un *bateau*; mais nous avons tout perdu, jusqu'à notre *troupeau*, qui, enfermé dans son BERCAIL, n'a pas même pu essayer de fuir. Notre malheureuse *population* se presse sous le PORTAIL de l'*église*, adressant à celui qui règne au CIEL une trop tardive *prière*, car notre *désastre* est irréparable : le *corbeau* et le CHACAL s'engraisseront du *débris* de notre *fortune*.

II. — DICTÉES SUR L'ARTICLE.

7e Dictée.

(*Grammaire*, § 26 à 31.)

Les élèves 1° souligneront d'un trait simple les articles définis, et d'un trait double les articles indéfinis contenus dans cette dictée; 2° souligneront également les prépositions qui accompagnent les noms; 3° distingueront par les lettres *n. m.* ou *n. f.* les noms masculins ou féminins dont le genre n'est pas suffisamment déterminé par l'article qui les accompagne.

LES GASCONS.

La Gascogne formait autrefois UN seul et même gouvernement avec *la* Guyenne, dont *les* habitants sont aussi généralement désignés sous *le* nom de Gascons, nom par lequel on désigna assez souvent, mais improprement, *les* Languedociens.

Les Gascons sont célèbres par *la* vivacité de leur caractère et de leur esprit. *La* hâblerie, à ce qu'on prétend, ne leur est pas tout à fait étrangère, et *l'*humilité ne leur convient qu'à demi. Ils comprennent généralement *le* français, mais ils parlent assez volontiers, surtout dans *les* campagnes, UN dialecte d'UNE ancienne langue, *la* langue romane, qu'on parlait à *l'*époque du moyen âge; *le* patois gascon se distingue par *la* grâce et *l'*énergie.

8e Dictée.

(*Grammaire*, § 32 à 35.)

Les élèves distingueront les formes de l'article défini combiné avec *de* ou avec *à*, qui sont contenues dans cette dictée, et les décomposeront de cette manière : *des Gascons* pour *de les Gascons*, *aux Normands* pour *à les Normands*, etc.; 2° souligneront ensuite, toutes les fois qu'ils trouveront ces formes, *des*, *du* ou *de la* employés comme articles indéfinis*; 3° distingueront par les lettres *n. m.* ou *n. f.* les noms masculins ou féminins dont le genre n'est pas suffisamment déterminé par l'article qui les accompagne, ou qui ne sont accompagnés d'aucun article.

LES NORMANDS.

Des Gascons *aux* Normands la différence est grande, bien que certaine fable que vous connaissez se soit fait un malin plaisir de rapprocher les uns *des* autres. Il n'est pas douteux que, s'il s'agit d'esprit et de finesse, le Normand n'a rien à envier *au* Gascon, ni le Gascon *au* Normand, mais le premier, s'il faut en croire les mauvaises langues, est plus bavard, et le second plus sournois. Donnons, pour être justes, plus de vivacité *au* Gascon, et *au* Normand plus de prévoyance. Mais ne leur refusons pas ce qui leur appartient également, c'est-à-dire DU courage, DE L'activité, DU bon sens et, ce qui ne gâte rien, DE L'entrain et DE LA bonne humeur. Ce sont DES populations

* Nous écrivons en italiques les formes de l'article combiné avec *à* ou avec *de*, et en petites capitales *des*, *du* ou *de la* employés comme articles indéfinis.

fortes et saines, qui ont assurément beaucoup fait pour l'honneur et la grandeur *du* pays et *du* nom français.

III. — DICTÉES SUR L'ADJECTIF.

9e Dictée.

(*Grammaire*, § 36 à 38.)

Les élèves rangeront sur quatre colonnes les adjectifs donnés dans cette dictée ; ils mettront dans la première ceux qui sont au masculin singulier ; dans la deuxième ceux qui sont au masculin pluriel ; dans la troisième ceux qui sont au féminin singulier ; dans la quatrième ceux qui sont au féminin pluriel.

LE CERF.

Le cerf est un animal *innocent*, *doux* et *tranquille*, qui ne semble être fait que pour embellir, animer la *verte* solitude des forêts, et en occuper, loin de nous, les retraites *paisibles*. Sa forme *élégante* et *légère*, sa taille *svelte* et *fine*, ses membres *flexibles* et *nerveux*, que la nature a ornés d'un bois, qui, comme la cime des arbres, se renouvelle d'année en année, sa grandeur, sa légèreté, sa force, le distinguent assez du reste des animaux que nous appelons *sauvages*.

Le cerf a l'œil *bon*, l'odorat *exquis*, l'oreille *excellente* ; il est d'un naturel assez *simple*, et cependant il est *curieux* et *rusé*, surtout quand il a été plusieurs fois poursuivi par les chasseurs. Il a la voix d'autant plus *forte* et plus *grosse*, qu'il est plus *âgé* ; la biche a la voix plus *faible* et plus *courte*. La chair du faon est *bonne* à manger ; celle de la biche n'est pas absolument *mauvaise* ; mais celle des cerfs a toujours un goût *désagréable*. Ce que cet animal fournit de plus *utile*, c'est son bois et sa peau ; on prépare celle-ci, et elle fait un cuir *souple* et très-*durable* ; le bois s'emploie par les couteliers, les fourbisseurs, et l'on en tire, par des opérations *chimiques*, des essences *volatiles*, dont la médecine faisait autrefois un *fréquent* usage.

10e Dictée.

(*Grammaire*, § 39 et 40.)

Les élèves écriront au pluriel les adjectifs qui sont donnés au singulier dans cette dictée, et au singulier ceux qui sont donnés au pluriel.

LE CHÊNE ET L'ARBRISSEAU.

« Paul, disait un jour à son élève un *sage* et *prudent* précepteur, vois-tu cet arbuste que le vent a penché vers le sol : il faut en redresser la tige. » Paul, ravi de montrer sa force, en peu d'instants releva l'arbuste. « Fort bien, dit le précepteur, mais vois maintenant ce *vieux* chêne qui, lui aussi, est courbé ; ne veux-tu pas faire pour l'arbre ce que tu as fait pour la plante? » Paul tourna vers le maître ses *grands* yeux *bleus* : « Vous vous moquez, dit-il, et je serais bien *fou* de l'essayer. » — « J'entends, reprit le maître, tu es d'avis que le combat serait trop *inégal*, mais crois-tu qu'au moment où l'arbre était *jeune*, où ce *gros* tronc n'était qu'une *faible* tige, pas plus *forte* ni plus *haute* que celle du *petit* arbuste, il eût fallu, pour le redresser, de bien *terribles* efforts? » — Assurément non, répondit Paul. — « Eh bien, mon *cher* enfant, il en est de même de nos défauts : dans l'enfance et dans la jeunesse, il nous est *facile* de les corriger ; plus tard, la lutte est encore *digne* de nous, et il est *beau* de l'entreprendre, mais le plus souvent nous sommes vaincus, et il semble qu'un sort *fatal* nous entraîne malgré nos efforts. A toi, mon ami, de conclure. »

11e Dictée.

(*Grammaire*, § 41 et 42.)

Les élèves écriront au féminin tous les adjectifs suivant la règle générale, qui sont donnés au masculin dans cette dictée, et au masculin tous ceux qui sont donnés au féminin. Ils souligneront les adjectifs qui ne changent pas au féminin *.

UN DUPEUR DUPÉ.

On conte que le *célèbre* général ROMAIN Antoine se livrait quelquefois au divertissement de la pêche à la ligne avec la reine d'Égypte, Cléopatre. La reine était fort ADROITE ; le général avait la main LOURDE : il n'attrapait jamais le plus PETIT poisson, et Cléopatre se moquait d'Antoine. Voici, pour suppléer à sa maladresse, le stratagème qu'il imagina. Il connaissait un EXCELLENT plongeur. Il indiqua une pêche pour un CERTAIN jour, remit à ce plongeur un lot de poissons *magnifiques*, qu'il avait fait d'avance mettre en réserve, et lui commanda de venir sous l'eau attacher successivement *chaque* poisson au bout de sa ligne. Il paraît que le plongeur réussit, et qu'Antoine eut ainsi, sans GRANDE peine, les honneurs de la journée; mais Cléopatre était trop FINE pour ne pas deviner la ruse, et elle s'en vengea bientôt. Quand le jour de la pêche revint, à peine la ligne d'Antoine était-elle dans l'eau, qu'il sentit qu'un poisson venait de se prendre à l'appât. Le *fidèle* plongeur est à son poste; Antoine le sait : le succès est donc SÛR. Il tire. Et que trouve-t-il à son hameçon? Un poisson qui sort de la poêle, tout PRÊT à être mangé. La reine l'avait fait attacher à la ligne d'Antoine par un autre plongeur encore plus DILIGENT et plus *habile* que celui du général.

---

* Nous écrivons en italiques les adjectifs qui ne changent pas au féminin, et en petites capitales ceux qui forment leur féminin d'après la règle générale.

Vous jugez de la *triste* mine qu'il dut faire, et des moqueries *impitoyables* qui accueillirent son *étrange* capture.

12e Dictée.

(*Grammaire*, § 41 et 42.)

Faites le même travail que sur la dictée précédente.

L'ANNEAU QUI REND INVISIBLE.

I.

Une fable *antique* raconte que, pendant le règne d'un roi célèbre de l'Asie, un *jeune* homme, *simple*, *honnête*, *aimable*, nommé Callimaque, devint, bien qu'étant de race *noble*, si *misérable* et si *pauvre*, qu'il se vit réduit à la condition d'un *humble* berger. Se promenant un jour sur une montagne *aride*, où il rêvait sur ses malheurs en menant son troupeau, il aperçut auprès de lui une ouverture dans un rocher. Il entre; il se trouve au milieu d'une *large* caverne, et il entrevoit, dans une lueur *sombre*, une urne d'or sur laquelle ces mots étaient gravés : « Ici tu trouveras l'anneau qui rend *invisible*. O homme, qui que tu sois, à qui le destin réserve la faveur de le posséder, garde-toi d'abuser du pouvoir qu'il te donnera. »

Callimaque ouvre l'urne, trouve l'anneau et le prend. Il sort de la PROFONDE caverne, et voit de loin le roi, suivi de sa BRILLANTE cour, qui passait pour se rendre dans une maison de campagne CHARMANTE, sur la rive FLEURIE d'un fleuve. Callimaque tourne en dedans sa bague ENCHANTÉE; il s'approche de quelques esclaves qui précédaient la ROYALE compagnie, et qui portaient des parfums répandant sur tous les chemins où le roi devait passer une FINE et DÉLICATE odeur. Personne ne l'aperçoit.

13e Dictée.

(*Grammaire*, § 43.)

Les élèves écriront au masculin tous les adjectifs qui sont donnés au féminin dans cette dictée, et au féminin tous ceux qui sont donnés au masculin.

L'ANNEAU QUI REND INVISIBLE.

II.

Le roi, vêtu d'une robe de pourpre, d'une magnificence sans *pareille*, était monté sur un char traîné par des lions, qui semblaient avoir oublié, pour lui obéir et pour lui plaire, leur férocité *naturelle*. Au sortir d'une forêt, qui conservait sous ses rameaux une *éternelle* fraîcheur, on arriva dans une prairie qui ressemblait à une corbeille de fleurs *vermeilles*. Le roi qui se trouvait de *bonne* humeur ce jour-là, mit pied à terre, et invita ceux qui l'avaient suivi à se livrer au plaisir d'une course de chars. « Si j'avais encore, leur dit-il, mon *ancienne* vigueur, je prendrais part à vos jeux, mais la vieillesse *félonne*, qui trompe les *perpétuelles* espérances des hommes, m'a laissé tout juste assez de force pour accomplir la tâche *quotidienne* que la royauté m'impose. Que ceux à qui cette jeunesse, que je n'ai plus, hélas! donne chaque jour une ardeur *nouvelle*, luttent ensemble d'agilité et d'adresse; je récompenserai le vainqueur, et je punirai celui dont l'humeur *poltronne* aura reculé devant le combat et renoncé à la victoire. » Callimaque résolut alors de surprendre toute l'assistance par le moyen de son anneau.

14e Dictée.

(*Grammaire*, § 43. — Observation.)

Les élèves souligneront d'un trait simple les adjectifs qui doublent au féminin la consonne finale, et d'un trait double ceux qui font leur féminin d'après la règle contenue dans l'observation *.

L'ANNEAU QUI REND INVISIBLE.

III.

Le roi avait auprès de lui sa fille *cadette* déjà passablement *vieillotte*, mais très-*coquette*, et que l'on connaissait à dix lieues à la ronde pour sa vanité et sa méchanceté. Au moment où elle allongeait sa main *maigrelette* pour prendre, sur un coussin de pourpre brodé d'or, une cassette de bois de rose, contenant un poëme de six mille vers composé en son honneur, que lui présentait à genoux un des rimeurs de la cour, Callimaque, protégé par l'ombre DISCRÈTE répandue autour de lui par la vertu de son anneau, se glissa jusqu'auprès d'elle et lui dit tout haut, comme s'il eût parlé pour le poëte : « Madame, tout ce qui est écrit là dedans est fausseté COMPLÈTE ; tout le monde sait que vous êtes fort *sotte* et que vous n'avez pas plus de cœur que d'esprit. » La suite du roi, qui entendit ces paroles, demeura *muette* de stupeur ; quant à la princesse, elle ne se connaissait plus ; sa figure était *violette;* elle ne put que crier : « Qu'on le pende ! » et elle s'évanouit. Il fallait voir la mine INQUIÈTE du faiseur de vers, qui n'en pouvait mais. Le roi ne savait que penser ; désirant toutefois que la chose demeurât aussi SECRÈTE que possible, il ordonna de continuer les jeux.

---

* Nous écrivons les premiers en italiques et les seconds en petites capitales.

15e Dictée.

(*Grammaire*, § 43 et 44.)

Les élèves écriront au masculin les adjectifs qui sont donnés au féminin dans cette dictée, et au féminin ceux qui sont donnés au masculin. Ils souligneront d'un trait simple ceux des adjectifs indiqués dans le § 44, qui forment leur féminin régulièrement, et d'un trait double ceux qui doublent la consonne finale *.

FRAGMENTS EXTRAITS DU JOURNAL D'UNE MÈRE.

C'est comme un concert *perpétuel* autour de moi : Que votre fille est *spirituelle* ! Combien ne donnerais-je pas pour qu'on vînt me dire une fois seulement : Votre fille a un *bon* cœur.

Voulez-vous que je vous dise, Lucie, le secret de n'être point *sotte ?* Soyez *naturelle.*

Elle était *gentille* vraiment, quand elle est venue, ce matin, avec son écharpe *grise* et, dans les cheveux, ce ruban *violet* qui lui va si bien, m'offrir, *vermeille* et *mignonne*, son bonjour *quotidien.* Il faut bien que je le confesse : je n'ai pu me défendre de cet orgueil *maternel*, qui est notre GROS péché, à ce que l'on dit. Mais le châtiment a suivi la faute ; j'ai surpris entre Lucie et son miroir un dialogue *muet* qui me rend fort *inquiète.* Lucie serait-elle *coquette* déjà ?

Virginie a l'esprit ÉPAIS, et rien n'est plus *niais* que sa sœur *cadette :* cela est bientôt dit, Lucie ; prenez garde que leur lenteur ne vaille mieux que votre légèreté, et qu'elles n'aient plus de bon sens que vous, si vous avez plus d'esprit qu'elles.

Vous avez fui devant le chien, qui ne vous voulait pas de mal, puis vous avez pris un bâton pour le battre. Vous avez cru sans doute faire preuve de prudence d'abord et d'audace ensuite. Je suis d'avis que vous avez été d'abord *poltronne* et ensuite *cruelle.*

---

* Nous écrivons ces derniers en petites capitales.

16e Dictée.

(*Grammaire*, § 44 et 45.)

Les élèves écriront au masculin les adjectifs qui sont donnés au féminin dans cette dictée, et au féminin ceux qui sont donnés au masculin; ils souligneront d'un trait simple ceux qui ne doublent pas au féminin la consonne finale, et les autres d'un trait double.

L'ANNEAU QUI REND INVISIBLE.

IV.

Résister à la volonté *impérieuse* des rois est un jeu *dangereux* qui peut avoir souvent de *fâcheuses* conséquences. Le roi faisait ce qu'il pouvait pour ne pas paraître *soucieux;* d'une voix qu'il tâchait de rendre *douce*, il consolait sa fille, qui peu à peu revenait à elle; la princesse elle-même, comprenant qu'elle devait se tirer à son honneur de ce *mauvais* pas, écoutait d'un air *soumis* les paroles de son père, et refoulait au fond de son cœur les idées de colère que lui inspirait sa méchanceté *vaniteuse*. Mais on sentait aisément que, malgré ces dehors, le ciel de la cour était à l'orage. On ne se fit donc pas répéter l'ordre. Il fallait suivre d'abord la rive *sablonneuse* du fleuve, puis tourner brusquement autour d'un GROS cèdre qui dominait la plaine, et revenir, par une route *sinueuse*, marquée çà et là par des poteaux, indiquant les points *dangereux*, jusqu'au pied même du trône où le roi était assis.

V.

Vingt chars partent ensemble : une poussière ÉPAISSE s'élève sous les roues; on a peine à suivre des yeux, à travers le nuage *gris* qui obscurcit l'air, la lutte d'abord *indécise*. Mais cette jeunesse de cour est bientôt LASSE; trop *jalouse* de son indépendance et trop *amoureuse* des plaisirs, elle n'a jamais su se plier aux règles *précises* et *rigoureuses* de la discipline; aussi plus d'un renonce-t-il, après quelques tentatives INFRUCTUEUSES, à une tâche trop *laborieuse* pour lui. On les voit revenir, l'oreille BASSE, au point de départ, cherchant, sous un FAUX prétexte, à déguiser leur retraite *honteuse*. Tout à coup, Callimaque, toujours caché aux regards, grâce à son *précieux* anneau, monte dans le char du roi : il pousse les lions; le char vole, et devance bientôt les autres, sans qu'on puisse voir quel est le guide *mystérieux* qui le mène avec tant de vigueur et une si *audacieuse* impétuosité*.

17e Dictée.

(*Grammaire*, § 47.)

Les élèves écriront au féminin les adjectifs qui sont donnés au masculin dans cette dictée, et au masculin ceux qui sont donnés au féminin.

UNE ESCAPADE DE DU GUESCLIN.

I.

On conte que Bertrand du Guesclin, dans son enfance, ne trouvait pas de *meilleur* passe-temps que de provoquer à la lutte ses amis et ses camarades, sans jamais regarder, dit-on, s'ils pouvaient avoir plus d'âge que lui ou une force *supérieure* à la sienne. Il faut dire d'ailleurs qu'en ce temps-là, la vigueur du corps comptait pour beaucoup dans l'éducation des enfants : on ne connaissait pas, alors comme aujourd'hui, l'abri *protecteur* de la loi, qui nous accompagne partout; la société ne comptait guère que deux classes, l'une *dominatrice*, l'autre supportant, malgré elle, le joug qui lui était imposé. L'homme de la classe *inférieure* devait partout s'incliner sous la main du seigneur, qui, derrière les remparts de son château, bravait les foudres *vengeresses* d'une justice que son caprice faisait trembler. Qui avait la force, avait le droit : on cherchait donc à posséder la force. Je reviens à mon anecdote.

---

* Pour le § 46, voir la dix-neuvième dictée.

II.

Un jour de fête, Bertrand du Guesclin avait eu la *flatteuse* distinction de conduire au sermon sa tante, chez laquelle il demeurait. Or, en allant à l'église, il avise, du coin de l'œil, un combat de lutteurs qui se prépare ; et je vous laisse à penser si ses goûts *batailleurs* s'éveillent. Le sermon commence. Il s'agissait ce jour-là du charme que procure la paix *intérieure*, des joies *trompeuses* du monde, et des douceurs *enchanteresses* que l'on goûte au service de Dieu. Tout yeux et tout oreilles, la tante ne perdait ni un mot ni un geste du prédicateur. Bertrand saisit l'occasion ; il s'esquive sans qu'on l'aperçoive, et court au lieu du combat. Quand il rentra, le soir, une balafre *accusatrice* montrait clairement le peu de profit qu'il avait fait du sermon ; mais sa joie était au comble : ses rivaux avaient dû lui céder le prix du combat.

Il va sans dire, mes enfants, que je ne vous donne pas en ceci Bertrand du Guesclin comme un modèle. Cette humeur *querelleuse* n'est plus de mise dans notre temps, et j'imagine pour votre honneur que vous avez tous mieux commencé que le connétable ; mais je vous souhaite de finir comme lui.

18ᵉ Dictée.

(*Grammaire*, § 47.)

Même travail que sur la dictée précédente.

L'ANNEAU QUI REND INVISIBLE.

VI.

Quand le char, où l'on ne voyait personne, revint devant le roi, un concert *approbateur* de félicitations et d'applaudissements se fit entendre dans l'assemblée : cette course avait de beaucoup surpassé les courses *antérieures*. Le roi se leva de son trône : « Qui que tu sois, dit-il, toi qu'une ombre *trompeuse* dérobe à nos regards, si quelque divinité *protectrice* n'a pas fait de toi une créature *supérieure* au reste des hommes, daigne accepter le prix que j'ai promis au vainqueur : une récompense est toujours *flatteuse*, quand on la mérite comme toi. — O roi, répondit Callimaque sans se découvrir, en échange de ton offre et de tes compliments, dont je te rends grâce, je veux te faire moi-même un don *meilleur* que toutes les richesses qui furent jamais dans tes trésors ; je te donnerai, si tu sais t'en servir, un bien qui échappe à la *majeure* partie des rois, la connaissance de la vérité. *Exécuteur* des décrets d'en haut, je serai sans cesse auprès de toi, même quand tu ne voudrais pas savoir que j'y suis : ce que la voix *adulatrice* de tes courtisans, ce que leurs flatteries *menteuses* empêchent d'arriver jusqu'à toi, je te le dirai à l'oreille, je t'en avertirai même tout haut, quand tu ne sauras pas m'entendre, comme je l'ai fait tout à l'heure pour certaine princesse. »

VII.

Callimaque accompagna ces mots d'un éclat de rire passablement *moqueur*, et il continua : « Je remplacerai pour toi cette voix *intérieure* de la conscience qu'il est trop facile d'étouffer ; je serai l'écho *vengeur* du mal que tu auras laissé faire ; et je ferai, en retour, monter jusqu'à toi ce murmure *enchanteur* de la reconnaissance de ton peuple, qui se perd si souvent en route. » Callimaque se tut et s'éloigna. Peut-être le roi ne goûtait-il pas beaucoup cette sorte de langage à laquelle on ne l'avait guère accoutumé ; il affecta pourtant un contentement *extérieur*, dont on fit honneur à sa modestie, et les courtisans, peuple *imitateur* par excellence, eurent l'air de partager cette satisfaction. La princesse elle-même, soit pour faire comme les autres, soit par crainte de se voir encore publiquement admonestée, ne se laissa aller, ce jour-là, que douze ou quinze fois aux accès de l'humeur *boudeuse* et *querelleuse* qui faisait le fond de son caractère.

19e Dictée.

(*Grammaire*, § 46 et 48.)

Même travail que sur les deux dictées précédentes.

L'ANNEAU QUI REND INVISIBLE.

VIII.

Callimaque tint parole au roi : toujours placé en *tierce* personne entre lui et chacun de ses confidents, il voyait sans être vu, il entendait sans être entendu, et il ne se privait ni de réflexions ni de commentaires. A la fin, son *franc* langage, et même ses railleries *malignes*, l'emportèrent, dans l'esprit du roi, sur les flatteries auxquelles il avait jusque-là prêté l'oreille. Sa Majesté y gagna l'estime *publique*; aussi, quand, après une *longue* suite de prospérités, elle alla rejoindre ses pères, on la regretta sincèrement, et ce fut l'amour de son peuple qui fit graver sur sa tombe cette inscription en langue *grecque*, qui nous a été conservée en dépit des temps et des outrages qu'a faits le fanatisme *turc* à tant de monuments de l'antiquité : « *Nulle* paupière, ô roi, n'est restée *sèche*, le jour de tes funérailles, et le souvenir de ta perte est pour nous comme une *fraîche* blessure, que rien ne saura fermer. Mais puisque tout est *caduc* ici-bas, du moins, de ce séjour des *blanches* nuées, où s'est envolée ton âme, daigne garder la mémoire de ceux qui ne t'oublient point; et puisse, pour notre bonheur, l'âme du *gentil* souverain que ton amour nous a laissé, mériter d'être appelée une âme *jumelle* de la tienne! » Le fils du roi avait douze ans. On ne sait si le vœu qu'exprimait l'épitaphe fut exaucé : les enfants ne valent pas toujours les pères. Quant à Callimaque, il conserva bien longtemps encore sa bague *favorite*; mais, à sa mort, hélas! elle ne se retrouva point.

20e Dictée.

(*Grammaire*, § 49 à 57.)

Les élèves rangeront sur trois colonnes les adjectifs donnés dans cette dictée; ils mettront dans la première ceux qui sont au positif; dans la deuxième ceux qui sont au comparatif; dans la troisième ceux qui sont au superlatif.

AVEUGLEMENT.

I.

J'ai reçu hier la lettre suivante, d'une dame *très-riche*, qui demeure dans nos environs :

« Monsieur l'instituteur, vous prenez en pension quelques élèves dans votre école : mon intention est de vous envoyer mon fils; je sais qu'il ne saurait être en des mains *meilleures* que les vôtres.

« Permettez-moi de vous donner, à l'avance, les indications que je crois *les plus utiles* pour sa direction.

« Mon fils est d'une *très-bonne* santé, et vous n'aurez point à prendre pour lui des soins *plus grands* que ceux que vous prenez avec tant de zèle pour vos *autres* élèves. Cependant, comme les maladies sont toujours *plus faciles* à prévenir qu'à guérir, je vous recommanderai de porter *la plus sévère* attention à son régime; je m'arrange, pour ma part, de telle sorte, qu'il ne s'échauffe ni ne se refroidisse jamais, *la moindre* alternative de chaud ou de froid pouvant avoir, comme vous le savez, *les plus fâcheuses* conséquences pour la santé des enfants.

« Vous lui ferez, cela va sans dire, partager le repas *commun*. Il est habitué, toutefois, à ne jamais manger de viande *très-grasse* ou *très-maigre;* il vous sera *bien facile*, sans rien changer à votre ordinaire, de lui conserver cette habitude, que je regarde comme *fort saine.*

« Ordinairement, je lui fais boire, au dîner, après la soupe, un verre de bordeaux; je souhaiterais qu'il vous fût *possible* de vous conformer à cet usage, qui nous a été recommandé, à mon mari et à moi, pour nos enfants, par le médecin de la famille. Je crois, cependant, qu'à son âge le Bourgogne sera *aussi bon* que le Bordeaux, à la condition qu'il soit *vieux*. »

II.

« Auguste est *très-grand*, *très-robuste* et *très-fort* pour ses onze ans; je ne vois donc pas *le plus léger* inconvénient à ce que vous le fassiez lever de *très-bonne* heure. Voici comment nous nous y prenons à la maison : sa bonne va le réveiller de *fort grand* matin, à sept heures; généralement il se rendort jusqu'à huit; on va alors l'aider à s'habiller, et comme il est *fort actif*, vers neuf heures, il se trouve toujours *prêt* à entrer dans ma chambre, au moment où je me lève moi-même.

« Auguste a la mémoire *très-prompte* et *très-sûre*; il ne faut donc pas croire que vous deviez lui donner à apprendre des leçons *moins longues* que celles de ses camarades, pourvu, d'ailleurs, que vous lui permettiez de revenir dessus un peu à loisir; il a beaucoup de bonne volonté, et, si l'amour *maternel* ne m'aveugle pas, des dispositions déjà *très-vives* pour les lettres. Je lui en trouve de *moindres* pour les mathématiques; il ne faudra donc pas le pousser trop loin sur ce terrain-là. Dans tous les cas, il vous fera assurément honneur. Mais je n'ai pas, je pense, à vous dire que ces intelligences *précoces* ont quelquefois besoin qu'on les ménage. Je ne connais pas, pour ma part, de *pire* moyen d'éducation que cette gêne *excessive* à laquelle on soumet prématurément l'esprit des *pauvres* enfants. A la maison, Auguste travaille une heure le matin, quand je suis *certaine* qu'il a bien dormi, et quelquefois une heure ou une heure et demie dans l'après-midi, quand son père ne l'emmène pas à la promenade; sur ce point, que je regarde comme *très-délicat*, je m'en rapporte à votre expérience, *meilleur* guide assurément que tous mes conseils.

« Quant au caractère, Auguste l'a *excellent;* vous n'aurez pas *grande* peine à voir qu'il est *très-convenable*, *très-poli* et *très-caressant :* je ne saurais lui reprocher que *certains* accès de *mauvaise* humeur, dont je lui évite, naturellement, autant que possible, les occasions, et, lorsque par hasard on l'a contrarié, un peu de bouderie qui d'ailleurs passe vite, à la *moindre* complaisance qu'on a pour lui.

« Dimanche, je vous enverrai le *cher petit :* aimez-le bien, monsieur, et surtout ne le gâtez pas. »

Je n'ai pas besoin de vous dire, mes enfants, que j'ai refusé le cher petit.

IV. — DICTÉES SUR LE PRONOM.

21e Dictée.

(*Grammaire*, § 58 et 59.)

Les élèves souligneront les pronoms contenus dans cette dictée, et les diviseront, suivant la classe à laquelle ils appartiennent, en cinq différentes séries.

LA CHEMISE DE L'HOMME HEUREUX.

I.

Schaabaham, roi de Perse, très-riche et très-vieux, *s*'ennuyait : *cela* peut arriver aux rois comme à *chacun* de nous. Schaabaham alla trouver un solitaire en grande vénération dans le pays, et *lui* dit : « *Je m*'ennuie, et *tout me* pèse ; *que* faire ? — Trouve, répondit le solitaire, la chemise d'un homme heureux, et mets-*la.* » Le roi appela son grand vizir : « *Tu* as entendu, dit-*il;* va. » Le grand vizir ne *se* fit pas répéter l'ordre, et sortit bien joyeux; son crédit commençait à diminuer : *rien* ne pouvait venir plus à propos qu'une telle commission : la chemise d'un homme heureux, *quoi* de plus facile à trouver? *Le* voilà donc en campagne. Sur le chemin, avisant des gens assemblés : « *Qui* d'entre vous, dit le vizir, est le plus heureux? » *Personne* ne répondit d'abord. Alors le vizir *les* interrogea séparément. Mais *celui-ci*, homme de négoce, venait de perdre beaucoup d'argent; *celui-là*, ouvrier à la journée, n'*en* gagnait pas assez pour vivre; Ibrahim était ambitieux et Mohammed était malade. « *Moi qui vous* parle, dit un laboureur, je succombe à la peine, sans pouvoir nourrir mes pauvres enfants! — Que dirai-je donc, interrompit un autre, *moi qui* viens, pour ma part, d'en perdre quatre? — Sottes gens, pensa le vizir; allons ailleurs. »

II.

Mais par toute la ville, ici pour une raison, là pour une autre, une réponse unique *lui* fut faite : « *Nous* ne sommes pas heureux. » Le vizir commençait à prendre inquiétude. Heureusement, hors des murs, voilà qu'un jeune berger vient à sa rencontre, bien déguenillé et bien pauvre, mais l'air joyeux pourtant et le contentement peint sur toute sa personne. Le vizir, à tous risques, adressa au villageois sa question ordinaire. « Heureux, répond le berger, pourquoi non? Quand *on* a de belles brebis, *que l'on* conduit sans trop de peine, de bons maîtres, *dont on* est aimé, le pain de chaque jour assuré et une flûte pour passer le temps, peut-*on*, dites-*moi*, n'être pas heureux? » Le vizir emmène le berger par la main, et *le* présente à Schaabaham, comme possédant toutes les conditions *que* pouvait souhaiter Sa Majesté. Les serviteurs vont pour chercher sur les épaules du pâtre ce précieux vêtement *qui* doit rendre au maître joie et belle humeur. O surprise! ô désespoir! l'homme heureux n'avait pas de chemise!

22e Dictée.

(*Grammaire*, § 60 à 68.)

Les élèves souligneront les pronoms personnels contenus dans cette dictée, et les diviseront, suivant la classe à laquelle ils appartiennent, en quatre séries, 1° pronoms de la première personne, 2° pronoms de la deuxième personne, 3° pronoms directs de la troisième personne, 4° pronoms réfléchis de la quatrième personne.

REMONTRANCES.

Mon ami, permets-*moi* de *te* parler sincèrement. EN un mot comme en cent : *tu* deviens égoïste. Les mauvais exemples *te* perdent. D'autres pourront *te* donner des conseils plus agréables : *moi*, l'ancien ami de ta famille, *je* n'hésite pas à *te* dire : n'attends pas plus longtemps : va trouver tes amis et ose *leur* dire : « *Je* ne veux pas faire comme *vous*; votre maxime : chacun pour *soi*, *me* répugne et *me* révolte. » *Ils* se riront peut-être de toi : laisse-*les* faire ; c'est le seul moyen de *te* montrer plus sage qu'*eux*. Je connais LA bonté native de ton cœur, je LA connais depuis longtemps, depuis le temps où ta mère te tenait, tout enfant, sur ses genoux. Tu suivais alors ses conseils, tu EN goûtais toute la sagesse, tu Y conformais ta conduite. Que de fois a-t-elle dit devant *moi* à son cher enfant : « Le jeune homme qui ne pense qu'à *lui se* rend indigne de l'affection des autres et *il* devient inutile, dangereux même pour la société! VOUS *me* feriez bien de la peine, Lucien, ajoutait-elle, si *je* vous voyais devenir comme tant d'autres qui se croient bien meilleurs que *vous*. » *Elle* était bien vraie, mon ami, cette parole de ta mère, et tu n'*en* doutais pas alors : te crois-*tu* donc aujourd'hui en possession d'une science plus certaine et d'un bonheur plus profond? Tu iras à Paris cette semaine ; j'Y serai moi-même dans trois jours ; j'irai te voir, et *nous* causerons à cœur ouvert, comme autrefois.

Le maître pourra faire, après la dictée, les questions suivantes :

1° Dans *je connais* LA *bonté*, et *je* LA *connais*, expliquez le sens des deux *la*.

2° Dans *tu* EN *goûtais*, *tu* Y *conformais*, expliquez le sens de *en* et de *y*.

3° Dans VOUS *me feriez* bien *de la peine*, de quoi le pronom *vous* tient-il la place?

4° Dans EN *un mot*, et dans *j'*Y *serai*, le sens de *en* et de *y* est-il le même que dans *tu* EN *goûtais* et *tu* Y *conformais?*

23e Dictée.

(*Grammaire*, § 66.)

Les élèves souligneront les mots *le*, *la*, *les* employés dans cette dictée comme pronoms personnels.

LA PATIENCE.

Nous voyons quelquefois les enfants les plus intelligents, ceux qui sont doués des facultés les plus vives, ne faire cependant aucun progrès, et s'exposer constamment aux punitions et aux réprimandes. Que leur manque-t-il donc? La patience. Tout *les* contrarie, tout *les* agace et *les* irrite; pour celui-ci, le devoir est toujours ennuyeux; pour cet autre, la leçon est toujours trop longue. S'ils commencent un travail, ils en souhaitent déjà la fin; ils *le* laissent inachevé, et ils sont à peine au milieu de la journée, qu'ils voudraient *la* voir finie. Ce n'est pas de la paresse, car la paresse est accompagnée de langueur, et ils pèchent plutôt par excès de vivacité. Enfants, ni trop, ni trop peu, telle est la devise du sage; tâchez de vous *l'*approprier.

24e Dictée.

(*Grammaire*, § 69 à 73.)

Les élèves souligneront les pronoms démonstratifs contenus dans cette dictée.

LES DIX SOUS DE PETIT PIERRE.

Ceci n'est point un conte, mes enfants, mais une histoire véritable, qui fait bien de l'honneur à *celui* qui en est le héros.

Petit Pierre venait de recevoir, comme récompense de son travail, dix sous, dix beaux sous tout neufs, jaunes comme de l'or, qu'il faisait sonner dans sa poche. *C'était* justement la fête du pays, et Petit Pierre eût acheté volontiers toutes les boutiques, *celles* des marchands de jouets en particulier. Il y avait de beaux polichinelles, *ceux-ci* rouges et bleus, *ceux-là* noirs et jaunes, de toutes les couleurs; il y avait de belles voitures : A trois sous, *celle-là!* à deux sous, *celle-ci!* criaient les marchands. Moi qui ai dix sous! pensait Petit Pierre. Mais voilà que vient à passer un pauvre enfant vêtu de haillons, conduisant un vieillard aveugle ; tous deux si maigres, si chétifs, que *cela* faisait peine à voir. Pourtant *ceux* qui allaient et venaient sur la place ne faisaient guère attention à eux ; et ils se retiraient déjà tristement et la tête baissée, quand Petit Pierre courut après l'enfant et lui glissa, sans mot dire, dans la main, ses dix belles pièces neuves.

Celui-là, croyez-moi, est bien heureux, dont les enfants ressemblent à Petit Pierre.

25e Dictée.

(*Grammaire*, § 74 à 78.)

Les élèves souligneront les pronoms relatifs contenus dans cette dictée; ils écriront ensuite, après chaque pronom, à quel genre et à quel nombre il est employé, et quel est le nom ou le pronom qui lui sert d'antécédent.

LA PREMIÈRE FAUTE.

QUE de maux, mes enfants, peut entraîner après elle une première faute, si légère QU'elle soit! Vous *qui* vous dites si souvent, quand vous avez fait mal : cela ne vaut pas la peine d'y penser, écoutez le récit *que* je viens de lire.

Un jeune homme, passant près d'un clos, vit un poirier *dont* les branches étaient chargées de fruits *qui* faisaient venir l'eau à la bouche, tant ils étaient beaux et vermeils. Une poire le tente; sans songer assurément aux conséquences QUE son action pouvait avoir, il franchit la haie *qui* le séparait de l'objet de sa convoitise, et déjà il saisissait la poire, quand un chien, *qu'*il n'avait point vu, s'élance sur lui tout à coup. Pour se débarrasser de cette attaque inattendue, le jeune homme saisit une bêche *qu'*il trouve à sa portée, et étend le chien sur la place. Aux hurlements *que* la douleur fait pousser à la pauvre bête, le propriétaire du clos accourt, un fusil à la main; il tire; le plomb siffle aux oreilles du jeune homme, *qui*, éperdu de terreur et de colère, lève de nouveau sa bêche : le maître tombe à côté du chien.

Voilà donc, mes enfants, comme vous voyez, ce *qui* arriva à ce jeune homme : il devint meurtrier, pour avoir voulu dérober une poire!

QUI ne sait se contraindre sur un seul point court risque de faillir sur tous les autres!

(*Imité d'une fable de* M. VIENNET).

Le maître pourra, après la dictée, faire les questions suivantes :

1° Dans QUE *de maux, si légère* QU'*elle soit*, et *sans songer aux conséquences* QUE, etc., distinguez le sens des trois QUE.

2° Dans QUI *ne sait se contraindre*, expliquez le sens du mot *qui*.

26ᵉ Dictée.

(*Grammaire*, § 79 à 84.)

Les élèves souligneront les pronoms interrogatifs et les pronoms indéfinis contenus dans cette dictée.

MON VOISIN LE DISTRAIT.

Le singulier homme que mon voisin! *Quelqu'un* qui l'aurait vu une seule fois ne saurait l'oublier, tant ses façons d'agir sont bizarres! Il sort de sa chambre : où va-t-il? Dieu le sait, lui-même l'ignore plus que *personne*. *On* vient à lui, pour lui parler : il se sauve; il ne voit *rien* et butte contre *tout*. En plein jour comme la nuit, il donne de la tête sur un mur, sur une guérite, sur moi, sur vous, et il crie : *Qui* va là! *Que* me voulez-vous? Il lui arriva un soir de s'embarrasser dans une haie, et, la prenant pour un voleur, il mit la main dans son gousset, et tira sa bourse : « Tiens, disait-il à la haie, prends *tout*, et laisse-moi aller. » Il entre chez *quelqu'un* qu'il ne connaît pas, et il y reste, se croyant chez lui. Il n'a pas le moindre souci du bien d'*autrui*, et vous prend votre chapeau, votre canne, vos gants, sans songer à mal, notez-le bien, et se trouve fort étonné que l'*on* soit assez hardi pour lui réclamer ce qu'il croit son bien. Aussi, *que* puis-je vous dire ? bien qu'*on* lui reconnaisse d'excellentes qualités, chacun le fuit et l'évite, et il m'est arrivé plus d'une fois, pour ma part, de me détourner de ma route pour n'avoir pas à le rencontrer.

27e Dictée.

(*Grammaire*, § 85 à 109.)

Les élèves souligneront les adjectifs personnels ou possessifs, démonstratifs, relatifs, interrogatifs, indéfinis, numéraux, contenus dans cette dictée.

LA PEAU DE L'OURS.

I.

Certains auteurs content que *deux* voisins, pressés d'argent, vendirent à *leur* voisin, fourreur de *son* métier, la peau d'un ours encore vivant, mais qu'ils devaient tuer dans *quelques* jours. *Cet* ours, suivant *ces* gens, vaudrait *dix* ours à lui seul. « *Quelle* belle peau ! disaient-ils au marchand ; *quel* bénéfice elle vous vaudra ! vous en pourrez assurément garnir plutôt *deux* robes qu'une, et *nulle* fourrure ne vaudra celle-là. Toutes les *vôtres*, croyez-nous, n'en approchent point. » Les voilà partis à la chasse, et, au bout de *quelques* heures, ils voient venir à eux l'animal *même* qu'ils cherchaient, *lequel* leur parut avoir des crocs et des griffes fort respectables. Alors, eussiez-vous jamais cru une *telle* chose ? voilà *nos* gens, si assurés en paroles quand ils s'adressaient au marchand, qui ne se souviennent plus de *leurs* promesses. *Le premier* monte sur un arbre; *le second* se couche tout de *son* long et fait le mort, ayant ouï dire que l'ours ne s'attaque jamais à *aucun* cadavre.

II.

Je ne vous conseillerais pas d'avoir recours à un *tel* moyen. *Mon* histoire dit toutefois que l'ours s'y laissa prendre; il s'approcha, regarda, flaira à *plusieurs* reprises; il tourna et retourna notre homme, fort peu rassuré, comme vous pensez, avec sa lourde patte, et à *chaque* fois qu'il le retournait, il faisait entendre un grognement de mauvais augure; mais à la fin il s'en alla, en grommelant, dans *sa* tannière. Les *deux* compagnons se rejoignirent alors : « Eh bien, *quels* discours t'a-t-il donc tenus, demanda celui qui avait tiré *ses* guêtres en montant sur l'arbre; il avait l'air de te parler à l'oreille? — *Mon* ami, répondit l'autre, il m'a dit que je ne ferais pas trop bien *mes* affaires tant que je n'aurais pour *tout* métier que de vendre la peau des ours, avant de les avoir mis par terre. Bonsoir donc et bonne chance; faites *vos* affaires comme vous pourrez; moi, je vais faire les *miennes* ailleurs. »

28e Dictée.

(*Grammaire*, § 86 à 92.)

Les élèves souligneront les adjectifs possessifs qui se trouvent dans cette dictée; ils indiqueront les adjectifs possessifs du premier ordre et ceux du second ordre*.

LE BÛCHERON QUI A PERDU SA HACHE.

I.

Les anciens content qu'un bûcheron perdit un jour sa hache, *son* gagne-pain. Triste et désolé, il pleurait et se lamentait, au pied d'un arbre, quand tout à coup un dieu

* Nous écrivons les premiers en italiques et les seconds en petites capitales.

se présente à lui. Vous savez que l'on croyait dans l'antiquité qu'il y avait plusieurs dieux; chaque pays, chaque ville avait LES SIENS. « Je ne puis voir, lui dit ce dieu, sans souffrir moi-même, couler les larmes des hommes, et je veux essuyer LES TIENNES. Dis-moi le sujet de *ton* affliction. » Et, quand le bûcheron eut parlé, le dieu disparut, puis revint, un instant après, tenant à la main une hache dont la masse était d'or et le manche d'ébène incrusté de pierres précieuses. « Est-ce là, dit-il au bûcheron, la hache que tu as perdue? — Non, répondit le pauvre homme, LA MIENNE était bien loin d'être aussi belle que celle-là. » Le dieu disparut encore, et revint avec une autre hache à masse d'argent. « Voici LA TIENNE, cette fois, » dit-il. Mais le bûcheron répondit encore que ce n'était pas LA SIENNE. Pour la troisième fois, le dieu disparut, et rapporta une troisième hache, celle-ci, à manche de frêne, à masse de fer. « Voilà *ma* hache, s'écria le bûcheron, c'est bien celle que j'ai tant pleurée! » Mais le dieu lui dit : « Tu n'as point cherché à me tromper; tu ne t'es laissé éblouir ni par l'argent ni par l'or; *ton* honnêteté aura *sa* récompense; ces trois haches sont à toi; je te les donne. »

II.

Notre homme alla conter l'affaire à *ses* compagnons, sans leur dire toutefois, par modestie sans doute, ce qui, dans l'entrevue avec le dieu, avait été le plus à *son* honneur. « Comment, se dirent ces gens, c'est pour avoir perdu son outil qu'il est devenu si riche? Pourquoi ne perdrions-nous pas aussi LE NÔTRE? » Et voilà *nos* bûcherons qui se mettent, comme ils l'avaient projeté, à perdre *leurs* hâches, à perdre, vous m'entendez bien, et à implorer le dieu. Le dieu vint, en effet, présentant à chacun une hache d'or, comme il avait fait la première fois, et *leur* demandant, comme il l'avait demandé au premier bûcheron, si c'étaient bien là LES LEURS. « Certainement, ce sont LES NÔTRES, répondirent-ils. — Ah! ce sont LES

VÔTRES, dit le dieu, » et brandissant une de ces haches d'or au-dessus de *leur* tête : « Vous mériteriez, ajouta-t-il, que je vous fisse payer bien cher *votre* mensonge ; je consens toutefois à ne pas vous punir, mais ne comptez plus sur moi, et n'oubliez pas désormais que *vos* affaires ne sont pas LES MIENNES. »

Le maître pourra ensuite faire aux élèves les questions suivantes :

1° Pourquoi écrit-on SA *hache* et TON *affliction*, puisque *affliction* est un nom féminin comme *hache?*

2° Dans LEUR *tête* et LEUR *demandant*, le sens du mot *leur* est-il le même?

29e Dictée.

(*Grammaire*, § 93 à 104.)

Les élèves souligneront les adjectifs démonstratifs, relatifs, interrogatifs et indéfinis contenus dans cette dictée.

FERMEZ DONC LA PORTE.

Certain savant, distrait et original, comptant pour rien tout ce qui n'était pas la science, travaillait, un soir, dans son lit, à un ouvrage *quelconque* sans doute fort intéressant pour lui, et qui lui faisait oublier *toute autre* affaire, comme vous allez en avoir la preuve. Tout à coup la clef grince *plusieurs* fois dans la serrure ; la porte tourne sur ses gonds, elle s'ouvre ; un homme entre : « Mon ami, crie le savant, vous viendrez demain ou après-demain, *tel* jour que vous voudrez, mais en *ce* moment je n'ai pas le temps de vous écouter. — Monsieur, dit l'homme, *lequel* était un voleur, je veux de l'argent. — De l'argent! mais je n'en ai pas, mon cher monsieur. Et il ajouta : *Ce* diable-*là* me prend, sans doute, pour *quelque* banquier de sa connaissance. — Qu'est-ce donc que *ce* meuble? » dit le voleur, et son doigt montrait le secrétaire. — Cela? mon secrétaire, parbleu ! — Eh bien, dedans? — Dedans? ah, oui ! Eh bien, prends la clef, et cherche. — La clef? *quelle* clef? — Eh, *cette* clef, bon Dieu, tu vois bien que je n'en ai pas d'*autre*. » Le voleur était comme chez lui ; il prend la clef, cherche à loisir dans *tous* les tiroirs du secrétaire, et, à *chaque* somme qu'il trouvait, il comptait tranquillement les pièces ; puis, quand il eut tout empoché, il partit, sans fermer la porte. « Monsieur le voleur ! monsieur le voleur ! cria le savant, fermez donc la porte, au moins. *Quel* ennui ! *Ces* maudites gens, avec leurs manières d'agir, ils me feront gagner un rhume. A-t-on jamais vu un *tel* garnement ? Et encore je suis sûr qu'il aura dérangé *tous* mes papiers. » En murmurant ainsi en lui-même, le bon homme alla fermer sa porte. L'argent était déjà oublié.

30e Dictée.

(*Grammaire*, § 105 à 109.)

Les élèves souligneront les adjectifs numéraux, cardinaux, ordinaux et multiplicatifs contenus dans cette dictée.

UNE BONNE LEÇON DE STATISTIQUE SCOLAIRE.

Mes chers enfants, je crois devoir vous faire part d'une lettre que j'adresse, aujourd'hui même, à M. l'inspecteur de notre arrondissement.

« Monsieur l'inspecteur, ma classe se compose, cette année, de *quatre-vingt-sept* élèves ; elle n'en contenait, l'année dernière, que *soixante-seize*. J'ai dû les partager en *trois* divisions, la *première*, contenant les plus forts ; la *seconde*, les moyens, et la *troisième*, ceux qui en sont encore à l'alphabet et aux éléments de l'écriture ; c'est malheureusement la plus nombreuse ; elle contient à elle seule les *deux* tiers de la classe, *cinquante-huit* élèves en tout ; la division supérieure n'en comprend que *neuf*, et la moyenne, un nombre *double* ou à peu près, c'est-à-dire vingt. Mais je dois vous avouer qu'entre les *derniers* de la première classe et les premiers de la seconde, entre les derniers de la seconde et les premiers de la troisième, la différence n'est pas bien sensible. J'en compte à peine quatre dans la division supérieure, qui me contentent pleinement; il y en a *quinze*, ni plus ni moins, dans la division moyenne, que je pourrais faire passer sans grand effort, dans la troisième division, si ce n'est que j'ai pour eux un sentiment de honte que la plupart n'ont pas pour eux-mêmes, et qu'il me répugne de classer de grands garçons de *dix*, *onze* ou *douze* ans, à côté de bambins qui en ont à peine *six* ou *sept*. Tel est, monsieur l'inspecteur, aujourd'hui premier jour de l'an dix-*huit*-*cent*-soixante-sept, la situation de ma classe. »

Cette situation, mes bons amis, peut vous paraître satisfaisante; je ne trouve pas, pour ma part, que ces chiffres vous fassent beaucoup d'honneur : à vous de voir si vous me donnerez le moyen d'en inscrire d'autres dans *neuf* mois, quand j'aurai l'occasion d'adresser à monsieur l'inspecteur mon rapport de fin d'année.

V. — DICTÉES SUR LE VERBE.

34e Dictée.

(*Grammaire*, § 110 et 111.)

Les élèves souligneront les verbes contenus dans cette dictée.

OUI, MON COLONEL.

Chevert, un des plus braves généraux français du dix-huitième siècle, *entra* au service comme simple soldat. A l'escalade de la ville de Prague, en 1741, il *était* lieutenant-colonel et *commandait* l'attaque. Au moment où l'on *posait* la première échelle, Chevert *parla* ainsi aux sergents de son détachement : « Mes amis, je le *sais*, vous *êtes* tous braves, mais j'*ai* besoin ici d'un brave à trois poils. Et le voilà, » *ajouta*-t-il, en *désignant* l'un d'eux, le sergent Pascal. Pascal *salua*. « Tu *monteras* le premier, dit Chevert. — Oui, mon colonel. — La sentinelle *criera* : « Qui *va* là? » Tu ne *répondras* rien. — Oui, mon colonel. — Elle *tirera* sur toi et te *manquera*. — Oui, mon colonel. — Tu la *tueras*. — Oui, mon colonel. — Et je *suis* là, nous te *soutiendrons*. » Le sergent *monte* : on *tire*; on le *manque*; la sentinelle *tombe*. Pascal *est* déjà dans la ville. Chevert le *suit* : une heure après, Prague *capitulait*.

32e Dictée.

(*Grammaire*, § 112.)

Les élèves transcriront, avec leurs sujets, tous les verbes donnés dans cette dictée.

PITIÉ POUR LES ANIMAUX.

I.

Salomon *dit* dans ses proverbes : « Le juste *épargne* les animaux; mais les entrailles des méchants *sont* cruelles. » La loi de Moïse *contenait* ce commandement : « Si tu *vois* l'âne de ton ennemi *tomber* sous le faix, tu *viendras* à son secours. » A plus forte raison *devons*-nous traiter avec douceur les animaux qui nous *servent* nous-mêmes. Voici, sur ce sujet, un trait touchant, que je *vais* vous *raconter*.

« Un jour, *dit* quelque part un voyageur, dont le nom m'*échappe*, je *traversais* la Bretagne, pays pauvre, où l'on *rencontre* bien des landes arides et bien des champs sans culture. L'été *régnait* dans toute sa force, la chaleur *était* étouffante. Je *montais* un chemin difficile; une petite charrette, pleine d'ardoises, *cheminait* à côté de moi.

33e Dictée.

(*Grammaire*, § 113 et 114.)

Les élèves transcriront les verbes donnés dans cette dictée, et en indiqueront le sujet, la personne et le nombre.

PITIÉ POUR LES ANIMAUX.

II.

« Je *remarquai* bientôt que le conducteur, pauvre vieillard tout déguenillé, *tirait* autant que le cheval, et je lui *dis* : « Mon ami, vous vous *donnez* bien de la peine. —

« Oh! monsieur, me *répondit*-il, cela ne *fait* rien; je *soulage* mon bon vieux cheval, qui *est* aveugle. » Et il *ajouta*, comme s'il se *parlait* à lui-même : « Pauvre Pierrot, tu *es* mon seul ami, toi, et ma seule fortune. »

« Nous *arrivions* au haut de la montagne; le vieillard *arrêta* la voiture, et, avec de la fougère, il *essuyait* la sueur qui *coulait* sur son cheval : « *Allons*, encore un effort, Pierrot, *disait*-il; la route *est* dure, mais tu te *reposeras* demain. » Et l'animal reconnaissant *frottait* doucement sa tête sur la figure du paysan. Je *donnai* la moitié de ma bourse au bonhomme, qui ne *comprenait* pas pourquoi j'*étais* ému. Pauvre vieillard, pauvre Pierrot, à l'heure présente, sans doute, ils ont *disparu* l'un et l'autre. La mort *aura mis* fin au rude travail de leur vie, et pourquoi ne le *dirais*-je pas? à leur amitié. Eh bien! tous deux, bon maître et bon serviteur, vous *revivez* dans ma pensée, et doucement, quand je *ferme* les yeux, je *revois* encore la montagne aride, la petite charrette, le cheval aveugle et le vieux paysan breton*.

34e Dictée.

(*Grammaire*, § 116.)

Les élèves rangeront sur trois colonnes les verbes donnés dans cette dictée, et mettront dans la première ceux qui expriment que l'action se fait dans le présent, dans la deuxième ceux qui expriment qu'elle s'est faite dans un temps passé, dans la troisième ceux qui expriment qu'elle se fera dans un temps futur.

VICTOR LE FANFARON.

I.

Sur le balcon, après souper, Victor *causait*, très-gravement, avec sa sœur Louise, de ses projets d'avenir. Victor *a eu* huit ans et Louise, sept, aux dernières roses. « Oh! moi, *disait* Victor, je *serai* d'abord soldat, puis, quand j'*aurai tué* beaucoup d'ennemis, général en chef.

---

* Nous empruntons le fond de cette anecdote à l'*Encyclopédie morale* de M. *Émile* Loubens.

— Cela ne te *ferait* donc pas peur, *objecta* timidement Louise, si tu *allais* à la guerre? — Peur! Ah! bien, oui; les hommes *ont*-ils jamais peur? » Et, quand il *eut prononcé* ce bel oracle, Victor se *redressa* de toute sa taille: vous *auriez dit* que le petit bonhomme *avait emporté* une ville d'assaut.

35e Dictée.

(*Grammaire*, § 117.)

Les élèves rangeront sur deux colonnes les verbes contenus dans cette dictée, et mettront dans la première ceux qui affirment que l'action se fait; dans la deuxième ceux qui supposent qu'elle se fait*.

VICTOR LE FANFARON.

II.

Le père *a entendu* cette rodomontade. Sans *lever* les yeux de dessus son journal: « Victor, lui *dit*-il, comme négligemment; j'*ai oublié* la clef de la petite porte, au fond du jardin: *va* la chercher, et ensuite tu la *porteras* chez le jardinier. » Or, la nuit, une nuit sans lune et sans étoiles, *rendait* le jardin bien sombre et bien noir. Je *crois* que si, en ce moment, vous EUSSIEZ REGARDÉ attentivement le futur général en chef, vous AURIEZ SAISI dans son air certaine émotion fort peu belliqueuse. *Ayant compris* toutefois qu'il était nécessaire, pour son propre honneur, qu'il OBÉÎT, « J'y *vais*, père, » *répond*-il; et, *faisant* contre fortune bon cœur, il s'*enfonce*, en *courant*, dans les longues allées.

36e Dictée.

(*Grammaire*, § 118 et 119.)

Les élèves transcriront les verbes contenus dans cette dictée, et indiqueront par écrit si chacun de ces verbes 1° exprime une action faite dans le présent, dans le passé ou dans le futur; 2° affirme

---

* Nous écrivons les premiers en italiques et les seconds en petites capitales.

ou suppose que l'action se fait; ils sépareront en outre par un trait vertical le radical de la terminaison, de cette manière : *entend*|*it*, *m*|*it*, etc.*

VICTOR LE FANFARON.

III.

On *entend*IT quelque temps le bruit de ses pas, puis, de toute la force de ses poumons, il se *m*IT à *chant*ER (je *pens*E que vous *devin*EZ pourquoi); puis, peu à peu, sa voix *sembl*A *faibl*IR et se *perd*RE dans l'éloignement, et tout *retomb*A dans le silence. Le jardin, comme vous le *sav*EZ, *ét*AIT *envelopp*É d'une ombre épaisse. Louise, à travers les barres du balcon, *cherch*AIT des yeux l'endroit où elle s'*attend*AIT à voir bientôt *rev*ENIR son frère; le père *continu*AIT sa lecture, *paraiss*ANT y *prend*RE un vif intérêt. Cependant un grand quart d'heure se *pass*E, et Victor n'*e*ST pas *rentr*É. Tout à coup, un cri perçant *par*T du fond du jardin. « Père, dit Louise, je *crois* que mon frère *ap*-*pe*LLE. » Et, à son tour, la petite fille s'*élanc*E en *cour*ANT dans l'allée où elle *dev*AIT *rencontr*ER Victor.

37e Dictée.

(*Grammaire*, § 120 à 123.)

Les élèves rangeront sur trois colonnes les verbes contenus dans cette dictée; ils mettront dans la première ceux qui peuvent être suivis immédiatement des mots *quelqu'un*, *quelque chose*, dans la deuxième ceux qui ne peuvent être suivis de ces mots qu'avec le secours d'une préposition, dans la troisième ceux qui ne peuvent être suivis de ces mots**.

VICTOR LE FANFARON.

IV.

Tout au fond du jardin, elle le *trouva couché* au pied d'un arbre, et SANGLOTANT. « Victor, Victor, *dit*-elle, me

---

* Nous écrivons en italiques le radical et en petites capitales la terminaison.

** Nous écrivons en italiques les verbes actifs et en petites capitales les verbes neutres.

voici; que *fais*-tu là? Je VIENS te *chercher*. » Du doigt, Victor lui *montrait*, dans l'ombre, quelque chose, et, d'une voix entrecoupée, il *criait* : « Là, là, un grand fantôme, tout noir; il m'a *pris* le pied avec sa faux et je SUIS TOMBÉ. *Tiens*, *regarde*-le. » Par hasard, à ce moment même, la lune PARAISSAIT entre deux nuages. Louise *avança* de quelques pas : « Je *vois*, dit-elle, le gros saule sur lequel tu *voulais* GRIMPER ce matin, et dont la racine, tu le *sais*, *barre* l'allée. » Puis elle *ajouta*, comme PARLANT au saule : « Vilain arbre, qui *as fait* mal à mon frère ! » Et elle le *battait* de ses petites mains.

38e Dictée.

(*Grammaire*, § 124 et 125.)

Les élèves rangeront sur trois colonnes les verbes donnés dans cette dictée, et mettront dans la première ceux qui sont à la voix active; dans la deuxième ceux qui sont à la voix passive; dans la troisième ceux qui sont à la voix réfléchie*.

VICTOR LE FANFARON.

V.

Un témoin, que les enfants ne *voyaient* pas, *contemplait* cette scène, le père de Louise et de Victor. A pas de loup, il *avait suivi* sa fille, et [s'était caché] derrière un massif, se doutant un peu de ce qui *allait* [se passer]. Quand il FUT CONVAINCU que Victor n'ÉTAIT pas BLESSÉ, et qu'il n'*avait* d'autre mal que celui de la peur, il [se montra]. Victor, passablement confus, *baissa* les yeux, en *apercevant* son père. Mais celui-ci, *sentant* l'occasion excellente pour *guérir* Victor de sa vanité, ne le *ménagea* pas : « Pour un futur général, lui *dit*-il, je ne *crois* pas que tu *aies fait* preuve, mon cher enfant, de grande

* Nous écrivons en italiques les verbes qui sont à la voix active et en petites capitales ceux qui sont à la voix passive; nous plaçons entre crochets les verbes réfléchis.

bravoure, et tu ne *devras* pas trop, à mon avis, [te vanter] devant tes futurs soldats de ta campagne de ce soir. » Et il *ajouta :* « Nous voilà maintenant en forces; *reprenons*, courageusement, le chemin de la maison. *Donnez*-moi *la* main, mon général. Quant à Louise, qui ne [se croit] pas destinée à tuer beaucoup d'ennemis, mais qui ne *prend* pas des racines pour des faux, ni des arbres pour des fantômes, elle *guidera* notre bataillon. »

Victor *a* aujourd'hui vingt-cinq ans; il [s'est engagé] dans un régiment, et, à la pointe de l'épée, *il a gagné* l'épaulette de lieutenant et la croix d'honneur. Un jour peut-être il SERA NOMMÉ, suivant ses prévisions d'enfant, général en chef : mais, *croyez*-moi, jamais vous ne l'*entendrez vanter* lui-même ses belles actions ni *faire* parade de son courage, et toutes les fois qu'*il dira :* J'*ai fait* ceci ou cela, *il pourra* ÊTRE CRU sur parole.

39e Dictée.

(*Grammaire*, § 127.)

Les élèves distingueront les formes du verbe ***avoir*** contenues dans cette dictée.

LE CRAPAUD.

I.

Si vous étiez venus avec moi, mes enfants, vous *auriez eu* sous les yeux un spectacle à la fois douloureux et instructif à bien des égards, et que de longtemps, pour ma part, j'*aurai* peine à oublier.

Étienne et Philippe, vos deux camarades, *avaient eu* l'ingénieuse idée de prendre au bout d'un bâton, sans en *avoir* peur, entendez-vous bien, et de retenir sur le chemin, en lui mettant la patte sous une pierre, un crapaud, un crapaud si affreux, voyez-vous, et si abominablement laid, qu'on *aurait eu* toutes les peines du monde à s'empêcher de lui faire du mal. Ainsi en jugeaient sans doute les chers enfants, car, le crapaud une fois arrangé comme je vous le disais, d'assez loin, avec des cailloux, ils se mirent à viser cette cible vivante. Et, comme ils *ont* beaucoup d'adresse, les jolis mignons, à chaque coup qui portait, c'étaient des cris et des trépignements de joie. Quand ils *eurent* assez de ce jeu-là, Philippe, — il semble que les plus petits *aient* toujours plus de malice que les autres, — imagina quelque chose de bien plus intéressant.

II.

Il y *avait* sur le chemin deux ornières, et naturellement les roues de toutes les voitures suivaient ces ornières. Or, on en voyait une qui venait, tirée par un âne. En plaçant le crapaud juste au beau milieu d'une de ces ornières, on *aurait* inévitablement le plaisir de le voir écraser, et écraser tout doucement, la voiture ne marchant pas vite. Le crapaud fut donc déposé, avec précaution, dans l'ornière. Mais, soit hasard, soit pitié, — pourquoi les pauvres bêtes n'*auraient*-elles pas ce qui nous manque à nous autres? — en arrivant auprès du crapaud, l'âne, tout fatigué, tout haletant, et bien que son poil couvert de sueur *eût* l'air de fumer au soleil, d'un vigoureux mouvement de côté, fit sortir la voiture de l'ornière. Il *eut* de son maître, pour cette incartade, un bon coup de fouet, et Philippe ne put s'empêcher de dire : « Est-il bête, cet âne ! » Puis les deux camarades sont rentrés au logis, et tout à l'heure ils vous disaient, en déjeunant, ma foi ! de fort bon appétit : « C'est nous qui *avons eu* de l'amusement ! » L'âne, lui aussi, pendant ce temps regagnait son écurie, où il *aura eu* probablement plus de horions, à l'arrivée, que d'avoine et de litière fraîche. Ainsi vont les choses de ce monde.

Ayons le courage, mes bons enfants, de nous rappeler ce que la Fontaine, avec trop de raison, hélas ! dit de l'enfance ; il se pourrait que nous *eussions*, pour notre part, quelque profit à en tirer.

(*Imité d'un poëme de* VICTOR HUGO.)

40e Dictée.

(*Grammaire*, § 128.)

Les élèves distingueront les formes du verbe *être* contenues dans cette dictée *.

L'ENFANT PRODIGUE.

I.

J'*étais* à Madrid, l'année dernière, et je rencontrais, toujours au même endroit, sur une des promenades de la ville, un mendiant, qui paraissait encore plus accablé de chagrin que de misère, et dont le grand air et la figure expressive m'inspiraient un vif intérêt. Un jour, je l'interrogeai : « *Soyez* assez bon, lui dis-je, pour répondre à une demande indiscrète peut-être; il ne se peut pas que vous *ayez été* toute votre vie ce que je vous vois aujourd'hui. — Monsieur, me dit-il, vous *êtes* jeune, je *serai* franc avec vous, et puisse mon exemple *avoir été* un jour utile à vous et aux vôtres ! Jusqu'à l'âge de vingt-deux ans, je pus me regarder comme le plus heureux des hommes. Mon

---

* Cette dictée et la précédente pourront également servir d'exercice sur les règles contenues dans les paragraphes 129-140 de la grammaire. Les élèves après avoir distingué les formes du verbe *avoir* et du verbe *être*, 1° indiqueront le mode auquel chacune d'elles appartient (§ 129) ; 2° rangeront ces formes sur trois colonnes et mettront dans la première celles qui expriment le présent ; dans la deuxième, celles qui expriment le futur; dans la troisième, celles qui expriment le passé (§ 130 et 131); 3° les rangeront sur deux colonnes et mettront dans la première les temps simples, dans la seconde les temps composés (§ 132, 133 et 134); 4° les rangeront sur trois colonnes et mettront dans la première les modes personnels qui se conjuguent avec des pronoms, dans la seconde les modes personnels qui se conjuguent sans pronom ; dans la troisième les modes impersonnels, en indiquant, pour chaque forme personnelle, la personne et le nombre auxquels elle correspond (§ 135 à 138) ; 5° mettront dans une colonne toutes les formes qui se rapportent au subjonctif et dans une seconde celles qui se rapportent au conditionnel (§ 139 et 140). Il va sans dire que le maître pourra ne donner, pour ces exercices, qu'une partie seulement de la dictée.

père et ma mère *étaient* riches, et ma famille passait pour une des plus honorables de toute l'Espagne. Malheureusement *j'avais été*, dès mes premières années, l'enfant gâté de tout le monde ; on me laissait faire ce que je voulais, et je ne voulais guère que ce qui me semblait le plus agréable. A peine majeur, comme si le ciel *eût été* jaloux du bonheur de ma destinée, je perdis ma mère, la providence de la maison. De folles idées d'indépendance me troublèrent alors le cerveau ; je demandai à mon père ce qui me revenait sur la succession de la pauvre femme, et je m'éloignai.

II.

Vous jugez de ce qui m'arriva aussitôt que je *fus* libre, avec cent mille écus dans les mains. Je ne crois pas que je *fusse* dépourvu d'esprit : on me trouva du génie ; on m'eût fait passer pour un Adonis, quand bien même *j'eusse été* l'homme le plus laid et le plus difforme de la terre. Je ne tardai pas à *être* à la mode ; je donnai le ton au grand monde : cela dura bien trois ou quatre ans. Puis, quand mes poches *furent* vides, quand mes dernières pièces d'or *eurent été* la proie de mes créanciers ou de mes soi-disant amis, je me trouvai absolument seul, seul avec le souvenir de ma fortune perdue, et la douleur de ne savoir même pas ce que je pourrais devenir. — Il me semble, lui dis-je, qu'il *eût été* sage alors d'imiter l'enfant prodigue et de retourner chez votre père. — *C'est* bien ce que je fis, continua le mendiant, mais trop tard. Quand je retournai à Madrid, mon père venait de mourir, de douleur et de désespoir, en apprenant mes désordres. » Et il ajouta : « Voilà sa maison, qui *fut* la mienne et celle de toute ma famille ; elle *était* déjà, quand je revins, entre des mains étrangères, et je n'ai pu même obtenir de baiser la place où mourut mon père, sans pardonner peut-être à son enfant. »

41e Dictée.

(*Grammaire*, § 126 à 128 *.)

Les élèves distingueront les formes du verbe *avoir* et du verbe *être* employés dans cette dictée comme auxiliaires.

LES DEUX RENARDS.

Deux renards *étaient* ENTRÉS la nuit, par surprise, dans un poulailler. Ils *avaient* ÉTRANGLÉ le coq, les poules et les poulets ; la terre *était* COUVERTE de leurs victimes. Le premier, jeune et ardent, voulait tout dévorer ; l'autre, vieux et avare, voulait garder quelques provisions pour l'avenir ; il disait : « Mon enfant, l'expérience m'*a* RENDU sage ; j'*ai* VU bien des choses depuis que je *suis* NÉ. Ne mangeons pas tout notre bien en un seul jour. Nous *avons* TROUVÉ un trésor : il faut le ménager. — Quand j'*aurai* SUIVI votre conseil, répondait le plus jeune, quel profit m'en reviendra-t-il? Je veux me rassasier pour huit jours, car il ne ferait pas bon pour nous de revenir demain ici ; le maître, pour venger la mort de ses poules, nous *aurait* bien vite ASSOMMÉS. » Vous *avez* assurément DEVINÉ déjà, mes enfants, ce qui arriva. Le jeune mangea tant qu'il put, et quand il *eut* MANGÉ, il creva. Le vieux voulut, le lendemain, retourner à sa proie, et *fut* ASSOMMÉ par le maître. Je ne doute pas non plus que vous n'*ayez* TIRÉ la morale de ce petit récit, que j'*ai* EMPRUNTÉ, pour la plus grande partie, à Fénelon.

---

* Pour les paragraphes 129 à 140, voir la note de la page 45.

42e Dictée.

(*Grammaire*, § 143.)

Les élèves relèveront les verbes de la première conjugaison contenus dans cette dictée, et indiqueront par écrit, pour chaque forme qu'ils auront relevée, le temps, le mode, la personne et le nombre auxquels cette forme appartient.

RÉPARATION.

I.

LETTRE D'ÉDOUARD A SON PÈRE.

Depuis le jour, mon cher père, où vous me *condamnâtes*, en punition de la brutalité avec laquelle j'*avais frappé* ma petite sœur, à *demeurer* seul dans ma chambre, loin de votre présence, loin de tous ceux que j'*aime* et que j'*honore*, j'*ai cherché*, ma conscience me *reprochant* chaque jour, non-seulement le mauvais sentiment qui m'*a emporté* comme malgré moi, mais encore le chagrin que vous *a donné* ma conduite, tous les moyens possibles de *lutter* contre la violence naturelle de mon caractère. Je ne *doute* pas que je ne vous *aie blessé* profondément dans la délicatesse de vos sentiments; j'*ose penser* d'autre part que *vous* ne *douterez* pas non plus de la sincérité des miens, quand je vous *aurai raconté* ce qui m'*arriva* pas plus tard qu'hier. J'*eusse donné* volontiers tout ce que je *possède* pour qu'un autre que moi *portât* en cette circonstance témoignage de moi-même; je m'*estimerais* du moins bien heureux si l'effort que j'*ai tenté* vous *semblait* suffisant pour que votre bienveillante indulgence *daignât ajouter* foi, sinon à mon entière conversion, du moins à mon ardent désir de *contenter* le meilleur et le plus juste des pères. Si *vous pensez* qu'*avoir lutté* pendant plusieurs semaines contre des penchants bien violents déjà, *mérite* de vous quelque égard, je n'*hésiterai* pas, cher père, à vous le dire : la peine que vous m'*imposez dépasse* mes forces : *pardonnez* à votre enfant, bien humilié, bien triste et bien malheureux.

43e Dictée.

(*Grammaire*, § 144.)

Les élèves relèveront, dans une première colonne, les verbes de la deuxième conjugaison que contient cette dictée, et indiqueront par écrit, pour chaque forme qu'ils auront relevée, le temps, le mode, la personne et le nombre auxquels cette forme appartient ; ils relèveront de même, dans une seconde colonne, les verbes de la première conjugaison *.

RÉPARATION.

II.

Vous avez probablement gardé souvenir de ce dessin que vous m'*aviez choisi* vous-même, en me recommandant de le copier le plus exactement et le plus proprement possible. J'y travaillais de mon mieux ; aujourd'hui encore je pense, sauf erreur, que j'*avais réussi* assez bien, et je comptais *avoir fini* très-prochainement ma tâche, quand tout d'un coup, dans une bonne intention, sans doute, pour m'*avertir* qu'il se trouvait là, et qu'il *compatissait* aux ennuis de ma solitude, Alfred me lance par la croisée un gros ballon qu'il *tenait* à la main. Le ballon tombe droit sur ma tête, et, *rebondissant* ensuite, renverse la table, où j'avais tout justement posé une écritoire *remplie* d'encre. Jugez de mon désespoir ! Avant que j'*eusse saisi* l'écritoire et redressé la table, mon dessin, tout *noirci*, avait volé à terre, et de grosses taches d'encre *salissaient*, en plusieurs endroits, votre beau modèle. Furieux, je relève la tête : d'en bas, cher père, Alfred me regardait, frappant dans ses mains, comme s'il *eût applaudi* au bon tour qu'il m'avait joué. De plus patients que moi peut-être n'*auraient* pas *retenu* leur colère : la mienne m'emporte : je *franchis* quatre à quatre les marches de l'esca-

* Nous écrivons en italiques les verbes de la seconde conjugaison seulement.

lier, et m'armant, j'en *rougis* encore, d'un bâton, j'avance droit sur le pauvre Alfred.

44ᵉ Dictée.

(*Grammaire*, § 145.)

Les élèves relèveront, dans une première colonne, les verbes de la troisième conjugaison que contient cette dictée, et indiqueront par écrit, pour chaque forme qu'ils auront relevée, le temps, le mode, la personne et le nombre auxquels cette forme appartient; ils relèveront de même, dans deux autres colonnes, les verbes de la première et de la seconde conjugaison *.

RÉPARATION.

III.

A ce moment, cher père, une pensée soudaine me vint à l'esprit. Je *revis*, comme dans un éclair, les pleurs que versait ma pauvre petite Agathe, quand je la frappais, il y a quinze jours, et il me sembla que vos sévères paroles, qui m'*avaient ému* si douloureusement, résonnaient de nouveau à mon oreille. Je m'arrêtai tout court, et, jetant au loin mon bâton, je courus m'*asseoir* à l'écart, dans un coin du jardin, où mon cœur se soulagea par un flot de larmes. J'avais triomphé de mon emportement; mais vous *concevrez* sans peine ce qu'un tel effort me coûtait et ce que, dans ces quelques secondes, j'*avais dû* souffrir. Alfred s'approcha de moi : « A quoi penses-tu donc? » me demanda-t-il; puis, *voyant* l'état où je me trouvais, il ajouta : « Je m'*aperçois* que, sans le *vouloir*, je t'ai blessé. Si j'*avais prévu* que ma plaisanterie *pût* avoir pour toi quelque conséquence fâcheuse, tu *dois* penser, à ce qu'il me semble, que j'y aurais renoncé bien vite. Dans tous les cas, pardonne-moi. » Vous jugez si ces bonnes paroles redoublèrent encore mon émotion. Je lui serrai la main, et, le menant à ma chambre, je lui montrai mon

* Nous écrivons en italiques les verbes de la troisième conjugaison.

modèle taché et ma besogne gâtée. Il me quitta, et ce matin je *recevais* de lui un carton contenant un autre modèle tout pareil au mien, avec un petit billet ainsi *conçu* : « Ce soir, Alfred viendra *voir* son ami Édouard; il apportera ses crayons, et tâchera, en l'aidant aussi bien que possible, de réparer sa sottise. » Voilà, père, ce que j'*avais* à vous raconter.

45ᵉ Dictée.

(*Grammaire*, § 146.)

Les élèves relèveront, dans une première colonne, les verbes de la quatrième conjugaison que contient cette dictée, et indiqueront par écrit, pour chaque forme qu'ils auront relevée, le temps, le mode, la personne et le nombre auxquels cette forme appartient; ils relèveront de même, en en formant trois autres colonnes, les verbes des trois premières conjugaisons*.

RÉPARATION.

IV.

RÉPONSE DU PÈRE D'ÉDOUARD A SON FILS.

On me *remet* ta lettre, mon cher Édouard, et, bien que je doive revenir à la maison ce soir même, j'ai voulu y *répondre* tout de suite. Je me *ferais* scrupule de retarder, même de quelques heures, un retour que nous *attendions* tous si impatiemment. C'est de grand cœur, *crois*-le bien, cher enfant, que je te *relève* de ta faute, *souscrivant* ainsi au témoignage que ta conscience t'*a* déjà *rendu* de ta conduite meilleure et plus digne. Je ne te *dirai* pas que je te considère comme absolument guéri : le mal vient de loin; il a grandi et il *a pris* force. Une fois tu l'*as vaincu*, et je ne doute pas que tu ne te sentes prêt à recommencer la lutte; mais c'est un rude ennemi qui *prendra* sa revanche, et qui, pour une défaite, ne se tiendra pas comme *battu*. Courage donc et persévérance! Et quand tu *auras*

* Nous écrivons en italiques les verbes de la quatrième conjugaison.

repris au milieu de nous la place que mérite ton triomphe d'hier, songe souvent à la faute qui te l'*avait fait perdre*, non pour en garder un souvenir humiliant, qui *abattrait* peut-être ta force sans aucunement réparer tes torts, mais comme une leçon pour l'avenir. La privation d'un bien vous en fait sentir tout le prix : ton exil de quelques semaines *t'aura appris* du moins tout le bonheur qu'on goûte, quand on le sait goûter, au foyer de la famille; ce bonheur, tu vas le retrouver, et il *suffira* sans doute à ton cœur comme il *a* toujours *suffi* au mien. Je souhaite, cher enfant, que tu n'en *connaisses* jamais d'autre.

46e Dictée.

(*Grammaire*, § 141 à 146.)

Les élèves formeront quatre colonnes des verbes contenus dans cette dictée, et mettront ensemble 1° les verbes de la première conjugaison, 2° ceux de la seconde, 3° ceux de la troisième, 4° ceux de la quatrième, en indiquant, pour chaque forme, le temps, le mode, la personne et le nombre auxquels elle appartient *.

UN BIENFAIT DÉLICAT.

Vous *connaissez* l'histoire de Turenne, cet illustre général du siècle de Louis XIV. Voici un trait de sa vie que *je préfère*, pour ma part, à plus d'une victoire.

Il *avait*, un jour, *aperçu*, en *passant* la revue de ses troupes, un officier très-brave, mais très-pauvre, si pauvre qu'il ne *possédait* qu'un mauvais cheval, à peine capable de *subvenir* aux nécessités du service. Turenne *invita* l'officier à *dîner*. Après le repas, l'*ayant tiré* en particu-

---

* Cette dictée pourra également servir d'exercice sur les règles contenues dans les paragraphes 147 et 148 de la grammaire. Les élèves, après avoir fait la distinction des verbes appartenant à la première, à la seconde, à la troisième et à la quatrième conjugaison, écriront à la suite de chacun de ces verbes 1° leurs temps primitifs; 2° leurs temps dérivés en n'indiquant que la première personne du singulier des temps qui ont plusieurs personnes.

lier, il lui *dit* : « *Permettez*-moi de vous *prier* d'une chose : j'*espère* que vous ne *refuserez* rien à votre général. Vous *savez* que je n'*ai* plus trente ans ; *je crains que* les chevaux trop vifs ne me *fatiguent*. Je vous *ai vu*, ce matin, un cheval qui me *conviendrait* beaucoup ; *consentez* à me le *céder*. » L'officier, naturellement, se *rendit* à la demande de Turenne ; et, le lendemain, il *recevait* un des meilleurs chevaux de l'armée. Je n'*ai* pas besoin, je *pense*, de vous *faire sentir* toute la délicatesse de ce procédé, et vous l'*apercevez* de vous-mêmes.

17e Dictée.

(*Grammaire*, § 149.)

Les élèves formeront le futur et le conditionnel des verbes donnés à l'infinitif dans cette dictée, et l'infinitif des verbes donnés au futur et au conditionnel.

LE COCOTIER.

I.

Je ne FINIRAIS pas, mes bons amis, si je voulais vous *énumérer* exactement tous les services que rend aux populations des contrées tropicales cette espèce de palmier-géant qu'on appelle le cocotier. Le récit suivant, que j'emprunte à un voyageur bien informé *, SUFFIRA du moins pour vous *donner* quelque idée de ce bienfaisant végétal.

Un homme parcourait ces pays situés sous un soleil brûlant, où la fraîcheur et l'ombre sont si rares, et où, même à prix d'or, on TROUVERAIT difficilement, à des distances considérables, quelque refuge à l'abri duquel on puisse *goûter* un repos que la fatigue de la route RENDRAIT pourtant si nécessaire. Accablé et haletant, ce pauvre voyageur aperçoit une cabane que semblaient *entourer* comme d'une palissade fortifiée quelques arbres au tronc

---

* Voir dans la collection de la *Bibliothèque des Merveilles*, les MERVEILLES DE LA VÉGÉTATION, par M. F. Marion, à qui nous empruntons ce passage, en nous tenant aussi près que possible de son texte.

droit, élevé et surmonté d'un bouquet de feuilles très-grandes, dont les unes relevées et les autres pendantes, avaient un aspect élégant et agréable. Rien d'ailleurs, autour de cette cabane, qui pût *annoncer* un terrain cultivé. A cette vue, les espérances du voyageur commencent à se *ranimer;* il essaye de *rassembler* ses forces épuisées, et bientôt il est reçu sous ce toit hospitalier. Son hôte lui offre d'abord une boisson aigrelette, qui lui permet de se *désaltérer* et de se *rafraîchir*. Lorsque l'étranger a pris quelque repos, l'Indien l'invite à *partager* son repas; il lui sert divers mets contenus dans une vaisselle brune, luisante et polie, et aussi d'un vin dont nos gourmets d'Europe ne DÉDAIGNERAIENT pas la saveur. Au dessert, il offre à son hôte des confitures succulentes, et lui fait *goûter* d'une fort bonne eau-de-vie. Le voyageur est étonné : « Si je ne craignais, dit-il, d'être indiscret, je vous DEMANDERAIS d'où vous pouvez *tirer*, dans ce pays désert, toutes ces bonnes choses. »

48e Dictée.

(*Grammaire*, § 150.)

Les élèves formeront l'impératif des verbes donnés au présent de l'indicatif dans cette dictée, et le présent de l'indicatif des verbes donnés à l'impératif.

LE COCOTIER.

II.

« REGARDEZ, répondit l'Indien, autour de ma cabane, ce beau bouquet de cocotiers : voilà mes fournisseurs. L'eau rafraîchissante que vous *buvez* en ce moment a été tirée du fruit avant qu'il fût mûr, et je pourrais vous montrer encore certaines noix qui m'en donneront trois ou quatre livres. Vous *reconnaissez*, sans doute, dans cette amande d'un si bon goût le fruit dans sa maturité ; ce lait, que vous *trouvez* si agréable, a été tiré du lait de cette amande; ce chou, si délicat, était le sommet d'un cocotier; CROYEZ que, si je n'eusse voulu vous faire honneur, il serait encore resté à sa place, car mon arbre, ainsi découronné, ne tardera pas à mourir. Ce vin, dont vous vous *montrez* si content, a été aussi produit par le cocotier; nous *faisons* pour cela des incisions aux jeunes tiges des fleurs; et nous en *voyons* bientôt découler une liqueur blanche, que nous *recueillons* dans des vases; c'est cette liqueur que l'on vous servira dans le pays sous le nom de vin de palmier. Exposée au soleil, elle s'aigrirait et donnerait du vinaigre. En la distillant, j'en ai obtenu cette bonne eau-de-vie que vous avez goûtée. FAITES-moi raison, mon hôte, et AVALEZ-en de nouveau un bon coup à ma santé. NOTEZ d'ailleurs que ce même jus m'a encore fourni le sucre pour ces confitures que j'ai faites avec l'amande. Enfin, toute cette vaisselle et ces ustensiles de table que vous *tenez* à la main ont été taillés dans la coque des noix de cocos. SALUONS, cher seigneur, ces bons et bienveillants amis que la nature nous a donnés. — Salut à eux, en effet, dit le voyageur avec émotion, en se découvrant devant les cocotiers. »

49e Dictée.

(*Grammaire*, § 151.)

Les élèves formeront l'imparfait du subjonctif des verbes donnés au prétérit dans cette dictée, et le prétérit des verbes donnés à l'imparfait du subjonctif.

LE COCOTIER.

III.

« Ce n'est pas tout, continua l'Indien : les circonstances ayant exigé — la vie de l'homme est soumise à tant d'épreuves, — que je VINSSE m'établir dans cette solitude, je n'y *trouvai* aucune trace d'habitation. La cabane où je vous reçois, je la *dus* tout entière à ces cocotiers, à l'ombre desquels tout d'abord je me *fixai;* je me *servis* de leur bois pour la construire; je *recueillis* les feuilles sèches que le vent faisait tomber, je les *tressai* et j'en *formai* mon toit; n'ayant aucun abri qui, dans les commencements, me DÉFENDÎT du soleil, je *ramassai* encore ces mêmes feuilles et les *arrangeai* en parasol; ces vêtements, qui me couvrent aujourd'hui, je les *tissai* avec leurs filaments; ces nattes qui me servent à tant d'usages divers, en proviennent aussi, et rien n'empêcherait qu'un ouvrier plus habile que moi en TIRÂT des voiles de navire. Les tamis que voilà, je les *pris* tout faits, pour ainsi dire, dans la partie du cocotier d'où sort le feuillage. Bien que je ne TROUVASSE pas ici l'usage de cette espèce de bourre qui enveloppe la noix, je la *conservai* pourtant, sachant qu'elle est bien préférable à l'étoupe pour calfeutrer les vaisseaux; elle pourrit, en effet, moins vite, et se renfle en s'imbibant d'eau. Le hasard *fit*, d'ailleurs, que l'année dernière, un tisserand PASSÂT sur cette route; je le *logeai* quelques jours, et, en retour, il me *fabriqua*, avec ma filasse, de la ficelle, qui m'est fort utile, et même les câbles et les cordes qui me servent si bien à gravir les pentes des rochers. Que vous dirai-je enfin? Un de mes grands soucis, c'était que, dans les longues nuits d'hiver, la lumière me MANQUÂT. Cette huile qui brûle dans ma lampe, et celle dont j'*assaisonnai* tout à l'heure plusieurs des mets que nous avons mangés, je les ai obtenues en exprimant le suc des amandes fraîches. »

50ᵉ Dictée.

(*Grammaire*, § 152.)

Les élèves formeront les trois personnes du pluriel du présent de l'indicatif, l'imparfait de l'indicatif et le présent du subjonctif des verbes donnés au participe présent dans cette dictée, et le participe présent des verbes donnés aux trois personnes du pluriel du présent de l'indicatif, à l'imparfait de l'indicatif et au présent du subjonctif.

LE COCOTIER.

IV.

L'étranger, comme je vous le DISAIS, se LAISSAIT aller à l'étonnement et à l'admiration, en *voyant* comment ce pauvre Indien, ne *possédant* que des cocotiers, était toutefois parvenu à obtenir, grâce à eux, de quoi subvenir à toutes ces nécessités dont les hommes ne peuvent se passer, dans quelque endroit qu'ils se TROUVENT et à quelque condition qu'ils APPARTIENNENT. Le soleil COMMENÇAIT déjà à décliner sur l'horizon : « Il faut que je PARTE, dit le voyageur et que je RETOURNE à la ville; ne voulez-vous pas qu'en reconnaissance de votre généreuse hospitalité, je me CHARGE de quelque commission pour vous? — En effet, dit l'Indien, j'ai des amis qui m'ATTENDENT là-bas depuis longtemps, et que je ne puis revoir encore. J'adoucirai du moins la peine qu'ils *ressentent*, en leur ÉCRIVANT quelques mots; plus heureux que moi, vous les verrez, et vous leur porterez mon message. — Assurément, dit l'étranger, et sera-ce encore le cocotier qui vous fournira les moyens de consoler ceux qui vous AIMENT? — Vous PENSEZ rire, seigneur, répondit l'Indien ; il faut pourtant bien que je vous DISE que j'ai fait cette encre en *mêlant* avec de l'eau la sciure des branches de mes arbres, et ce parchemin si solide, en *séchant* leurs feuilles au soleil. Ceux de mon pays *n'*EMPLOYAIENT pas, dans les anciens temps, d'autre substance pour transcrire les actes publics et les faits mémorables de notre histoire. » Le voyageur s'éloigna, *réfléchissant* profondément à ce qu'il avait vu et aux paroles qu'on lui avait dites; de temps en temps, il se RETOURNAIT, *remerciant* de la main le pauvre Indien et sans doute aussi les beaux cocotiers.

51e Dictée.

(*Grammaire*, § 153.)

Les élèves transcriront les temps composés formés des participes passés contenus dans cette dictée.

LE DÎNER DANS LA COUR.

Il y a des gens qui, quoi qu'on fasse pour eux, ne se montrent jamais *satisfaits*. Plusieurs de ceux-là ne sont pourtant pas absolument méchants, mais leur humeur est bizarre, et il faut savoir comment les prendre pour parvenir, sans qu'ils en aient eux-mêmes conscience, à leur faire entendre raison.

En voici une preuve.

Un domestique, *attaché* depuis longtemps au service d'un grand seigneur, ne pouvait réussir à rien faire au goût de son maître, qui le malmenait à cœur de journée et presque toujours sans cause. J'ai *connu* plus d'un maître comme cela. Un jour, celui dont je vais parler rentra au logis l'air fort sombre et la moustache de travers. « Gare au gros temps, » pensa en lui-même le domestique. Et, en effet, la table à peine *mise*, rien ne se trouva *cuit* à point; la soupe était trop chaude d'abord et ensuite, cela va sans dire, par la faute du domestique, trop *refroidie*. Comme celui-ci, impassible, ne soufflait mot, et n'alléguait aucune excuse, de plus en plus *impatienté*, le maître saisit la soupière, et la lança par la fenêtre dans la cour. Que fit alors le domestique? Ni une, ni deux, mes bons amis. Avec le plus grand sang-froid, il envoya par la même route d'abord le plat de viande qu'il se disposait à placer sur la table, puis le vin, et le pain, et la nappe, avec tout ce qui était dessus. « Insolent coquin! que fais-tu? » s'écria le maître en se levant *exaspéré*. — Veuillez me pardonner, répondit le domestique, si j'ai mal *compris* votre intention. J'ai *cru* que vous vouliez aujourd'hui dîner dans la cour. Le ciel, est, en effet, si bleu, et l'air si *embaumé!* Il doit certes faire bien bon là-bas sous les pommiers *fleuris*, où bourdonnent les abeilles. » Grâce à cette réponse si peu *attendue*, grâce aussi peut-être à la vue de ce beau ciel de printemps, le maître ne put s'empêcher de rire, et, s'il ne se corrigea pas tout à fait de ses torts, du moins pardonna-t-il pour cette fois à celui qui avait *su* lui donner, sans en avoir l'air, une si ingénieuse et si sage leçon*.

---

* Sujet tiré d'un conte allemand. Voir CONTES ALLEMANDS imités de Hebel et de Karl Simrock, par M. N. Martin, Collection de la *Bibliothèque r. sc.*

52e Dictée.

(*Grammaire*, § 154.)

Les élèves mettront aux trois personnes du singulier du présent de l'indicatif et du présent du subjonctif les verbes donnés dans cette dictée; ils souligneront de plus ceux qui ne se terminent pas par *e*, *es*, *e*, aux trois personnes du singulier du présent de l'indicatif et du présent du subjonctif, et indiqueront par les chiffres 1, 2, 3, 4 à quelle conjugaison ils appartiennent*.

LA MORT DE BAYARD.

I.

On COMBATTAIT depuis l'aube; il ÉTAIT environ dix heures du matin. Bayard VENAIT de *repousser* les Espagnols par une charge vigoureuse, et il REJOIGNAIT le gros de l'armée, lorsqu'une pierre, *lancée* par une arquebuse, le *frappa* dans les reins et lui *brisa* l'épine dorsale. Il *jeta* un cri, et SENTIT qu'il *allait* MOURIR. Alors TENANT son épée par la poignée, il l'*éleva* en forme de croix, la *baisa* et *prononça* tout haut, en latin, les paroles du psaume de la pénitence : « AYEZ pitié, de moi, ô Dieu, *selon* votre grande miséricorde. » Ceux qui se trouvaient là, le VIRENT PALIR comme s'il PERDAIT connaissance, et il FAILLIT *tomber* de cheval, mais il *saisit* fortement l'arçon de sa selle, et *demeura* ainsi, jusqu'à ce que l'un de ses gens, qui se *nommait* Jacques Joffroy, l'*aidât* à DESCENDRE. On a pieusement *recueilli* les fières paroles qu'il *adressa* à ce gentilhomme. « *Appuyez*-moi, lui DIT-il, contre cet arbre, et *placez*-moi de telle sorte que je *tourne* le visage aux ennemis. Jamais je ne leur ai *montré* le dos; je ne VEUX pas *commencer* à l'heure présente, car c'est *fait* de moi. » Comme Jacques Joffroy *fondait* en larmes : « Jacques, mon ami, REPRIT-il doucement, *laisse* ton deuil; Dieu m'*ôte* de ce monde; j'y ai, par sa grâce, assez longtemps *séjourné* et j'y ai *joui* de plus de biens et d'honneurs que

* Nous écrivons ces verbes en petites capitales.

je ne *mérite*. Je ne *regrette* que de n'avoir pas AGI aussi bien que je le DEVAIS. J'*espérais*, si j'eusse plus longuement VÉCU, *amender* ma conduite *passée*, mais je *supplie* du moins mon Créateur de RECEVOIR à merci ma pauvre âme. Je te PRIE, Jacques, mon ami, qu'on ne m'*enlève* point de ce lieu, car, quand je me *remue*, je *souffre* toutes les douleurs qu'on PEUT souffrir, hors la mort, qui me *prendra* bientôt. »

53e Dictée.

(*Grammaire*, § 155.)

Les élèves 1° mettront à la deuxième personne du singulier, à tous les temps simples, les verbes donnés dans cette dictée, et souligneront ceux qui, à quelqu'un de leurs temps, n'ont point cette personne terminée par *s*; 2° souligneront les verbes qui, à quelqu'un de leurs temps simples, n'ont point la troisième personne du singulier terminée par *e*, par *a* ou par *t*; 3° souligneront également ceux qui ajoutent un *s* à la seconde personne du singulier de l'impératif, devant les pronoms *en* et *y* *.

LA MORT DE BAYARD.

II.

Bayard se TOURNA alors vers le seigneur d'Alègre, prévôt de Paris, l'*entretint* quelques instants et le PRIT pour confident de ses dernières volontés. Il DÉSIGNA son frère pour son héritier universel, en lui SUBSTITUANT, dans le cas où il n'AURAIT pas de postérité masculine, un de ses cousins, qu'il AIMAIT particulièrement. En ce moment *reparurent* les Espagnols. Un officier suisse VOULAIT *soutenir* leur attaque avec quelques-uns de ses hommes, pendant qu'on EMPORTERAIT Bayard, PENSANT le SAUVER. Mais le blessé qui *connaissait* bien son état, s'ATTACHA de nouveau à le CONVAINCRE qu'il *fallait* qu'on le LAISSAT un peu SONGER à sa conscience; l'ÔTER d'où il *était* ne *ferait* qu'ABRÉGER sa vie. Les Espagnols APPROCHAIENT.

---

* Nous écrivons en petites capitales les verbes qui devront être soulignés.

« Messeigneurs, leur *dit* Bayard, je vous en SUPPLIE, *partez;* autrement vous TOMBERIEZ entre les mains des ennemis, et cela ne me PROFITERAIT aucunement. Adieu, mes bons seigneurs et amis, je vous RECOMMANDE ma pauvre âme. Je vous CONJURE en outre, monseigneur d'Alègre, de SALUER pour moi le roi notre maître; vous lui EXPLIQUEREZ combien je REGRETTE de n'avoir PU, malgré mon désir, le *servir* plus longuement. Saluez aussi messeigneurs les princes du sang, tous mes braves compagnons d'armes, et généralement tous les gentilshommes du royaume de France, quand vous les *verrez.* » D'Alègre s'ÉLOIGNA en PLEURANT à chaudes larmes. Bayard DUT DONNER des ordres formels pour que ses serviteurs et hommes d'armes *consentissent* à se SÉPARER de lui. Ils *rejoignirent* l'armée en marche, se LIVRANT aux transports du plus violent désespoir.

54e Dictée.

(*Grammaire*, § 156.)

Les élèves mettront à la troisième personne du singulier et aux trois personnes du pluriel, à tous les temps simples, les verbes donnés dans cette dictée, et indiqueront par les chiffres 1, 2, 3, 4, à quelle conjugaison ces verbes appartiennent; ils souligneront ceux d'entre ces verbes qui n'ont pas la deuxième personne du pluriel du présent de l'indicatif terminée par *ez*, et, au même temps, la troisième personne du même nombre terminée en *ent* *.

LA MORT DE BAYARD.

III.

Les Espagnols eux-mêmes, soldats et gentilshommes, *apprenant* dans quel état se *trouvait* Bayard, *témoignèrent* une réelle affliction. Il les avait toujours *traités* avec humanité et courtoisie, et ceux surtout que le sort de la guerre FAISAIT ses prisonniers avaient toujours EU à se *louer* de lui.

---

* Nous écrivons en petites capitales les verbes qui devront être soulignés.

A peine les Français, à l'exception de Jacques Joffroy, qui ne *consentit*, pour aucun prix, à se *retirer*, eurent-ils *quitté* Bayard, que le marquis de Pescaire, l'un des principaux chefs de l'armée espagnole, au moment où il ALLAIT passer à toute bride, *reconnut* celui qu'on *appelait* le bon chevalier; il MIT pied à terre, et lui DIT : « *Plût* à Dieu, seigneur Bayard, qu'il m'en eût *coûté* une pinte de mon sang, et que je vous *tinsse* en bonne santé, comme mon prisonnier. De la façon dont je vous *traiterais*, vous *pourriez juger* combien d'estime je *professe* pour vous. Je *devrais* me *réjouir* de vous *voir* comme je vous vois, *sachant* bien qu'en ses guerres l'empereur mon maître ne *comptait* pas, dans toutes vos armées, de plus grand ni plus rude ennemi. Cependant quand je *considère* ce que la chevalerie *perd* aujourd'hui en votre personne, Dieu m'*est* témoin que je *voudrais donner* la moitié de ce que je possède, et qu'il en *arrivât* autrement. Mais puisqu'à la mort rien ne *remédie*, du fond du cœur je *demande* à celui qui nous a tous *créés* de *retirer* votre âme auprès de lui. »

55e Dictée.

(*Grammaire*, § 157.)

Les élèves mettront à la troisième personne du singulier du prétérit de l'indicatif et de l'imparfait du subjonctif les verbes donnés dans cette dictée, en soulignant en particulier les verbes qui n'ont point de *t* à la troisième personne du singulier du prétérit, et en indiquant par un chiffre la conjugaison de ces verbes*.

LA MORT DE BAYARD.

IV.

Pescaire *voulait faire* TRANSPORTER Bayard en quelque logis voisin. « Non, *dit* Bayard, *permettez* que je DEMEURE ici, sur le champ même où j'ai *combattu*. On lui *offrit* les soins des chirurgiens; il DEMANDA un prêtre et se CONFESSA

* Nous écrivons en petites capitales les verbes qui devront être soulignés.

à lui dévotement. Ayant *ordonné* qu'on *tendît* un pavillon au-dessus du blessé et qu'on le COUCHAT sur un lit de camp, le généreux Espagnol le *laissa* sous la garde de deux de ses gentilhommes, et se *remit* en marche, RÉPÉTANT à ceux qui l'ENTOURAIENT : « La France ne *sait* pas tout ce qu'elle a *perdu* aujourd'hui. » A mesure que l'armée espagnole PASSAIT, *courant* à la poursuite des nôtres, il n'y *eût* galant homme, suivant l'expression d'alors, qui ne s'ARRÊTAT pour SALUER le glorieux moribond. Charles de Bourbon, le connétable de France, qui avait *trahi* son pays, y *vint* comme les autres. « Hé ! capitaine Bayard, dit-il en s'APPROCHANT de son ancien frère d'armes, vous que j'ai toujours AIMÉ pour votre grande bravoure et loyauté, que j'ai grande pitié de vous *voir* en cet état ! » On *connaît* la réponse que lui fit Bayard : « Ah ! pour Dieu, monseigneur, dit-il, n'ayez point pitié de moi, mais plutôt de vous-même qui PORTEZ l'épée contre votre foi et votre roi. Moi, c'est pour mon roi et ma foi que je *meurs*. » Sous ce reproche d'un homme EXPIRANT, à qui il n'y avait rien à *répondre*, le connétable COURBA la tête. DÉVORANT sa honte, il REMONTA à cheval et *partit* au galop, sans PROFÉRER une parole.

56e Dictée.

(*Grammaire*, § 158.)

Les élèves mettront à la première personne du singulier du futur et du conditionnel les verbes donnés dans cette dictée, en soulignant ceux de ces verbes qui, n'appartenant pas à la première conjugaison, prennent un *e* devant l'*r* qui commence la syllabe finale *.

LA MORT DE BAYARD.

V.

Cependant la vie *abandonnait* Bayard, et sa lente agonie de trois heures *touchait* à sa fin. Se RECUEILLANT en lui-même au milieu du tumulte extérieur, et se *détachant* de

* Nous écrivons en petites capitales les verbes qui devront être soulignés.

plus en plus de la terre, il *adressait* au ciel cette fervente prière : « Mon Dieu, tu l'as *dit*, je le *sais*, quiconque de bon cœur *retournera* vers toi, quelques péchés qu'il ait *commis*, tu te *montres* toujours prêt à le *recevoir* en grâce et à lui *pardonner*. Hélas! mon Dieu, mon Créateur et mon Rédempteur, je t'ai *offensé* grièvement durant ma vie, j'en *ressens* le plus sincère repentir. Je *reconnais* bien que, quand je *resterais* aux déserts des milliers d'années, au pain et à l'eau, cela ne *suffirait* pas encore pour *obtenir* entrée en ton paradis, si par ta grande et infinie bonté tu ne *daignais* m'y *admettre*, car nulle créature ne *peut mériter* en ce monde une si haute récompense. Mon père et mon sauveur, je te *supplie* de ne point *considérer* les fautes que j'ai *faites*. *Juge*-moi selon ta grande miséricorde et non selon la rigueur de ta justice, et qu'il te *plaise* ACCUEILLIR l'âme de ton dévoué serviteur.... » La voix *expira* sur ses lèvres; il était mort. Ainsi *trépassa* celui que l'histoire n'a pas *craint* d'*appeler* le chevalier sans peur et sans reproche. *C'était* le trentième jour d'avril mil cinq cent vingt-quatre, sur les six heures après-midi. Il n'*avait* encore que quarante-huit ans*.

57e Dictée.

(*Grammaire*, § 159.)

Les élèves donneront les formes où les verbes en *cer* et en *ger* contenus dans cette dictée adoucissent la consonne.

UNE TEMPÊTE.

I.

Depuis huit jours, la mer *berçait* doucement le vaisseau, qui *s'avançait*, *longeant* les côtes, vers le terme si

---

* Nous avons emprunté ce récit, en nous tenant aussi près que possible du texte original, à l'HISTOIRE DU GENTIL SEIGNEUR DE BAYARD, composée par *le Loyal serviteur* et abrégée à l'usage de la jeunesse, par M. Alph. Feillet. Collection de la *Bibliothèque rose*.

ardemment désiré de notre voyage. Mais, le neuvième jour de la traversée, vers midi, nous vîmes tout à coup le soleil qui *s'effaçait* peu à peu, et l'azur du ciel, traversé de bandes verdâtres, qui se *chargeait* d'une sorte de lumière louche et troublée. Des sillons de couleur de plomb *s'allongeaient* sans fin dans une mer pesante et morte : des goelands, *présageant* la tempête, rasaient le pont du navire de leurs larges ailes, et par moments *plongeaient* sous la vague. Le capitaine *songea* un instant à gagner la rive, *jugeant*, par l'aspect des côtes, que nous y pourrions trouver quelque port. Nous *changeâmes* donc de route, et le vaisseau, prêtant le flanc à la brise, de plus en plus forte, *commença* à se balancer lentement de l'avant à l'arrière, *s'enfonçant*, à chaque fois, plus profondément entre les lames épaisses. Mais nous ne tardâmes pas à voir que l'orage nous *devançait*, et un nouvel ordre du capitaine nous *annonça* bientôt qu'il fallait reprendre la haute mer.

58e Dictée.

(*Grammaire*, § 160 à 161.)

Les élèves donneront les formes où les verbes contenus dans cette dictée, qui ont un *e* muet ou un *é* fermé à l'avant-dernière syllabe de l'infinitif, changent cet *e* muet ou cet *é* fermé en *è* ouvert, par l'addition de l'accent grave. Ils souligneront ceux de ces verbes qui gardent partout l'*é* fermé *.

UNE TEMPÊTE.

II.

A peine le vaisseau a-t-il viré de bord, qu'une énorme vague le *soulève*, en frappant sa proue, qui se couvre comme d'une montagne d'eau. « *Amène* la grande voile! » crie le capitaine. Les matelots, tout hardis qu'ils sont, hésitent un instant; il *réitère* son ordre. Il était temps qu'on lui obéît; une seconde plus tard peut-être, le mât

* Nous les écrivons en petites capitales.

eût *cédé* à l'effort du vent. Debout près du gouvernail, le capitaine cherche à *régler*, avec le peu de voiles qui restent, la marche du bâtiment : tantôt il *considère* fixement l'horizon de plus en plus noir; tantôt il se *promène* à grands pas, comme pour ABRÉGER les moments et *modérer* son inquiétude. Un mortel effroi *règne* dans tous les cœurs; nul ne sait s'il a encore une heure de vie à *espérer*. Tout à coup, une vague *s'élève* plus haute que les autres et pousse violemment le flanc du navire : un craquement se fait entendre. « Que Dieu nous PROTÉGE! » crient les matelots.

59e Dictée.

(*Grammaire*, § 160. — Observation.)

Les élèves donneront les formes où les verbes contenus dans cette dictée, qui ont un *e* muet à l'avant-dernière syllabe de l'infinitif, changent cet *e* muet en *è* ouvert, soit par le redoublement de la consonne, soit par l'addition de l'accent grave *.

UNE TEMPÊTE.

III.

C'en était fait : nous touchions sur un banc de sable. En ce moment la tempête redouble; le tonnerre gronde; l'éclair *étincelle* et sillonne les nuées livides; les vagues, courtes et pressées, ressemblent à une meute d'animaux furieux qui HARCÈLENT le navire ; elles *jettent* sur le pont des masses d'eau et de sable qui s'*amoncellent* un instant pour être violemment chassées l'instant d'après. De minute en minute, nous sentions, sous un puissant effort, la quille s'enfoncer plus profondément, et les parois CRAQUETER avec un bruit sinistre. Oh ! qu'en pareils moments on fait bon marché des promesses de la fortune, et de quel prix on ACHÈTERAIT un peu de repos et d'espérance! Aux cris des matelots qui s'*appellent* entre eux, au grince-

---

* Nous écrivons les premiers en italiques et les seconds en petites capitales.

ment des mâts qui *chancellent*, au sifflement aigu des cordages tendus par le vent, se mêlent nos voix désespérées, qui se désolent et se lamentent.

60e Dictée.

(*Grammaire*, § 161.)

Les élèves conjugueront le présent de l'indicatif, l'impératif, le présent du subjonctif, le futur et le conditionnel des verbes donnés à l'infinitif dans cette dictée.

LE LAURIER-ROSE ET L'ORANGER.

Un laurier-rose et un oranger vivaient ensemble dans un même jardin. Ils vivaient ensemble, mais non en bonne intelligence; car le laurier-rose retirait toujours ses branches lorsque le vent poussait vers lui celles de l'oranger; et, tandis que toutes les fleurs s'épanouissaient gaiement aux rayons du soleil, le laurier penchait tristement ses feuilles comme si le froid l'avait touché.

Une petite fleur de mauve qui croissait à ses pieds, et qui était sa confidente et son amie, lui demanda le sujet de sa tristesse. L'arbuste qui savait qu'on peut *espérer* quelque soulagement en confiant ses peines, se tourna vers la petite plante pour lui en *révéler* le secret :

« Voyez, lui dit-il, cet oranger qui est là, à mes côtés : nous sommes nés sous le même climat, on nous a transplantés en même temps; nous semblions destinés aux mêmes faveurs, et nous fûmes réunis, en effet, le même jour dans le salon de notre maîtresse. Mais le lendemain, l'oranger seul fut rappelé dans ce salon d'où je semble avoir été chassé pour toujours. Maintenant je me demande sans cesse pourquoi j'ai été forcé de *céder* la place à cet arbuste dont les fleurs sont moins belles que les miennes, dont les feuilles ont une coupe moins gracieuse et moins élégante. Ne devrais-je pas au contraire *régner* ici par la beauté? Répondez.

— Oui, je répondrai, dit la petite plante, mais je répondrai en amie. Écoutez : on recherche l'oranger dans les salons parce que son odeur est bienfaisante et sa feuille utile : on vous éloigne parce que votre odeur est malfaisante et votre feuille un poison *.

64e Dictée.

(*Grammaire*, § 162 à 165.)

Les élèves rangeront en différentes séries, parmi les verbes donnés dans cette dictée, 1° ceux qui sont terminés au présent de l'infinitif en *oyer* et en *uyer;* 2° ceux qui sont terminés, à ce même temps, en *ayer* et en *eyer;* 3° ceux qui sont terminés en *ier;* 4° ceux qui sont terminés en *uer;* 5° ceux qui sont terminés en *éer;* 6° ceux qui ont le participe présent en *iant;* 7° ceux qui ont le participe présent en *yant;* ils conjugueront ensuite successivement chacun de ces verbes à la première et à la deuxième personne du pluriel de l'imparfait de l'indicatif et du présent du subjonctif.

UNE TEMPÊTE.

IV.

A chaque seconde, nous *croyions* toucher à notre dernier moment; éperdus, hors de nous, nous *priions* à genoux et nous *suppliions* le capitaine de ne pas nous laisser périr, comme si le brave marin eût eu entre les mains de quoi nous sauver. Mais lui-même, hélas! se sent désarmé devant cette force aveugle de la tempête qui *balaye*, qui renverse et *broie* tout sur son passage. « Donnez-moi, disait-il, un moyen, si vous en connaissez un, pour que je l'*essaye;* Dieu m'est témoin que je *payerais* volontiers votre sûreté de tout mon sang. » Un vieux matelot, à ce moment, vient lui parler à l'oreille, et le capiaine pâlit. Il hésitait; mais le matelot redoubla d'instances, et sa proposition, téméraire peut-être, fut enfin *agréée*. En un clin d'œil, le vaisseau *déploie* tout ce qui lui

* Extrait du COURS DE DICTÉES adaptées à la *Grammaire des jeunes filles*, à l'usage des écoles et des pensionnats, par Madame Cécile *Regnard*.

reste de voiles : nous nous *noierons*, ou nous passerons. Une minute s'écoula, longue, pour nous, comme un siècle; nous courbions la tête et nous *ployions* les reins, comme sous le coup de la mort déjà présente, sentant que l'une de ces montagnes d'eau que nous *voyions* venir nous délivrerait ou nous *tuerait* tous. Elle vint et nous délivra; sous le double effort du vent et de la vague, la quille du vaisseau glissa en *criant* sur le banc de sable, et le dépassa. Un moment après, nous *voguions* dans des eaux encore furieuses, mais désormais impuissantes.

62e Dictée.

(*Grammaire*, § 165.)

Les élèves conjugueront les temps où les verbes en *éer*, donnés dans cette dictée, ont deux *e*; ils donneront le féminin du participe passé de ces mêmes verbes.

LE CAFÉ.

Lorsque le soir, mes chers enfants, votre papa vous permet de plonger un morceau de sucre dans sa tasse de café, vous ne vous doutez pas que la plante qui donne cette boisson agréable a supporté bien des péripéties avant de pouvoir *récréer* nos soirées. Vers la fin du siècle dernier seulement, l'usage s'en introduisit en France. Un peu avant cette époque, l'arbuste était presque inconnu en Europe. Le Jardin des plantes de Paris n'en possédait que deux pieds, grâce encore à la générosité des Hollandais qui, n'en ayant eux-mêmes que très-peu, en offrirent cependant deux plants à Louis XIV. Le grand roi en *agréa* l'hommage et songea dès lors à *créer* des plantations dans nos colonies, dont le climat devait être favorable à cette plante.

Mais il fallait pour cela trouver un naturaliste qui voulût se charger d'en surveiller la culture et surtout d'y transporter la précieuse semence. M. Déclieux accepta cette difficile mission. Il s'embarqua donc, emportant avec lui deux plants de café; mais il eut la douleur d'en voir mourir un au commencement de la route. L'autre faillit avoir le même sort. La traversée étant longue, l'eau devint rare sur le vaisseau, et l'on ne put en fournir pour arroser le caféier. Le naturaliste le voyant dépérir tous les jours, eut le courage de *suppléer* à l'eau qui manquait à sa chère plante, par celle qu'on lui donnait à lui-même, et il souffrit toutes les horreurs de la soif pour l'arroser tous les matins.

On arriva enfin, et M. Déclieux eut le bonheur de débarquer son caféier encore vivant.

De ce pied sont nés presque tous les rejetons qui couvrent aujourd'hui une partie de l'Amérique *.

63e Dictée.

(*Grammaire*, § 166.)

Les élèves conjugueront à la première personne du présent de l'indicatif, du prétérit défini et du présent du subjonctif les verbes donnés dans cette dictée dont l'infinitif est terminé en *cevoir;* ils formeront au masculin et au féminin le participe passé des autres verbes de la troisième conjugaison, qui leur sont également donnés.

LE SIMOUN EN ARABIE.

I.

Il était midi; le soleil que nous *recevions* presque à pic, versait à flots ses rayons embrasés sur le désert aride; tout à coup le vent du sud, lourd et chaud, commença à souffler par violentes rafales, et l'air devint si accablant qu'il semblait *devoir* bientôt manquer à nos poitrines oppressées. Le guide, que jusque-là rien n'avait paru *émouvoir*, se mit à regarder l'horizon avec inquiétude. Nous le pressâmes de questions, auxquelles il ne répondit pas d'abord. Enfin, nous montrant une petite tente noire, qui,

---

* Extrait du COURS DE DICTÉES adaptées à la *Grammaire des jeunes filles*, par madame Cécile *Regnard*.

par un bonheur providentiel, se trouvait à peu de distance : « Si nous *pouvons*, dit-il, atteindre ce point que vous *apercevez* là-bas, nous sommes sauvés. » Et il ajouta : « Prenez garde à vos chameaux, ne les laissez ni s'arrêter, ni se coucher à terre. » Puis, sans *vouloir* en dire davantage, il poussa vigoureusement sa monture. Nos regards se portaient avec anxiété du côté de la tente ; deux cents mètres au moins nous en séparaient encore ; cependant l'air devenait de plus en plus étouffant ; nos bêtes de somme, refusant d'avancer, tournaient sur elles-mêmes, en dépit de nos efforts, et ployaient les genoux pour se coucher ou demeuraient immobiles, comme si elles fussent devenues incapables de *mouvoir* leurs jambes.

64e Dictée.

(*Grammaire*, § 167.)

Les élèves conjugueront aux trois personnes du singulier du présent de l'indicatif les verbes donnés dans cette dictée qui ont l'infinitif terminé en *indre*, *aindre*, *eindre*, *oindre* et *soudre*, ainsi que ceux qui, à l'infinitif, n'ont pas un *d* devant la terminaison *re*.

LE SIMOUN EN ARABIE.

II.

L'horizon s'obscurcissait rapidement et se *teignait* d'une couleur violette ; un vent de feu, pareil à celui qui sortirait de la bouche d'un four gigantesque, soufflait au milieu des ténèbres croissantes. A l'exemple du guide, nous *ceignîmes* nos reins, en resserrant les plis de nos burnous, afin de ne laisser aucune prise au vent, et, autant que possible, nous couvrant le visage, nous frappâmes nos montures avec une énergie désespérée. Heureusement, il était temps encore ; quand la tempête déchaîna toute sa fureur, son souffle empoisonné ne pouvait nous *atteindre* ; nous étions dans la tente, à demi suffoqués, il est vrai, mais sains et saufs. Nos malheureux chameaux qu'il fallut bien se *résoudre* à laisser dehors, se couchèrent sur le sol, et comme s'ils eussent voulu *boire* le sable, y enfoncèrent leurs longs cous.

Une femme se trouvait seule dans la tente. En nous voyant entrer les uns après les autres, elle se mit à *geindre* et à crier, nous prenant pour des malfaiteurs. « Laisse-nous *faire*, lui *dit* le guide, et ne *crains* rien; nous sommes des amis. » Sans plus d'explications, il s'étend sur le sol, et nous l'imitons en silence.

Dix minutes se passèrent; une chaleur aussi vive que celle d'un fer rouge, semblait nous *étreindre* la poitrine; puis les parois de la tente recommencèrent à s'agiter sous le souffle d'un vent furieux. Le simoun s'éloignait.

65e Dictée.

(*Grammaire*, § 168.)

Les élèves conjugueront les temps où les verbes en *aître* et en *oître* donnés dans cette dictée doivent prendre un accent circonflexe sur l'*i*. Ils conjugueront aussi les temps où le verbe *plaire*, également donné dans cette dictée, suit la même orthographe.

LE SIMOUN EN ARABIE.

III.

Nous nous levâmes alors et nous découvrîmes nos visages. Mes compagnons *paraissaient* plus morts que vifs, et je ne faisais pas, j'imagine, meilleure figure; néanmoins, comme je sentais que de minute en minute la violence du vent *décroissait* visiblement, je voulus sortir pour voir comment nos chameaux avaient supporté la tempête; ils demeuraient toujours étendus sans mouvement sur le sol. L'obscurité était encore profonde; mais bientôt le jour *reparut* avec son éclat accoutumé. Chose singulière : pendant toute la durée de l'ouragan, aucun tourbillon de poussière ou de sable ne s'était élevé, aucun nuage ne voilait le ciel, et je ne sais comment expliquer les ténèbres qui tout à coup avaient envahi l'atmosphère.

Il nous sembla, quand tout fut fini, que nous *renais-*

sions à une nouvelle vie. Nous nous *plûmes* à *reconnaître* par quelques présents l'hospitalité plus ou moins volontaire qui nous avait été donnée, et le soir même, après avoir fait *paître* nos chameaux dans une petite plaine presque desséchée que nous indiqua notre hôtesse, à peu de distance de sa demeure, nous continuâmes notre voyage*.

66e Dictée.

(*Grammaire*, § 154 à 168. — Récapitulation.)

Les élèves indiqueront par écrit à laquelle des règles données se rapporte pour l'orthographe chacune des formes verbales contenues dans cette dictée.

L'AVEUGLE ET LE PARALYTIQUE.

I.

Aidons-nous et *soulageons*-nous les uns les autres. A quoi bon *geindre* et crier? A quoi bon se *plaindre* de la nature et du sort? Ce sont des forces implacables, qui ne veulent pas que nous les *priions* et que nous *ployions* les genoux devant elles. Lève plutôt la tête, toi qui souffres, toi qui *chancelles* sous le poids de la douleur, toi que la misère *rudoie* et *flagelle* dans ton âme et dans ton corps. Regarde autour de toi, et *considère* ceux qui sont à tes côtés, ceux qui *errent* comme toi-même dans les rudes sentiers de la vie : compte sur toi et *espère* en eux, c'est le plus sûr et le meilleur.

Voulez-vous que nous *essayions* ensemble de nous *rappeler* le beau récit de Florian, intitulé l'AVEUGLE ET LE PARALYTIQUE, qui prouve si bien la vérité de ce que je viens de vous dire. J'en retrouvais, il y a un instant, quelques vers *en feuilletant* un de mes vieux cahiers où je *recueillais*, étant écolier, tous les beaux morceaux qu'on me *faisait* lire, et si vous n'étiez venus, chers enfants, je vous

* Extrait, à quelques détails près, du Voyage de Palgrave dans l'Arabie centrale. — W. G. PALGRAVE. *Une année de voyage dans l'Arabie centrale*, trad. de l'anglais par M. E. JONVEAUX.

l'avouerai sans rougir, à cette heure encore, *j'essuierais* mes larmes. *Prêtez*-moi donc votre attention : si je dis mal, ou si *j'abrége* trop, votre mémoire *suppléera* à mes souvenirs.

II.

Ils sont deux dans une ville d'Asie, deux sur qui la pauvreté *pèse*, la pauvreté et l'infirmité. Le premier se *traîne* à peine par les rues sur ses genoux perclus et meurtris; les yeux de l'autre ne *voient* pas la lumière du ciel : il n'a pas même un chien qui le *mène* : ceux qu'il rencontre *aboient* après lui. Mais un jour, par hasard, ces deux misères se *coudoient*, et voilà qu'elles se *relèvent* comme d'elles-mêmes.

« Mon frère, a dit l'aveugle au paralytique, nous souffrons, nous *peinons* tous deux : mais si vous le voulez, nous *associerons* nos douleurs, et elles deviendront plus légères. Vous avez des yeux; j'ai des jambes : vous vous *appuierez* sur moi, et vous y verrez pour moi et pour vous; nous nous *protégerons* ainsi l'un l'autre, et nous *remédierons* à ce qui nous manque : nous *oublierons* chacun une part de notre infortune, et, tant qu'il nous sera donné d'avoir un peu de pain à manger, en nous *asseyant* au soleil, nous n'aurons besoin de *maudire* ni de *haïr* personne. »

67e Dictée.

(*Grammaire*, § 169 et 170.)

Les élèves conjugueront sans interrogation les verbes employés interrogativement dans cette dictée, au temps qui correspond à la forme interrogative donnée, et ils conjugueront interrogativement, aux premières personnes de tous les temps où ils peuvent être employés sous cette forme, les verbes donnés dans la dictée au présent de l'infinitif.

LES INCONSÉQUENCES HUMAINES.

I.

Quelqu'un, par hasard, *rencontre*-t-il deux chiens qui s'affrontent, se mordent et se déchirent : « Voilà de sots animaux », *dira*-t-il assurément, et il prendra un bâton pour les séparer. Si l'on vous disait que tous les chats d'un grand pays se sont assemblés par milliers dans une plaine, et qu'après avoir miaulé tout leur soûl, ils se sont jetés avec fureur les uns sur les autres, et ont joué ensemble de la dent et de la griffe; que de cette mêlée il est demeuré de part et d'autre neuf à dix mille chats sur la place, qui ont infecté l'air à dix lieues de là par leur puanteur, ne *diriez-vous* pas : « Voilà le plus abominable sabbat dont on aît jamais ouï parler? » Et si les loups en faisaient de même, quels hurlements! quelle boucherie! Et si les uns et les autres vous disaient qu'ils aiment la gloire, *concluriez-vous* de ce discours qu'ils la mettent à se trouver à ce beau rendez-vous, à détruire ainsi et à anéantir leur propre espèce? Ne *ririez-vous* pas de tout votre cœur de l'ingénuité de ces pauvres bêtes? *Oserez-vous* maintenant, ô hommes, qui vous dites animaux raisonnables, faire un retour sur vous-mêmes?

II.

Vous avez déjà, n'*est-il* pas vrai? pour vous distinguer de ceux qui ne se servent que de leurs dents et de leurs ongles, imaginé les lances, les piques, les dards, les sabres et les cimeterres, et, à mon gré, fort judicieusement, car, avec vos seules mains, que *pouviez-vous* vous faire les uns aux autres que vous arracher les cheveux, vous égratigner au visage, ou tout au plus vous arracher les yeux de la tête? Au lieu que vous voilà munis d'instruments commodes, qui vous servent à vous faire réciproquement de larges plaies, d'où peut couler votre sang jusqu'à la dernière goutte, sans que vous puissiez craindre d'en échapper. *Exagéré-je*, à votre avis? Comment donc! Comme vous devenez d'année à autre plus raisonnables, qu'*avez-vous fait?* Vous avez enchéri sur cette vieille manière de vous exterminer : vous avez de petits globes qui vous tuent tout d'un coup, s'ils peuvent seulement vous atteindre à la tête ou à la poitrine; vous en avez d'autres plus pesants et plus massifs, qui vous coupent en deux parts ou qui vous éventrent, sans compter ceux qui, tombant sur vos toits, enfoncent les planchers, vont du grenier à la cave, en enlèvent les voûtes, et font sauter en l'air, avec vos maisons, vos femmes qui sont en couche, l'enfant et la nourrice : et c'est là encore où gît la gloire; elle aime le remue-ménage, et elle est personne d'un grand fracas *.

68e Dictée.

(*Grammaire*, § 171.)

Les élèves conjugueront négativement, à tous les temps simples, mais seulement à la première personne du singulier et du pluriel, les verbes employés négativement dans cette dictée.

DE LA DIVERSITÉ DE LA NATURE.

Si l'occasion, mes amis, ne vous *a* pas *permis* de sortir de votre pays ou des pays avoisinants, vous ne *devez* pas vous imaginer pour cela que tous les pays ressemblent aux deux ou trois que vous avez pu voir. Nous avons, nous, des blés, des vignes, des prés et des bois. Et là où sont nos bois, en général, la vigne ni les herbes des prés ne *viendraient*, et réciproquement. D'autre part, une plante qui pousse chez nous ne *pousse* pas ailleurs ; et une autre plante qui pousse ailleurs ne *pousse* pas chez nous. Ceci est une des grandes lois naturelles. La surface de la terre peut se partager en un certain nombre de bandes, ou zones, dont les différents points, appartenant à la même latitude, ont à peu près la même température, et aussi, à peu près, le même genre de végétation. Certaines espèces de la zone tempérée n'*appartiennent* plus à la zone brûlante ou torride, et les plantes des tropiques, transportées vers les pôles, dépérissent et meurent. Et, suivant que, dans une

---

* La Bruyère, *Des jugements* (à quelques détails près).

même zone, vous allez du nord au midi ou du midi au nord, telles espèces, surtout celles qu'on cultive en grand, frappent tout d'abord votre vue, et telles autres disparaissent. Ainsi, sans sortir de France, à Lille, vous trouvez le houblon, et vous ne *trouvez* pas de vigne; à Paris, la vigne, et déjà plus de houblon, de houblon cultivé, du moins. Poussez jusqu'à Aix ou jusqu'à Marseille, vous rencontrerez l'olivier, qui ne *peut* même pas croître à Paris.

Il en est de même des animaux. Le cheval, par exemple, ne *supporte* pas les froids extrêmes du nord. Il y est remplacé par une espèce de cerf, le renne, dont on a toutes les peines du monde à conserver en vie quelques rares individus dans nos ménageries. Les singes d'Afrique ou d'Amérique meurent poitrinaires au Jardin des plantes, et, ce qui n'*est* pas d'ailleurs bien regrettable, les grands serpents, si vigoureux, des Indes orientales, peuvent à peine s'y traîner.

Cette diversité est infinie, et il n'y *a* rien peut-être dans la nature qui puisse davantage nous surprendre et nous étonner.

69e Dictée.

(*Grammaire*, § 172.)

Les élèves transcriront les verbes passifs donnés dans cette dictée, et indiqueront, pour chaque forme, le genre, le nombre, le temps et le mode.

L'ORGUEIL.

LETTRE D'UN PÈRE A SON FILS.

Je vous dirai, mon fils, avec toute la sincérité que *je suis obligé*, en ma qualité de père, d'avoir avec vous, que *nous avons été désolés*, votre mère et moi, d'apprendre que vous montrez fort peu d'indulgence à l'égard de vos jeunes condisciples. Ce ne sont pas là les sentiments dans lesquels *vous avez été élevé*. Je voudrais *que vous fussiez convaincu* que les avantages de la fortune et la supériorité du talent ne sont rien en comparaison des qualités du caractère, qui rendent seules la vie de société possible. Si ces qualités vous manquent, *vous serez conduit* infailliblement ou à ne plus voir personne, ce qui est fort triste, ou à *être détesté* de tous, ce qui est plus triste encore. Croyez-moi, mon cher enfant, il est plus doux de pouvoir dire : *je suis aimé*, que de chercher à faire sur les gens une impression qui ne durera qu'autant que vous aurez été capable de vous faire craindre, ce qui *n'est donné*, grâce à Dieu, qu'à peu de personnes. En continuant à agir comme vous faites, *vous seriez exposé* infailliblement à attirer sur vous bien des mécomptes et bien des déboires. *Être disposé* à ne pas ménager autrui, c'est donner à autrui le droit de n'avoir pour vous-même ni intérêt ni égards. En cas grave, *je serais appelé* à répondre de votre conduite; je pense que vous ne voudriez pas *que je fusse forcé*, à mon âge, d'avoir à demander des excuses pour vous, ou d'avoir à rougir de vous.

70e Dictée.

(*Grammaire*, § 173 et 174.)

Les élèves rangeront sur deux colonnes les verbes réfléchis et les verbes pronominaux contenus dans cette dictée; ils mettront dans la première les verbes réfléchis, dans la seconde les verbes pronominaux *.

CLAUDINE L'ANACHORÈTE.

I.

Claudine est une petite fille de huit ans, très-douce et très-bonne, mais qui a plus de sensibilité que de raison, plus d'imagination que de bon sens, et ces natures-là, mes petits amis, sont, plus facilement que les autres, portées à *se tromper* sur la véritable valeur des choses, et à

---

* Nous écrivons en italiques les verbes réfléchis et les verbes pronominaux en petites capitales.

tomber par conséquent, même dès le premier âge, dans des excès très-dangereux, soit pour autrui, soit pour elles-mêmes.

Un jour, la nourrice de Claudine est venue à la ville, et elle a apporté à sa maman un panier de pommes, de ces belles pommes si fraîches et si roses, que l'eau, comme on dit, vous vient à la bouche, rien qu'à les voir, et qu'il faut bien de la vertu, en vérité, pour S'ABSTENIR, quand on ne vous en offre pas, d'y goûter un peu.

Or Claudine *s'est sentie* toute disposée à goûter plus qu'un peu aux belles pommes de la nourrice. Mais malheureusement, pour des raisons particulières auxquelles certain accès de gourmandise, survenu un de ces derniers jours, n'est pas absolument étranger, le médecin *s'est vu* forcé de prescrire à Claudine l'abstinence complète de toute espèce de fruits, et la maman, Claudine le sait, *se conformera* ponctuellement à l'ordonnance barbare du docteur. Comment faire?

71e Dictée.

(*Grammaire*, mêmes paragraphes.)

Les élèves feront le même travail que sur la dictée précédente, et de plus ils indiqueront, pour chaque forme, la personne, le genre, le nombre, le temps et le mode.

CLAUDINE L'ANACHORÈTE.

II.

Le moyen est bien simple. Si Claudine prend une pomme dans le panier, pour la manger en cachette, comme elles sont toutes fort grosses, on *se sera* bien vite *aperçu* du larcin, et maman, à coup sûr, punira Claudine. Mais si *je me contente* de choisir quatre ou cinq pommes, les plus petites, à la rigueur, que je croque seulement une petite bouchée de chacune, et que je remette ensuite dans le panier la pomme croquée, en la tournant du côté où je n'aurai pas mis la dent, outre que cela ne saurait faire aucun mal, comment voulez-vous qu'une grande personne comme maman SE SOUVIENNE que je suis restée un bon quart d'heure toute seule avec le panier, pendant qu'elle reconduisait la nourrice? Elle n'aura pas d'abord l'idée de *s'assurer* tout de suite de l'état où *se trouvent* les pommes, qui sont de si belle apparence, et, dans tous les cas, pourquoi ne *s'imaginerait*-elle pas que c'est quelque accident, dans lequel je ne suis pour rien, qui leur sera arrivé en route?

L'idée est évidemment excellente, et il serait fâcheux de ne pas *se prêter* à une si bonne inspiration. Les pommes sont donc discrètement croquées, d'un seul côté, bien entendu, puis retournées sur l'autre face, et, cela fait, Claudine *se retire*, bien tranquillement, dans sa chambre, ne SE SOUCIANT pas sans doute d'attirer trop vivement l'attention sur le panier.

72e Dictée.

(*Grammaire*, § 175.)

Les élèves formeront deux colonnes, et mettront dans la première les verbes réfléchis; dans la deuxième les verbes réciproques donnés dans cette dictée; ils en indiqueront la personne et le temps*.

LES TOURNOIS.

Cette époque du moyen âge, qui ne fut, hélas, que trop sombre et trop désolée, avait aussi cependant ses jeux et ses fêtes. Naturellement à une société brutale et encore à demi barbare, il fallait des jeux et des fêtes qui ressemblassent à des batailles : c'est ce qui fit inventer les joutes, les passes d'armes et les tournois. A certain jour, on appelait à un rendez-vous solennel les chevaliers d'une province ou d'un royaume tout entier, ceux surtout qui *s'é-*

---

* Nous écrivons en italiques les verbes réfléchis et les verbes réciproques en petites capitales.

taient signalés par leurs prouesses dans les combats. Aux tournois ordinaires, on devait *se servir* d'armes courtoises, à fer émoussé, sans pointe ni taillant; mais dans les combats à outrance, les adversaires *s'armaient* comme pour SE MESURER sur le champ de bataille, et ils SE PORTAIENT un défi qui, d'un côté ou de l'autre, devait entraîner la mort. Les juges du tournoi faisaient prêter serment aux chevaliers de combattre loyalement, et après avoir mesuré les lances et les épées, et vérifié si quelque traître ne *s'était* pas *attaché* à la selle de son cheval, ils donnaient le signal de la lutte. Les combattants S'ATTAQUAIENT le plus souvent par couples, et quelquefois par compagnies d'égal nombre de part et d'autre; si leurs lances *se brisaient* contre les boucliers ou contre l'armure de fer, ils SE FRAPPAIENT avec l'épée ou la hache d'armes jusqu'à ce que l'un d'eux tombât vaincu. Celui qui n'observait pas les lois du combat, qui frappait autre part qu'entre les quatre membres, ou plus de coups que les juges n'en avaient permis, *se voyait* condamné à perdre ses armes et son cheval. Ordinairement le casque et l'épée du vaincu appartenaient au vainqueur. Souvent les chevaliers SE COMBATTAIENT ainsi sans SE CONNAÎTRE. On a souvent cité l'anecdote de Duguesclin qui, revêtu d'une armure dépourvue de toute marque extérieure, après avoir fait mordre la poussière à plusieurs combattants, *s'arrête* respectueusement devant un chevalier, qui n'était autre que son père. C'étaient le plus souvent les dames qui décernaient les prix. Les tournois attiraient toujours un grand concours de princes et de seigneurs, mais ils *se terminaient* d'ordinaire, même quand on n'y avait combattu qu'à armes courtoises, par de tragiques accidents.

73e Dictée.

(*Grammaire*, § 176.)

Les élèves relèveront les verbes neutres contenus dans cette dictée, et en indiqueront le nombre et la personne, le temps et le mode.

CLAUDINE L'ANACHORÈTE.

III.

La pauvre Claudine *tombait* mal. Voilà qu'en *revenant* de conduire la nourrice, la maman se trouve, elle aussi, comme naturellement amenée vers le panier, non pas peut-être par le désir de manger sans besoin les pommes (on dit que les mamans n'ont jamais de ces idées-là), mais parce qu'elle s'est dit que, devant faire quelques courses, du côté où grand'mère *demeure*, en *passant*, elle lui en portera deux ou trois. Grand'mère, pour croquer des pommes, n'a plus guère de dents; mais on tournera la difficulté : on fera cuire les pommes, et comme c'est justement l'heure de son dîner, ce petit régal inattendu *arrivera* tout à fait à point. La maman prend donc le panier, et y choisit, considérez le méchant hasard, tout justement une des pommes que Claudine *vient* de traiter comme je vous ai dit, et qui lui *paraissaient* si bien à l'abri de toute visite compromettante, grâce à son habile stratagème. Si la maman fut surprise, je vous le laisse à penser, et elle le fut bien plus désagréablement encore, en constatant que les morsures *succédaient* aux morsures, et que six pommes, ni plus ni moins, presque tout le dessus du panier, portaient, du côté où on ne la voyait pas d'abord, l'empreinte encore toute fraîche de jolies petites dents mignonnes, lesquelles ne *pouvaient* évidemment *appartenir* ni au vieux jardinier Thomas, ni à la respectable Brigitte, qui, depuis bientôt trente-cinq ans, *trône* à la cuisine de la maison. Il y avait eu, à n'en pas *douter*, de la part du propriétaire de ces jolies petites dents, double faute : gourmandise et tentative de tromperie. La maman n'*hésite* pas; elle mande Claudine, et, sans mot dire, lui montre les pommes, tournées cette fois du bon côté, je *veux* dire, du côté mordu. Claudine a ses défauts, comme vous avez vu, mais elle ne sait pas mentir, du moins, mentir effrontément, comme font bien des gens de ma connaissance; elle *rougit*, elle *pâlit*, elle *balbutie :* d'excuses, elle n'en cherche point.

74e Dictée.

(*Grammaire*, § 177 à 179.)

Les élèves formeront deux colonnes, et mettront dans la première les verbes neutres qui prennent l'auxiliaire *avoir* et dans la seconde ceux qui prennent l'auxiliaire *être* *.

CLAUDINE L'ANACHORÈTE.

IV.

La maman fut très-sévère : « Ces fruits, dit-elle à Claudine, je les destinais à grand'maman. Vous allez lui écrire comment vous avez agi; vous ajouterez qu'après ce qui vous EST ARRIVÉ, vous ne croyez pas qu'il vous soit possible de *paraître* à la collation dont vous *deviez* prendre votre part demain, chez elle, avec vos cousines, et que vous RESTEREZ à la maison. Vous m'entendez?—Oui, maman, » répond, en *soupirant*, la pauvre petite. Et elle se dispose à *obéir*.

Je n'affirmerais pas que tout d'abord ce fut de bien bon cœur qu'elle se résigna; qu'IL ne lui SOIT pas VENU à la lèvre cette petite moue mutine que vous connaissez peut-être, et qu'elle ne se soit pas dit en elle-même que c'était, en vérité, bien la peine d'*avoir* tant *travaillé*, pendant toute l'année, à apprendre l'écriture et l'orthographe, pour

---

* Nous écrivons en italiques les verbes neutres qui se conjuguent avec l'auxiliaire *avoir*, et en petites capitales ceux qui se conjuguent avec l'auxiliaire *être*.

en venir à faire aujourd'hui de l'une et de l'autre un usage si désagréable. Je crois même que, RESTÉE seule, de colère elle jeta plus d'une fois sa plume, et qu'aussi plus d'une fois de grosses larmes TOMBÈRENT sur son papier, larmes de douleur, entendez-vous bien, et de désespoir, sa mère assurément ne l'aimant pas, et *tenant* *, cela est bien sûr, beaucoup plus à ses pommes qu'à sa petite fille.

75e Dictée.

(*Grammaire*, § 180 et 181.)

Les élèves formeront deux colonnes, et mettront dans la première les verbes neutres ordinaires, et dans la seconde les verbes neutres qui sont donnés avec la forme réfléchie **.

CLAUDINE L'ANACHORÈTE.

V.

Mais, quand ce premier accès SE FUT PASSÉ, qu'elle eut un peu séché ses pleurs, voilà que des pensées toutes différentes, — je vous ai dit que Claudine n'était pas précisément un prodige de raison, — SE SUCCÉDÈRENT dans son esprit : exagérant maintenant ses torts comme elle exagérait tout à l'heure l'injustice dont elle se croyait victime, elle écrivit à sa grand'mère la lettre suivante :

« Je suis, chère bonne maman, une grande malheureuse. La nourrice vous avait apporté des pommes. JE ME SUIS PLU, méchamment, à les manger, et pourtant je savais bien qu'elles ne m'*appartenaient* pas. Maman ne *veut* pas que *j'aille* demain chez vous, et elle a certainement raison, après le mal que j'ai fait. *Je vais* me retirer dans la solitude, mais je vous prie de me pardonner. »

---

* A propos de ce verbe, le maître pourra faire observer que des verbes ordinairement actifs peuvent être employés, dans un sens particulier, comme verbes neutres. *Tenir quelqu'un, tenir quelque chose. Tenir* A *quelqu'un, tenir* A *quelque chose.*

** Nous écrivons ces derniers en petites capitales.

Si la grand'maman *put* comprendre quelque chose à ce beau chef-d'œuvre, c'est ce que je ne vous dirai pas. Toujours est-il que, sa lettre ainsi terminée, Claudine *monte* à sa chambre, enveloppe dans un mouchoir tous les vêtements à son usage qui lui *tombèrent* sous la main, sans oublier une belle robe rose toute prête pour la soirée qui devait avoir lieu chez la grand'maman, et, son petit paquet sous le bras, voilà qu'elle *sort* de la maison. Où *peut* donc *aller* Claudine?

76e Dictée.

(*Grammaire*, § 182.)

Les élèves souligneront les verbes unipersonnels contenus dans cette dictée, et en indiqueront le temps et le mode.

LA COMPASSION.

Mes petits enfants, vous qui avez votre père et votre mère, vous à qui rien ne manque, ni pour vos besoins, ni pour vos plaisirs, songez que bien d'autres enfants n'ont en ce monde que douleur et peine. Il *gèle*, il *pleut*, il *neige* : il *faut* qu'ils marchent quand même, qu'ils aillent, souvent bien loin, malgré le vent, malgré l'orage, par les sentiers et par les chemins; ne doivent-ils pas gagner, par un dur travail, de quoi vivre, de quelle vie, grand Dieu? Ah! si, par malheur, quelqu'un parmi vous ne se sent pas pris de compassion pour ces pauvres petits infortunés, et dès lors se dit en lui-même : « Je me soucie peu que d'autres aient soif, quand j'ai bu, que d'autres aient faim, quand j'ai mangé; pourquoi irais-je, moi, m'inquiéter de ce qui ne me concerne pas? » je n'hésite point à le déclarer : celui-là a un mauvais cœur.

77e Dictée.

(*Grammaire*, § 183 à 185.)

Les élèves distingueront et transcriront, en les rangeant sur deux colonnes, les verbes unipersonnels et les verbes conjugués unipersonnellement qui sont contenus dans ces phrases *.

CLAUDINE L'ANACHORÈTE.

VI.

Il faut que vous sachiez, mes enfants, que Claudine a la tête meublée de toutes sortes de belles histoires. C'est sa grand'mère qui les lui raconte, avec plus de complaisance peut-être que de discernement, eu égard au cerveau un peu creux de la petite personne. Claudine sait, par exemple, comment IL EST ARRIVÉ qu'une bonne princesse, Geneviève de Brabant, vécut, pendant de longues années, dans les bois, avec son fils, ne se nourrissant que du lait d'une biche : elle sait aussi qu'IL Y A EU, dans les anciens temps, de grands saints, qui s'en allaient loin des villes pour pleurer leurs péchés, et en faveur desquels IL PLAISAIT à Dieu de faire des miracles, à qui il envoyait, pour les servir, les lions et les tigres du désert. Or, Claudine, elle aussi, est une grande pécheresse, ayant mordu aux pommes de la nourrice : voilà pourquoi elle va, ainsi qu'elle l'écrivait à sa grand'mère, se retirer dans la solitude, comme Geneviève de Brabant et comme les saints des anciens temps. Notez que la ville où elle demeure est entourée de forêts, où IL SE TROUVE nécessairement, sinon des lions, du moins des biches; notez que Claudine connaît, en certain endroit, une vieille tour, qu'on appelle la Tour au Crible, ermitage tout prêt, voyez-vous, et où l'on sera si bien pour faire pénitence!

Il est vrai qu'IL SE RENCONTRE, dans la vie des pénitents, telles circonstances capables de faire réfléchir ceux qui

---

* Nous écrivons ces derniers en petites capitales.

sont capables de réflexion; il est vrai, par exemple, que la nuit, qui commence à tomber, vous semblera passablement noire quand on sera seule dans les bois; il est vrai qu'*il gelait* hier, que la nourrice a dit que, toute la semaine, *il avait neigé* dans la montagne; mais IL N'IMPORTE guère sans doute à ceux que Dieu réserve pour ses grands desseins qu'*il vente*, qu'*il grêle* ou qu'*il pleuve*, qu'IL FASSE chaud ou qu'IL FASSE froid. Claudine, du moins, ne s'arrête pas à si peu de chose.

Elle marche, elle marche vite, et voilà que déjà elle touche à la lisière du bois, quand tout à coup elle en voit sortir un homme vieux et barbu, qui lui crie : « Où vas-tu, petite? » Il PARAÎT que Claudine eut peur.

78e Dictée.

(*Grammaire*, § 126 à 185. — Récapitulation.)

Les élèves analyseront les formes verbales contenues dans cette dictée; ils les partageront ensuite en autant de séries différentes qu'ils auront trouvé d'espèces différentes de verbes.

CLAUDINE L'ANACHORÈTE.

VII.

Elle eut peur, la pauvre Claudine : aussi, ne répondant pas, elle continua à marcher vers le bois, aussi vite que ses petites jambes le lui permettaient. Or, l'homme barbu était un brave jardinier, qui demeurait lui-même dans une chaumière, attenante à la Tour au Crible. Il connaissait les parents de Claudine, pour lesquels il travaillait, et il avait vu plus d'une fois Claudine elle-même. Étonné de la rencontrer ainsi seule, à pareille heure, si loin de la ville, il renouvela sa question, en adoucissant sa voix : « Où allez-vous ainsi, dit-il, mademoiselle Claudine? » Interpellée par son propre nom, Claudine se décida à retourner la tête. « Je vais, dit-elle, à la Tour au Crible, pour me bâtir un ermitage. » Le jardinier vit bien à qui il avait affaire. Aussi, soit qu'il voulût s'amuser, soit qu'il comprît qu'il ne s'agissait pas, pour le moment, de parler raison à la petite fille : « C'est très-bien, dit-il ; mais de quoi vous nourrirez-vous dans votre ermitage? — N'y a-t-il pas des mûres dans le bois, répondit Claudine, et aussi de ces petites prunes noires, que les oiseaux mangent sur les buissons? — Et, ajouta le jardinier, quand vos habits seront usés, comment vous vêtirez-vous? Claudine avait réponse à tout : « J'ai là, dit-elle, ma belle robe rose que je devais mettre demain pour aller chez grand'-maman. »

VIII.

Le jardinier n'insista pas. « Eh bien, dit-il, puisque vous êtes décidée à vivre en ermite, venez avec moi : nous partagerons le même ermitage, car moi aussi j'en ai un, je suis l'ermite de la Tour au Crible. » Et il la prit par la main.

Il paraît qu'entre solitaires on ne fait pas tant de façons : Claudine se laissa conduire. Et l'ermite de la Tour au Crible la mena dans sa maison ; il y alluma un bon feu, auquel la pénitente ne dédaigna pas de se réchauffer les doigts ; il tira de la huche une bonne tranche de pain bis bien frais, et il étendit dessus une excellente tartine de confitures faites, vous m'entendez bien, avec les mûres du bois et les prunes que mangent les oiseaux ; et Claudine s'en régala de grand appétit. Puis, quand cela fut fait, savez-vous ce qui arriva? Elle s'endormit, l'anachorète. Et, quand ses yeux furent bien fermés, le bonhomme l'enveloppa chaudement dans une couverture, et la reporta à la maison.

Vous jugez ce qui s'y passait depuis le départ de Claudine, et que de larmes on y versait! Claudine fut donc un peu grondée et mille fois embrassée. Il faut croire qu'elle se trouva bien de ces reproches comme de ces caresses, car si elle se souvint, le lendemain et les jours suivants, de ses intentions de pénitence, elle ne songea plus à y revenir. J'imagine, pour ma part, qu'elle se sera résignée à vivre dans le monde; sa robe rose lui allait si bien!

79e Dictée.

(*Grammaire*, § 186 à 189.)

Les élèves souligneront d'un trait simple les verbes irréguliers, et d'un trait double les verbes défectifs donnés dans cette dictée *

L'ESTOMAC DE JEANNETTE.

I.

« Mère, mère, tu *sais* bien, Jeannette.... — Quelle Jeannette? — Jeannette! la jolie chèvre blanche que tu m'as donnée. — Eh bien?... — Elle a une drôle de manière de manger, va! — Vraiment! conte-moi donc cela, mon cher Paul. — Eh bien! voilà. Ce matin, je l'ai menée PAÎTRE, en la tenant par le licou, et elle a brouté l'herbe tout à son aise pendant une bonne demi-heure. — Et puis? — Et puis, elle s'est couchée à terre, et, bien qu'alors elle ne broutât plus, elle remuait encore la bouche, comme si elle eût continué à MOUDRE son herbe avec ses mâchoires. Et, en effet, elle le *faisait* bien véritablement, car, en me *mettant* tout près d'elle, je lui ai *vu* dans la bouche de l'herbe à moitié mâchée. Mais ce que je ne *comprends* pas, c'est d'où elle *pouvait* tirer cette herbe, car j'ai eu beau regarder très-longtemps, je ne l'ai pas vue le moins du monde se baisser pour en *prendre*. On aurait *dit*, au contraire, qu'elle la faisait *revenir* du fond de son gosier; je lui voyais de temps en temps le long du cou une espèce de petite pelotte qui tantôt montait et tantôt semblait redescendre. — Et tu as, mon cher Paul, parfaitement bien vu, et cette observation fait hon-

---

* Nous écrivons en italiques les verbes irréguliers, et les verbes défectifs en petites capitales.

neur à ta perspicacité. Ta chèvre appartient, comme le bœuf, le mouton et quelques autres espèces, à une famille d'animaux qu'on appelle ruminants, et qui ont la propriété de mâcher deux fois leur nourriture. Au lieu d'avoir, comme nous, un seul estomac, où cette nourriture digère, ils en ont plusieurs, ou plutôt leur estomac est divisé en plusieurs parties. Aussitôt qu'ils ont *cueilli*, avec les lèvres, la langue et les dents, l'herbe ou les plantes diverses dont ils se nourrissent, ils avalent cette herbe ou ces plantes à demi mâchées, et ils les enferment dans leur premier estomac qu'on appelle la panse; figure-toi une espèce de bourse CLOSE par en bas, et *ouverte* par l'autre côté.

II.

« Quand cette bourse est pleine, naturellement elle se gonfle. Alors, à un moment donné, quand l'animal a suffisamment *satisfait* à son appétit, tu le vois chercher un endroit où il puisse être bien tranquille; cela fait, par un mouvement qui lui est naturel, il presse contre la bourse, laquelle se resserre et laisse ainsi remonter jusque dans la bouche une partie de la nourriture, sous la forme de cette pelotte que tu as remarquée le long du cou de Jeannette. L'animal remâche cette nourriture, sans avoir besoin, comme tu l'as vu, d'en prendre de nouvelle, et quand il la juge suffisamment remâchée, il l'avale de nouveau, et la fait descendre dans les parties de son estomac où elle doit définitivement séjourner jusqu'à la complète digestion. — C'est bien singulier, mère, ce que tu me dis là, et je ne vois pas pourquoi il FAUT à Jeannette plusieurs estomacs. — Oui, je t'entends, tandis que toi, qui es un monsieur, tu n'en as qu'un. Eh bien, réfléchissons. Jeannette, à l'heure qu'il est, *vit* bien tranquille dans notre cour, et elle n'a pas grand'chose à *craindre*, n'est-il pas vrai? Mais figure-toi qu'au lieu d'être une belle et bonne bête bien douce et bien apprivoisée, Jeannette soit une chèvre sauvage, et place-la dans quelque vaste savane fréquentée par un certain nombre de panthères, de jaguars et autres animaux féroces, tous plus ou moins portés à considérer la chair de Jeannette comme une excellente acquisition pour leur propre estomac, crois-tu que ce ne sera pas un très-grand avantage pour elle de pouvoir rapidement prendre la nourriture qui lui est nécessaire et se sauver ensuite dans quelque endroit sûr et inaccessible, où elle puisse, la pauvrette, braver tous ceux qui cherchent à lui *nuire?* » Paul, depuis ce jour-là, ne trouve plus aussi singulier que Jeannette rumine.

80e Dictée.

(*Grammaire*, § 191 et 192.)

Les élèves relèveront les verbes irréguliers composés contenus dans cette dictée, et en écriront les temps primitifs en regard de ceux du verbe simple dont ils sont formés, ou, si le verbe simple est inusité, en regard des temps primitifs de celui des composés de ce verbe qui est le plus usité.

AIDE-TOI, LE CIEL T'AIDERA.

Ne me dites jamais : je n'ai pas de chance. Le plus souvent le mal que vous imputez à la fortune, c'est vous-même qui en êtes la cause.

Voici une histoire qui vient à l'appui de ce que j'avance; je vous laisse à juger si vous trouverez de bonnes raisons pour me *contredire**.

Après les transports des fumiers, un fermier s'aperçut qu'un de ses chevaux de limon souffrait des jambes de derrière. Par économie, il pria le garde champêtre de *requérir* en son nom le plus proche vétérinaire. Le garde champêtre *remit* la commission à la première occasion : trois jours se passèrent. Le vétérinaire, enfin averti, faillit

---

* Pour ce verbe les élèves devront conjuguer le présent de l'indicatif à toutes ses formes.

s'embourber dans le chemin qui conduisait des champs à la ferme, et cependant la sécheresse aurait dû depuis longtemps boire et *reboire* les eaux des grandes pluies. Aussi ne lui fut-il pas difficile de *comprendre* la cause du mal. En arrivant, il n'eut plus qu'à constater une paralysie à peu près complète. « Voilà, dit-il au fermier, un cheval qui est bien malade, et ce qu'il y a de plus fâcheux, c'est que cette maladie-là pourrait bien gagner toute votre écurie, au moins tous vos limoniers. — Hein! fit le fermier, comme frappé par la foudre. Que faut-il donc que je *refasse* encore, mon bon monsieur? aux pâques dernières, j'ai déjà perdu une bête, et une bien belle bête, allez. Conseillez-moi, mon bon monsieur, et donnez-moi un remède. — Un remède, mon bon ami, je n'en ai pas qui vous *convienne*. Ni l'orge mondé, ni l'eau de guimauve, ni les emplâtres ne peuvent guérir vos chevaux, voyez-vous; car, en un mot comme en cent, celui-ci est malade de votre paresse, et il va en mourir probablement, comme déjà l'autre en est mort sans doute! — Mais enfin, monsieur, un conseil? — Réparez vos chemins, je n'ai pas autre chose à vous dire. Bonsoir. »

Le cheval est mort, mais le bonhomme s'est mis dès le lendemain à combler ses ornières, et il paraît que depuis ce jour, ses limoniers se portent bien, et qu'on ne *revoit* plus à la ferme ni paralysie ni vétérinaire *.

81e Dictée.

(*Grammaire*, § 193.)

Les élèves relèveront les formes irrégulières des verbes de la première conjugaison contenus dans cette dictée, et noteront les temps primitifs de ces verbes; ils relèveront ensuite les formes des

---

* Emprunté, pour le fond, aux LECTURES OU DICTÉES *à l'usage des régions agricoles*, ouvrage destiné aux élèves de l'enseignement secondaire spécial, par M. LELION DAMIENS.

verbes réguliers de la même conjugaison; et ils en noteront les temps primitifs *.

GUILLOT LE MENTEUR.

I.

« Oh! la bonne farce! la bonne farce! disait Guillot à ses camarades; *figurez*-vous que je viens de *traverser* la grande rue, en *criant* de toutes mes forces : « Au feu! « au feu! » Les voilà qui ont pris leurs jambes à leur cou, et ils SONT ALLÉS tous, l'un derrière l'autre, *chercher* la maison qui brûle; je les *défie* bien de la *trouver!* Sont-ils bêtes, hein? D'un mot, on les ENVERRAIT à cinq cents lieues d'ici, ces imbéciles! » Et toute la troupe, que je ne vous *donne* pas précisément comme étant la crême de l'endroit, se mit à *répéter* en chœur : « Sont-ils bêtes! » L'un d'eux pourtant, un peu plus raisonnable que les autres, dit à Guillot : « Tu verras, petit, que cela finira mal. » Mais Guillot ne tint nul compte de l'avertissement, et *renouvela* bientôt sa bonne farce. Uue fois encore, on s'y *laissa* prendre; à la troisième, on vit bien d'où venait le tour, et on pinça l'oreille à messire Guillot. Mais il lui *arriva* bien pis.

II.

Un beau jour, *resté* seul au logis, Guillot ne *trouva* rien de mieux à faire que de *monter* au grenier, pour que personne ne le vît, et là, de s'*amuser*, à sa façon, avec des allumettes chimiques. Or, la maison de Guillot se trouvait tout au bout du pays, dans un coin à l'écart, près du bois; et, comme elle était couverte en chaume, le toit, sans qu'il y fît attention, prit feu, et la flamme s'*interposant* entre lui et la lucarne par laquelle il était *monté*, il ne put sortir. Vous jugez les cris qu'il *poussait :* on les entendait du village. Mais les gens se disaient entre eux :

---

* Nous écrivons en italiques les verbes réguliers de la première conjugaison et en petites capitales les verbes irréguliers.

« On *crie* : au feu ! Faut-il que j'y AILLE, père Mathurin ? — VA, si tu veux, mon brave Jean Pierre : mais c'est encore Guillot qui fait des siennes, vois-tu ; moi, je n'IRAIS pas pour cent écus. — Ah ! bien, je n'IRAI pas non plus. » Et Mathurin et Jean Pierre *retournèrent* à leur besogne, et tous les autres firent de même. A la fin pourtant, quand on sentit l'odeur de la paille *brûlée*, et qu'on vit une fumée épaisse se rabattre sur la maison, on se *décida* à ALLER voir. Mais Guillot alors ne criait plus : l'incendie l'avait *étouffé*.

82e Dictée.

(*Grammaire*, § 194.)

Les élèves transcriront les verbes irréguliers de la deuxième conjugaison contenus dans cette dictée, et en indiqueront la personne, le temps et le mode.

UNE LEÇON QUI M'A PROFITÉ.

1.

Quand j'étais petit, bien petit, il faut que j'en *convienne*, je n'étais pas toujours très-raisonnable. Ma mère avait trop d'indulgence pour moi, et trop souvent je me servais de cette indulgence pour couvrir mes fautes et faire accepter mes caprices. Mon père, qui voyait sans doute plus juste et plus loin, ne se montrait pas aussi commode ; il avait surtout une manière à lui de me faire en quelque sorte toucher du doigt mes sottises, qui m'imposait beaucoup, et me rendait très-docile, toutes les fois que ma mère n'*intervenait* pas. Je me souviens qu'un jour, ne pouvant *parvenir*, suivant moi, à *retenir* une leçon de quelques lignes que je devais réciter le soir, de colère je jetai mon livre, en m'écriant : « J'aimerais mieux cent fois *mourir* que d'en apprendre davantage. » Sans me gronder, mon père me prit par la main, et me dit : « *Viens* avec moi. » A cet ordre, sévèrement donné, j'eus bonne envie d'abord de résister. Mais ma mère était absente pour plusieurs jours; personne n'aurait plaidé pour moi; je compris que mes récriminations, si j'en risquais quelques-unes, *courraient* grand risque de n'*obtenir* aucun succès, et, bon gré mal gré, j'obéis.

Nous montâmes silencieusement jusqu'au plus haut étage de notre maison; mon père ouvrit une petite porte, et entra; j'entrai derrière lui, et ce que je vis alors, je ne l'oublierai jamais.

83e Dictée.

(*Grammaire*, § 194.)

Les élèves relèveront les formes irrégulières des verbes de la deuxième conjugaison contenus dans cette dictée, et noteront les temps primitifs de ces verbes. Ils relèveront ensuite les formes des verbes réguliers de la même conjugaison, et ils en noteront les temps primitifs *.

UNE LEÇON QUI M'A PROFITÉ.

II.

Sur un pauvre grabat, GISAIT un petit enfant, à peu près de mon âge, mais la figure toute blanche et toute livide, immobile et les yeux fermés. Il y avait sur une table un rameau de buis trempant dans un vase *rempli* d'eau *bénite* et deux flambeaux allumés : au pied du lit priait une vieille femme, VÊTUE de noir. Vous me croirez si vous voulez : aujourd'hui encore je TRESSAILLE malgré moi à ce souvenir qui date de trente-cinq ans. Mon père s'agenouilla un instant, et je fis de même, mais mes jambes tremblaient tellement que je FAILLIS tomber en me relevant. Quand j'eus regagné ma chambre, mon père, froidement, me parla ainsi : « Tu as dit tout à l'heure que tu MOURRAIS plutôt cent fois que d'étudier ta leçon; je ne t'ai point *puni*, mais comme je savais que

---

* Nous écrivons en italiques les verbes réguliers de la deuxième conjugaison, et en petites capitales les verbes irréguliers.

notre voisine avait perdu cette nuit même son pauvre petit Hippolyte, j'ai *agi* autrement, et j'ai voulu te montrer ce que c'est que d'être MORT. Vois maintenant si tu crois qu'il vaille mieux pour toi DEVENIR comme Hippolyte, que d'apprendre, en te fatiguant un peu, dix lignes d'histoire ou de géographie. »

Je n'ai pas besoin d'ajouter que le soir je récitai ma leçon imperturbablement.

Tout le monde, chers petits, vante les avantages de l'expérience; mais c'est une richesse que chacun n'ACQUIERT, en général, qu'à son corps défendant; c'est comme une plante épineuse qui vous pique les doigts quand on la CUEILLE. Sachons aimer ceux qui de bonne heure nous en font SENTIR les salutaires leçons; sachons surtout seconder à leurs intentions et, autant qu'il est en nous, nous prêter à leurs efforts.

84e Dictée.

(*Grammaire*, § 195.)

Les élèves relèveront les formes irrégulières des verbes de la troisième conjugaison contenus dans cette dictée, et noteront les temps primitifs de ces verbes; ils relèveront ensuite les formes des verbes réguliers de la même conjugaison, et ils en noteront les temps primitifs *.

ALEXANDRE LE GRAND ET LE PIRATE.

Alexandre le Grand, comme vous le SAVEZ, est ce roi de Macédoine, qui, bien longtemps avant notre ère, passa en Asie à la tête des Grecs, et conquit l'Orient presque tout entier. Un jour que ses soldats conduisaient au gibet un pirate fameux, qui depuis longtemps harcelait ses troupes, Alexandre ordonna qu'on SURSÎT à l'exécution, et voulut VOIR lui-même le brigand. « O roi, lui

* Nous écrivons en italiques les verbes réguliers de la troisième conjugaison, et en petites capitales les verbes irréguliers.

dit celui-ci, la fortune m'a fait ton captif, et je n'ignore pas, crois-le bien, le sort qui m'attend. Mais il FAUT que tu SACHES, au moins une fois dans ta vie, ce qu'un homme libre pense de toi. Parce que tu t'ASSIEDS sur un trône d'or, parce que d'innombrables soldats se MEUVENT et marchent sous ta loi, parce que la terre est couverte de tes armées, et la mer de tes flottes, tu crois valoir bien plus que moi, qui n'ai qu'une pauvre barque pour me conduire, et deux ou trois hardis compagnons pour obéir à mes ordres. Ainsi jugent les faibles mortels : mener à la mort, pour son bon plaisir, des milliers d'hommes à la fois ; piller et incendier des villes entières, dont on ne sait pas même les noms, c'est ce qu'on appelle s'élever et acquérir de la gloire : faire comme j'ai fait, c'est DÉCHOIR, c'est se couvrir de honte, c'est attirer sur soi la colère des hommes et, dit-on, la vengeance des dieux. Suis ta route, ô grand roi, et achève ton œuvre : tu *recevras* au retour de magnifiques récompenses ; tu VERRAS tous tes peuples se prosterner sur ton passage ; tu POURRAS PRÉVOIR dès à présent ce concert flatteur de louanges qui ne manquera pas d'accompagner ton nom dans la postérité ; et moi, pour avoir imité en petit tes nobles actions, je serai maudit à tout jamais, ou plutôt personne, quand tu auras *pourvu* à mon repos éternel, et je te demande seulement que tu VEUILLES bien le faire le plus tôt possible, personne ne s'*apercevra* que je ne suis plus, si ce n'est par hasard quelque pêcheur de nos côtes, que j'aurais épargné peut-être, et qui ne pourra guère échapper à tes propres coups. » Il paraît qu'Alexandre le Grand fit pendre le pirate, mais qu'il ne lui répliqua pas.

85e Dictée.

(*Grammaire*, § 196.)

Les élèves transcriront les verbes irréguliers de la quatrième conjugaison contenus dans cette dictée, et en indiqueront la personne, le temps et le mode.

MIEUX VAUT TENIR QUE COURIR.

I.

Figurez-vous, mes enfants, que nous sommes à la foire du bourg. Tout le monde est sur pied, en beaux habits et en sabots neufs; tout le monde se presse et se pousse. Le jour *naissait* à peine, que le village entier et les gens des alentours encombraient déjà la grande place, trop petite aujourd'hui. Jeannot y vient vendre ses bœufs, et Isidore y *conduit* ses chèvres; les moutons de Pierrot ont suivi les poulets de maître Jacques et les canetons de Mme Françoise. Avec la foule qui arrive, le tumulte *croît*, si bien que dans ce paisible enclos, où vous entendriez d'ordinaire *bruire* le vent dans les feuilles ou couler le mince filet d'eau qui *sourd* discrètement à travers les pierres de la fontaine, aujourd'hui c'est le mouton qui bêle, l'âne qui *brait*, le cheval qui hennit; c'est Thomas qui *bat* Mathurin, Mathurine qui crie après Pierrette; c'est la longue file des marchands que vous *connaissez* le mieux, ceux qui vendent des poupées et des polichinelles, des porcelaines et du pain d'épice; c'est la gargote improvisée, étalant en plein air ses pommes de terre plus ou moins *frites* et ses côtelettes plus ou moins rôties; c'est la longue table trop bien garnie, où l'on *boit* du meilleur et du plus cher; c'est la baraque enfumée, où le saltimbanque harangue les badauds, à grand renfort de porte-voix, de grosse caisse, de trombone et de clarinette : tout cela, bêtes et gens, *faisant* telle cohue et tel vacarme, que je vous défierais bien comme on *dit*, d'ouïr Dieu tonner.

86e Dictée.

(*Grammaire*, § 196.)

Les élèves relèveront les formes irrégulières des verbes de la quatrième conjugaison contenus dans cette dictée, et noteront les temps primitifs de ces verbes. Ils relèveront ensuite les formes des verbes réguliers de la même conjugaison, et ils en noteront les temps primitifs *.

MIEUX VAUT TENIR QUE COURIR.

II.

Je le sais, chers petits, quand j'avais votre âge, je ne vous aurais pas PARU si sévère; quand on ne m'appelait pas, comme vous FAITES peut-être, le bonhomme Étienne, quand j'étais Étienne tout court, j'aurais *rendu* des points au plus éveillé d'entre vous; et il n'eût peut-être pas été bien prudent de me DIRE, tandis que les autres allaient à la fête : Je te *défends* de sortir, et tu garderas la maison. Mais aujourd'hui que la vieillesse est venue, que j'ai presque VÉCU, mes bons amis, plus d'années que vous ne comptez seulement de mois, j'ai pu me CONVAINCRE par expérience que tout ce qu'on *attend* ne vient pas; que tout ce qui LUIT, comme DIT le proverbe, n'est pas or; que ces belles fêtes qui vous amusent tant, jettent souvent, je vous en *réponds*, plus de poudre aux yeux qu'elles ne METTENT d'argent en poche, et laissent plus de regrets qu'elles n'avaient donné d'espérances. C'est précisément parce qu'au jeu qu'on y joue, j'ai plus souvent *perdu* que gagné, que je tiens à vous prévenir, CRAIGNANT que tel d'entre vous ne vienne à y perdre encore plus que moi. Voici donc mon histoire : écoutez-la.

---

* Nous écrivons en italiques les verbes réguliers de la quatrième conjugaison, et en petites capitales les verbes irréguliers.

III.

J'avais à peine douze ans, et votre oncle Pierre, à peu près quatorze : on nous avait PRIS l'un et l'autre pour piquer les bœufs à la ferme de maître Baru, que vous n'avez pas CONNU, car il était mort, le digne homme, bien avant qu'il ne fût question de vous en ce monde. Nous venions de recevoir chacun deux écus, deux beaux écus bien gagnés, voyez-vous, dont il s'agissait de trouver le placement; et c'est pour cela précisément que nous étions venus à la foire du bourg. J'arrivais à peine dans l'enclos, que j'avise une boutique sur laquelle on LISAIT cette inscription, écrite en lettres rouges, longues d'un demi-pied : « A tous coups l'on gagne. » Et dans l'intérieur étaient *suspendues* toutes sortes de belles choses, non-seulement des friandises, des macarons, des boîtes de fruits CONFITS, mais encore des couteaux à plusieurs lames, des flambeaux, des tasses et des verres de toute forme et de toutes couleurs, et, par-dessus tout, une belle montre d'argent, qui me *séduisait* à un tel point, que je n'en pouvais REPAÎTRE mes yeux. Et DIRE que, pour l'avoir, il fallait tout simplement, en tournant une roue, amener le numéro INSCRIT sur une étiquette au-dessous de la belle montre, et que chaque tour de roue ne coûtait que trois sous, la bagatelle de quinze centimes, comme vous DIRIEZ à présent. Ajoutez que devant la porte il y avait un grand diable de garçon, qui, pour attirer le public, FAISAIT des farces inimaginables : par exemple, il trempait son doigt, je m'en souviens encore, dans un pot tout rempli de noir, et il en OIGNAIT une vieille perruque de filasse TEINTE en rouge, qu'il REMETTAIT ensuite sur sa tête avec des contorsions si drôles, que tous ceux qui étaient là en riaient à se ROMPRE les côtes. Je me DIS que des gens de si bonne humeur ne pouvaient évidemment songer à me NUIRE, et j'entrai, bien RÉSOLU d'ailleurs à ne risquer qu'une petite partie de ma fortune.

IV.

Je MIS donc la main sur la roue, et, en fermant les yeux, je tournai. « Numéro cent dix-huit : un verre de cristal, » cria le marchand. Ce début pouvait m'encourager; mais c'était la belle montre que je convoitais. Je recommençai donc l'épreuve, et, chers enfants, après celle-là, une autre, et une autre ensuite, et je continuai aveuglément, jusqu'à ce que mes deux écus eussent, comme on dit, FONDU dans ma poche. Et savez-vous ce qu'en fin de compte, j'y pus METTRE, en leur lieu et place, quand je les eus tous vus se *perdre* dans celle du marchand? Mon verre de cristal, six douzaines de macarons, et, comme si le hasard lui-même eût voulu se mêler de CONFONDRE ma sottise, une chaîne de gilet, en acier *tordu*.

Le cœur me BATTAIT fort, quand je revins m'asseoir à la table de la ferme; et le regret que j'éprouvais, vous me CROIREZ sans peine, au fond de moi-même, ne FIT que CROÎTRE et embellir, au moment où le père Baru, qui s'intéressait à moi, me DIT, en me frappant sur l'épaule : « Eh bien! petit, es-tu content de ta journée? Qu'as-tu acheté avec ton argent? »

Il fallut bien conter mon histoire.

V.

Le père Baru fronça le sourcil : « Ce que tu as FAIT là, dit-il, ne me PLAÎT guère; » et il ajouta : « Demain, tu te lèveras de bonne heure, nous partirons ensemble, et je te *rendrai* à ton père : j'ai toujours *entendu* DIRE que quand on avait laissé TRAIRE sa vache, on se rattrapait sur celle du voisin, et je veux t'éviter cette tentation. Va dormir, mon garçon, et que Dieu te garde! » Je n'avais qu'à me TAIRE; je me TUS, et le lendemain, malgré mes prières, maître Baru me ramena chez mon père, qui me reçut.... je n'ai pas besoin de vous DIRE comment.

Quant à votre oncle Pierre, il réalisa, avec plus de

bonheur, ce que se *promettait*, comme vous savez, la Perrette de la Fontaine. Avec ses deux écus, il avait acheté deux paires de poulets, qu'on lui laissa JOINDRE aux volailles de la ferme; il eut des œufs, il *vendit* les œufs; il eut une truie, qui FIT des petits, dont le prix lui PERMIT d'acquérir une vache; finalement il obtint, d'abord un intérêt dans la ferme, puis la survivance du père Baru. Ses deux écus, bien employés, furent la source de sa fortune.

Je ne veux pas CLORE mon histoire, en vous laissant de moi une trop mauvaise opinion. Malgré la prédiction du père Baru, je n'ai pas TRAIT, veuillez le CROIRE, la vache du voisin : mais la leçon fut assez forte pour me CONDUIRE à ne jamais oublier, pour tout le reste de ma vie, qu'*il vaut mieux tenir que courir* *.

VI. — DICTÉES SUR L'ADVERBE.

87e Dictée.

(*Grammaire*, § 197 et 198.)

Les élèves souligneront d'un trait simple les adverbes donnés dans cette dictée qui modifient un verbe, et d'un trait double ceux qui modifient un autre adverbe **.

L'ŒUF DE COLOMB.

Les *plus* grands bienfaiteurs de l'humanité ont *toujours* été en butte aux basses jalousies des petits esprits.

Christophe Colomb, qui venait de découvrir ce continent qui NE porte *même pas* son nom ***, *et* que, du nom

---

* Ces dictées, depuis la quatre-vingt-unième, répondent aux paragraphes dont elles portent l'indication, et aussi au paragraphe 90, qui renferme le tableau des verbes irréguliers des quatre conjugaisons.

** Nous écrivons ces derniers en petites capitales.

*** Nous regardons *et*, *ou*, *ni*, *or*, *donc*, *mais*, *car*, *cependant*, etc., et en général tous les mots qui rapprochent les parties d'une phrase ou qui d'un autre, on a appelé *depuis* l'Amérique, étant à la table du roi d'Espagne, un des convives, jaloux des honneurs qui étaient décernés à l'illustre navigateur, lui demanda *astucieusement* s'il pensait qu'à son défaut nul autre que lui N'aurait pu découvrir le nouveau monde. Colomb NE répondit *pas*, craignant de dire *trop ou* TROP *peu*. *Mais* prenant un œuf entre ses doigts, il s'adressa aux convives, *et* les invita à le faire tenir en équilibre sur un bout. Ils essayèrent longtemps, *mais* ce fut *inutilement*. *Alors* Colomb écrasa l'œuf par une de ses extrémités, *et* le posant sur son ovale brisé, montra à ses rivaux que si ce *n'*était un *fort* grand mérite de trouver une chose *aussi* simple, il fallait *toutefois* qu'il se rencontrât *préalablement* quelqu'un ASSEZ *bien* inspiré pour en donner l'exemple aux autres.

88e Dictée.

(*Grammaire*, § 199.)

Les élèves transcriront les adverbes donnés dans cette dictée, et indiqueront à quelle classe ils appartiennent.

LA PART DU LION.

Vous connaissez *assurément* la fable dans laquelle la Fontaine raconte l'histoire de la génisse, de la chèvre *et* de la brebis qui furent *autrefois*, dit-il, *assez* sottes pour faire société avec le lion. Or, la chèvre ayant tendu ses rêts à l'entrée d'un bois, un cerf se jette *dedans étourdiment* et s'*y* trouve pris. La chèvre dépêche vers ses associés : le lion accourt *aussitôt*. Il partage la proie en quatre lots : « *Premièrement*, dit-il, voici * ma part : elle m'appartient *indubitablement*, *et* la raison, c'est que je m'appelle lion : on *n'*a *rien* à dire à cela; *secondement*, je

---

servent à lier les parties d'un raisonnement, comme des *adverbes conjonctifs* ou *fausses conjonctions*.

* Pour *voici*, voir à l'interjection.

prends *encore* celle-là, parce que je suis *plus* fort que vous tous; la troisième m'appartient *aussi*, parce que vous êtes *moins* vaillants que moi.... » *Et* la quatrième, pensez-vous qu'il la leur laissa? *Nullement.* « Si quelqu'un de vous, dit-il, touche à la quatrième part, je l'étrangle. » *Non*, quand on vous promettrait monts *et* merveilles, gardez-vous de croire que vous trouverez profit à vous unir avec des gens dont la position domine *trop* la vôtre pour qu'ils soient justes à votre égard. *Aujourd'hui*, vous vous targuerez de cette alliance; vous croirez être entré dans ce cercle étroit qui s'ouvre pour un *si* petit nombre de privilégiés : *demain*, on vous mettra *dehors;* il *ne* vous restera que votre honte.

89e Dictée.

(*Grammaire*, § 199. — 7e Observation.)

Les élèves souligneront les adverbes conjonctifs ou fausses conjonctions (*et*, *ou*, *ni*, *or*, *donc*, *mais*, etc.) donnés dans cette dictée.

UN BON CONSEIL.

Une ourse venait de mettre au monde un petit ours qui était horriblement laid. *Or*, elle avait pour voisine la corneille, voisine bavarde, je ne dis pas non, *mais* de bon conseil. Toute honteuse, elle alla la trouver. « Ma commère, lui dit-elle, voyez ce vilain petit monstre; j'ai envie de le noyer ou de l'étrangler. — Gardez-vous-en bien, dit la causeuse, *car* vous ne tarderiez pas à avoir regret de votre conduite. Rien ne se fait sans travail *ni* sans peine ici-bas : il faut *donc* que nous prenions courage *et* patience en tout ce qui nous arrive. Allez, voisine, léchez doucement votre enfant : il sera bientôt joli, mignon, propre à vous faire honneur. » La mère ne croyait guère ce qu'on lui disait, *cependant* elle lécha longtemps son enfant, qui devint bientôt moins difforme. Quand elle s'en aperçut, elle alla remercier la corneille. « Quel crime aurais-je commis, lui dit-elle, *et* de quel bonheur me serais-je privée, si vous ne m'eussiez appris à modérer mon premier mouvement! »

90e Dictée.

(*Grammaire*, § 200 et 201.)

Les élèves relèveront les adverbes de manière ou de qualité contenus dans cette dictée, et indiqueront, en regard de chacun, l'adjectif d'où il est dérivé.

LE BILLET DE LOTERIE.

I.

Pierre est accoudé sur sa table, la tête dans ses mains; il réfléchit *profondément :* à son devoir, sans doute, ou aux leçons qu'il doit apprendre, ou à quelque problème difficile dont il cherche la solution? *Nullement.* Les idées de Pierre sont *autrement* graves. Il a reçu d'un de ses oncles, en récompense d'un bulletin de conduite qui n'était pas *absolument* bon, mais qui aurait pu être pire, un billet de loterie, d'une loterie où il y a un lot de cent mille francs à gagner. Il faut vous dire que Pierre a d'abord été *médiocrement* touché du cadeau de son cher oncle. Il eût à coup sûr préféré à ce chiffon de papier qu'il a mis *négligemment* dans sa poche, la toupie d'Ernest ou le cheval de bois d'Alphonse. Mais maintenant que la récréation est finie et qu'on est à l'étude, que l'heure est venue, par conséquent, de songer aux choses sérieuses, Pierre songe à son billet. Et il est évident que le chiffon de papier se présente en ce moment à lui sous un jour tout à fait nouveau, car je vois son front qui se déride et son visage qui s'épanouit. C'est qu'en effet, d'après le raisonnement de Pierre, il est certain que Pierre gagnera. Pourquoi ne gagnerait-il pas? Son oncle lui aurait-il donné le billet, s'il ne s'était *préalablement* assuré des chances qu'il pouvait avoir? il gagnera donc, cela est clair. Or, s'il gagne, vous voyez d'avance ce qui arrivera.

II.

Pierre n'est pas *précisément* méchant, mais il est un peu orgueilleux, et l'orgueil conduit *nécessairement* à l'envie. « Voilà, par exemple, tel de mes camarades qui a plus d'argent que moi aujourd'hui, et qui est mieux vêtu que moi. Eh bien, demain, j'aurai mon tour. Je deviendrai grand, *naturellement*, et c'est moi alors qui serai un monsieur, moi qu'on saluera, moi à qui l'on obéira. Je ne dis pas que, s'ils viennent me trouver, je ne leur donne, à ces pauvres gens, quelques secours de temps à autre; il faut bien être obligeant quand on est riche. Mais c'est égal, il y en aura plus d'un qui sera *joliment* surpris! Et dire que tout cela est contenu dans un seul petit morceau de papier! » Et, en continuant ainsi de se parler à lui-même, Pierre cherche dans sa poche l'heureux billet, qui va lui donner la fortune. O surprise! O amère douleur! Le billet n'est plus dans la poche : Pierre l'a *étourdiment* perdu! Pierre n'aura pas les cent mille francs, il ne sera pas un monsieur, il ne fera pas la charité à ses camarades; et je vois déjà, triste retour! le maître qui l'invite à réciter sa leçon. Vous jugez s'il peut la savoir!

91e Dictée.

(*Grammaire*, § 201.)

Les élèves décomposeront en un nom précédé d'*avec* les adverbes de manière ou de qualité donnés dans cette dictée, et mettront un adverbe à la place des noms indiquant une manière d'être ou une qualité, qui sont précédés d'*avec*.

UN BOUQUET AU NORD DE LA NORVÉGE.

I.

C'est quand nous sommes privés des choses que nous en sentons tout le prix. Que de fois, par exemple, ne vous est-il pas arrivé de passer *avec indifférence** devant ces belles fleurs de nos jardins, que la nature, *magnifiquement* libérale pour nous, fait éclore chaque jour sous nos pas! Transportez-vous, en imagination, dans ces contrées de l'extrême nord, où, par une triste compensation, elle se montre si *cruellement* parcimonieuse : comme vous regarderiez d'un tout autre œil ces richesses que leur abondance même vous fait *injustement* méconnaître.

Je trouve sur ce sujet, dans un livre publié par une hardie voyageuse, qui n'a pas craint d'affronter les glaces du Spitzberg**, la charmante anecdote que voici :

La scène se passe dans un bateau à vapeur, entre Drontheim et Hammerfest***. Il y avait, dit-elle, parmi les passagers un grand jeune homme pâle, blond, mince, silencieux, contre l'habitude norvégienne, et que je voyais plusieurs fois par jour s'enfermer dans sa cabine avec une carafe d'eau; ses inexplicables et fréquents tête-à-tête avec une carafe m'avaient porté à le juger très-*sévèrement* : j'avais supposé, et je m'en accuse, que la carafe pouvait bien contenir autre chose que de l'eau.

II.

Un jour, par la porte entr'ouverte, j'eus le mot de mon énigme : le contenu de la carafe était destiné à un bou-

---

* Le maître fera remarquer que *indifféremment* et *avec indifférence* n'ont pas tout à fait le même sens. Recevoir *indifféremment* les riches et les pauvres, c'est les recevoir sans distinction, sans faire de différence. Recevoir les gens *avec indifférence*, c'est leur témoigner de la froideur. Cependant on dit aussi, d'après l'Académie : Il m'a reçu *indifféremment*.

** Mme Léonie d'Aunet, *Voyage d'une femme au Spitzberg*.

*** Drontheim et Hammerfest sont deux villes sur la côte de Norvége. Hammerfest est située par le 70e degré de latitude nord; c'est à peu près le point habité le plus septentrional de l'Europe.

quet, un mignon bouquet de roses et de géraniums que ce jeune homme conservait depuis Drontheim *avec* le *soin* le plus scrupuleux. Un jour de coup de vent, il avait, de peur d'accident, transporté sur le pont son fragile trésor, et il le garantissait de la pluie avec son propre chapeau. Malgré ses précautions, une rose s'était effeuillée dans une secousse, et il en regardait *tristement* les feuilles, tombées sur un coin de mon manteau. — « Madame, me dit-il en assez bon anglais, ayez la bonté de ne pas remuer, afin que je les ramasse. » — Il les recueillit *précieusement*, et les mit dans une petite boîte. — « Monsieur, allez-vous encore bien loin avec ce bouquet? lui demandai-je. — Jusqu'à Talwig, près d'Hammerfest; je porte ce bouquet à ma mère, et vous pouvez juger si elle le recevra *avec joie*. Figurez-vous, madame, que ma mère n'a pas vu de roses depuis dix ans; elle n'est pas Norvégienne, elle est Anglaise. Pauvre mère! Comme ce petit bouquet va l'émouvoir *profondément*, en lui rappelant son beau pays, où il fait chaud, où il y a des rosiers en pleine terre! » — Pour un Norvégien, l'Angleterre, c'est le sud. — « Mais, observai-je, vous garderez bien *difficilement* des fleurs coupées pendant toute une semaine : n'auriez-vous pas mieux fait d'acheter à Drontheim, pour madame votre mère, un rosier vivant dans un pot? » — Le pauvre garçon rougit à ma question et ne répondit pas. Je n'avais pas réfléchi, en la faisant, au prix énorme d'un rosier à Drontheim : l'acquisition en eût été au-dessus de ses moyens, et il n'osait pas l'avouer.

92e Dictée.

(*Grammaire*, § 202 à 204.)

Les élèves rangeront sur trois colonnes les adverbes de manière ou de qualité contenus dans cette dictée; ils mettront dans la première les adverbes employés au comparatif ou au superlatif, ou qui sont susceptibles de degrés de comparaison; dans la deuxième les adverbes qui ne le sont pas; dans la troisième ceux qui ont une forme particulière pour le comparatif ou le superlatif*.

LES RAVAGEURS DES CHAMPS ET DES BOIS.

I.

Les arbres de nos forêts et les plantes de nos champs sont JOURNELLEMENT exposés aux attaques d'une foule de petits ennemis *généralement* [mal] connus, et pourtant plus redoutables pour eux que la main trop *souvent* imprudente de l'homme et que tous les fléaux des orages et des tempêtes. Des légions d'insectes imperceptibles s'abattent, sur certains végétaux, en nombre effrayant. S'il faut en croire des savants [bien] informés, le pin, à lui seul, servirait SIMULTANÉMENT de refuge à plus de quatre cents espèces, dont la plupart lui sont nuisibles. En un intervalle de temps [très-] court, quelques-uns de ces papillons qu'on appelle phalènes, papillons aux ailes *doucement* veloutées, et dont le vol nocturne semble si inoffensif, ravagent les plus magnifiques plantations de pins, de sapins, ou de mélèzes, et, plus rapides que la cognée du bûcheron, ouvrent d'amples clairières au milieu de leurs sombres ombrages.

Dans quelques contrées de l'Europe, une petite mouche jaune bariolée de noir** fait encore *pis* pour l'agriculture, en s'attaquant aux céréales. Linnée dit qu'en Suède, elle détruit plus du cinquième des récoltes d'orge, ce qui équivaut au moins à cent mille tonnes. Dans la France centrale, cet insecte ronge parfois la moitié des épis de nos champs.

Un autre, qui en veut *particulièrement* à l'olivier***,

---

* Nous écrivons les premiers en italiques, les seconds en petites capitales; nous plaçons les autres entre crochets.

** Le *chlorops lineata*.

*** Le *dacus*.

nous gaspille ANNUELLEMENT pour trois millions d'olives. Enfin, un papillon, la pyrale, fait le désespoir des contrées où se cultive la vigne, et celles-ci, depuis longtemps, implorent *vainement* le secours de la science.

II.

Lorsque les arbres, attaqués corps à corps par les insectes, ne succombent pas sous leur dent, ils en seront quittes pour de hideuses difformités.

Le ver de la tordeuse du pin, charmant petit papillon aux ailes dorées, en rongeant le bourgeon qui termine la tige de cet arbre, modifie *complètement* sa manière de croître. Sa flèche, au lieu de s'élancer en ligne droite, comme cela arrive *ordinairement* pour les arbres de cette espèce, se courbe, devient toute difforme, toute tortueuse, et il n'en faut pas DAVANTAGE, quand ce papillon s'est [beaucoup] multiplié, pour changer TOTALEMENT le couronnement d'une forêt de pins.

La piqûre d'un insecte [bien *] plus petit, d'un puceron [peu] visible à l'œil, et que l'on distinguerait *difficilement* sur les branches, s'il n'était enveloppé d'une sorte de laine blanchâtre, couvre nos pommiers d'excroissances hideuses. Et *souvent* ces excroissances finissent par les tuer.

C'est aussi à des blessures d'insectes [plus] ou [moins] connus des naturalistes que sont dues ces touffes de branches serrées, qui apparaissent sur le tronc des pins, et auxquels les forestiers allemands donnent le nom de balais des sorcières. Touffes d'un aspect *étrangement* difforme, auxquelles les superstitieux bûcherons de la Forêt noire craignent de toucher, de peur d'être foudroyés, car

---

* Il faut distinguer, pour la formation du comparatif et du superlatif, le double sens de *bien*, qui tantôt est l'équivalent de *beaucoup*, tantôt l'opposé de *mal*.

ils croient qu'elles attirent la foudre; aussi les désignent-ils ÉGALEMENT * sous le nom de buisson du tonnerre **.

VII. — DICTÉES SUR LA PRÉPOSITION.

93e Dictée.

(*Grammaire*, § 205.)

Les élèves souligneront les prépositions contenues dans cette dictée.

LES CORBEAUX DE MONTAGNE.

Les corbeaux *de* montagne ne sont point des oiseaux voyageurs. *En* cela, ils ne ressemblent point *à* la corneille *avec* laquelle on les a souvent confondus. Ils se tiennent presque journellement *sur* le rocher où ils sont nés, et s'ils s'en écartent parfois, s'ils vont chercher *vers* d'autres parages une nourriture *pour* laquelle, d'ailleurs, ils ne se montrent pas bien difficiles, on les y voit toujours revenir. Quand ils descendent dans les plaines, c'est qu'ils y sont forcés *par* la famine, et, *sauf* ce cas d'absolue nécessité, ils n'y demeurent jamais, et retournent, *après* un court séjour, *près* du lieu où ils ont leurs habitudes; *parmi* les saillies et les enfoncements de rochers, où ils se choisissent une retraite et *sous* l'abri desquels ils mettent aussi, *pendant* la saison, leur progéniture. C'est là qu'un peu *avant* le jour et *après* le coucher du soleil, ils font retentir l'air de leurs croassements sinistres.

---

* *Également*, dans le sens où il est employé ici, n'a ni comparatif ni superlatif.

** Voir L'UNIVERS, *les infiniment grands et les infiniment petits*, par M. F. A. POUCHET.

94e Dictée.

(*Grammaire*, § 205.)

Même travail que sur la dictée précédente.

LE SOIR DE LA BATAILLE.

I.

Toute la matinée, on s'était battu, et, une bonne partie *de* l'après-midi, nous avions entendu siffler les balles. *A* cinq heures, la fusillade cessa, et le grondement *d*u canon devint plus sourd; nous comprîmes que l'action s'était portée ailleurs, et que, *pour* cette fois, nous étions quittes. Nous n'osions cependant sortir encore, craignant quelque retour soudain ou le passage *d*es traînards. La nuit vint enfin, sombre et brumeuse, comme avait été le jour; mais la brise, venant *d*es montagnes, s'éleva bientôt et dissipa les nuages qui avaient couvert le ciel; la lune parut : nous sortîmes. *Devant* nous s'étendait la plaine, hier, si belle encore, *avec* ses moissons toutes prêtes *à* cueillir. Les bataillons y avaient passé; il ne restait pas debout un seul épi : tout était piétiné, écrasé, haché. Parfois nos pieds enfonçaient *dans d*es trous plus ou moins profonds, ou *dans d*es sillons arrondis qui, çà et là, déchiraient le sol : c'était la trace des boulets.

II.

Nous traversâmes le ruisseau qui forme le fond *de* la vallée; et, *parmi* les herbes ensanglantées, nous trouvâmes les premières victimes. C'était là sans doute qu'avait commencé le combat : ils avaient eu tous le temps *de* mourir. *Derrière* un mur, deux officiers avaient dû se battre comme *en* un duel; ils étaient tombés l'un *sur* l'autre, et, *par* une amère dérision *d*u sort, on aurait dit qu'ils s'embrassaient. *Entre* le ruisseau et la colline, *sous* ces magnifiques platanes qui entendirent si souvent nos pacifiques entretiens, la mort avait fait sa cruelle besogne : c'était comme un fouillis informe *d*'armes, *de* chevaux, *d*'hommes surtout, pressés les uns *contre* les autres, frappés, *pour* la plupart, *d*'horribles blessures. Spectacle affreux, mon pauvre ami, et que rendait peut-être plus affreux encore le silence profond *d*u lieu et la terrible immobilité *de* ces tristes restes. *Sauf* un seul malheureux, dont nous pûmes *à* peine recueillir le dernier souffle, il n'était resté là que *d*es cadavres. On me dit que, plus loin, il y avait encore *d*'autres morts; je n'en voulus point voir davantage. Écris-moi, je te prie, mon cher ami, car il est inutile *de* te dire que, *depuis* ce jour, j'ai quelque besoin qu'on me console; je comprends maintenant ce que coûte la gloire.

95e Dictée.

(*Grammaire*, § 206.)

Les élèves souligneront d'un trait double, dans cette dictée, les prépositions qui marquent le lieu, la place, et les autres d'un trait simple *.

DÈS L'AUBE.

Laissez-moi vous transcrire une page *d*u carnet où j'écrivais, quand j'étais plus jeune, mes impressions *de* chaque jour.

Ce matin, 20 juillet, jour *de* congé, levé *dès* l'aube, je suis descendu DANS mon bateau, et, *sans* trop savoir où j'allais, me laissant aller au courant, je me suis mis *à* regarder ce qui se passait SOUS mes yeux.

À l'horizon, DERRIÈRE moi, les premiers rayons *d*u soleil doraient les sommets *d*es collines. La nuit avait été fraîche; un léger brouillard flottait encore À la surface *d*u fleuve, et ma barque semblait s'avancer *a*u milieu *d*es eaux fumantes. *De* temps *en* temps, une brise légère ba-

---

* Nous écrivons en petites capitales les prépositions qui marquent le lieu, la place, et les autres en italiques.

layait le brouillard, courbant doucement les roseaux qui bordent les rives, et réveillant, j'imagine, SUR les branches *des* saules, les roitelets et les mésanges, que je voyais voler DEVANT moi, poussant leurs petits cris joyeux. *Au* moment où j'allais passer PAR un bras *du* fleuve, resserré ENTRE deux îles, un pivert, perché AUX plus hautes branches *d'*un pommier, me salua *de* son bruyant ramage, qui ressemblait à un rire moqueur. Tout le long *du* rivage, *du* côté *des* maisons, je voyais çà et là les portes s'ouvrir : Jeannie venait puiser *de* l'eau À la rivière; Pierre partait *pour* les champs, et Jacques *pour* l'usine; l'homme, comme la nature, se préparait *aux* labeurs *du* jour.

Cette idée me frappa *dès* lors, et me fit rentrer EN moimême. Il me sembla que *de* tous ces bruits que j'avais entendus, et *de* ce spectacle *à* la fois si animé et si calme, auquel je venais d'assister, sortait comme un reproche indirect s'adressant à cette indolence oisive que je m'étais promise *pour* la journée. Je rentrai CHEZ moi, et le soir me retrouva, plein *d'*ardeur, enfermé DANS ma petite chambre, PARMI mes cahiers et mes livres.

96e Dictée.

(*Grammaire*, § 206.)

Les élèves souligneront d'un trait simple les prépositions contenues dans cette dictée, qui marquent l'ordre et le temps, et d'un trait double celles qui marquent l'union ou la séparation *.

L'AMI DUPONT.

I.

Il n'est rien d'affreux, chers enfants, comme le remords, et j'en ai eu un dans ma vie.

---

* Nous écrivons les premières en italiques et les secondes en petites capitales.

Parmi mes camarades de pension, au moment où je commençais mes études, se trouvait un bon gros garçon, qui se nommait Dupont, et que nous appelions l'ami Dupont. La nature avait libéralement départi au pauvre enfant tout ce qui peut, comme on dit, faire le bonheur de la vie, tout, HORMIS une seule chose, la principale, assurément, l'intelligence. L'ami Dupont était ce que, par un touchant usage, on appelle encore, dans quelques pays, un innocent. C'était en vain que, *dès* le bas âge, on avait essayé tous les moyens pour lui apprendre à penser et à parler comme les autres; les idées les plus simples ne pouvaient se fixer dans son cerveau, et la mémoire lui manquant, il confondait, souvent de la façon la plus drôle, les noms des personnes et des choses, et mettait, suivant les règles d'une grammaire que lui seul tout au plus pouvait comprendre, les verbes *avant* les noms et les sujets *après* les régimes. L'ami Dupont était d'ailleurs la plus douce et la plus inoffensive créature du monde. Il en résulta naturellement que, bien loin de plaindre son malheur, nous fîmes de lui notre jouet, et que toutes ses journées devinrent *dès* lors un long martyre. Je crois encore le voir, dans un coin de la cour, le visage tourné du côté du mur, nous regardant de temps à autre AVEC une sorte d'effroi, les yeux tout gonflés de grosses larmes qui tombaient lentement le long de ses joues.

II.

Ces larmes ne nous touchaient guère, et tous, petits et grands, SAUF deux ou trois peut-être, parmi lesquels, il faut bien le dire, je ne comptais pas souvent, nous insultions comme à l'envi à la douleur de cet imbécile qui nous dépassait de toute la tête, et qui ne se défendait point. Un jour pourtant, l'ami Dupont fut saisi d'une colère subite, et, à un certain moment où l'on ne songeait pas à lui, il lança sur nous une grosse pierre qui, heureusement, n'atteignit personne. Le maître remarqua qu'OUTRE cette pierre il en avait plusieurs autres à ses pieds : il s'élança sur Dupont et le fit sortir; *depuis* ce jour, nous ne le revîmes pas. Plusieurs années s'écoulèrent, et j'avais déjà quitté la pension, lorsque, visitant par hasard, dans la ville où je demeurais alors, le triste et douloureux séjour où l'on recueille les malheureux qui n'ont plus l'usage de leur raison, j'aperçus, à travers les barreaux d'une grille, un jeune homme, grand et voûté, accroupi, les bras pendants, la bouche entr'ouverte, fixant sur moi ses gros yeux mornes et éteints. C'était l'ami Dupont qui me regardait ainsi; j'interrogeai le gardien : « C'est la bête au bon Dieu, me dit-il; il vient tous les jours s'asseoir là, et voilà trois ans qu'il n'a parlé; c'est le souffre-douleur de tous les autres. » Vous le dirai-je, chers petits? à cette parole du gardien, il me sembla qu'une flèche aiguë me traversait le cœur; j'avais été, à n'en pas douter, l'un des bourreaux de cet innocent qui, *après* moi, en avait encore trouvé d'autres, et dont la douleur muette et résignée n'aura, *sans doute*, d'autre terme que celui même de sa vie, et de quelle vie, hélas!

97e Dictée.

(*Grammaire*, § 206.)

Les élèves souligneront d'un trait les prépositions qui, dans cette dictée marquent la convenance ou l'opposition; de deux traits, celles qui marquent l'objet, l'intention; de trois, celles qui marquent la condition *.

UNE MALICE DE VICE-ROI.

I.

On conte qu'un vice-roi de Naples, je ne sais plus au juste lequel, rencontrait à chaque instant, dans les rues de la ville, une foule de gens, appuyés sur des bâtons et

* Nous écrivons les premières en italiques, les secondes en petites capitales; nous plaçons les troisièmes entre crochets.

sur des béquilles, lesquels, prétendant avoir été estropiés POUR le service de l'État, faisaient appel à sa générosité. Persuadé que, parmi ces prétendus infirmes, il s'en trouvait plus d'un dont la blessure ou la maladie n'avait pas la moindre réalité, voici ce qu'il imagina.

Un édit placardé aux portes du palais fit connaître que, *selon* les intentions du souverain, une récompense serait accordée à tous les soldats que les dernières guerres avaient privés de l'usage de leurs jambes, qu'en conséquence ceux qui, à ce titre, pouvaient prétendre aux largesses royales étaient invités à se rendre, le lendemain, sur la grande place.

Comme on le pense bien, il y eut foule de béquillards. Alors le vice-roi, ayant pris place, parla à peu près en ces termes :

II.

« Vous êtes, messieurs, bien nombreux, et le roi mon maître n'est pas riche. Il est plein de reconnaissance ENVERS tous ceux qui l'ont bien servi; mais *malgré* sa bonne volonté, il lui est impossible d'accorder à chacun une part suffisante, et je ne puis choisir que ceux qui se montreront les plus braves. Je dois donc vous soumettre à une épreuve, [moyennant] laquelle je puisse distinguer ceux que je me propose de signaler particulièrement à Sa Majesté. Voici une corde que j'ai fait tendre, à une certaine hauteur, au milieu de la place; ceux d'entre vous qui la franchiront seront récompensés *suivant* leur mérite. »

Sitôt dit, sitôt fait : voilà nos estropiés qui se mettent, à qui mieux mieux, en devoir de franchir la corde. Bon nombre sautèrent lestement, et, tout joyeux, vinrent incontinent faire inscrire leurs noms. Les autres s'épuisaient en efforts, et la populace, peu charitable, les accueillait avec des huées. Mais ce fut bien un autre tour quand le vice-roi parla ainsi aux sauteurs : « Messieurs, il est bien clair que ce serait aller *contre* les intentions du roi que de récompenser comme estropiés des gens à qui il reste d'aussi bonnes jambes que les vôtres; retirez-vous donc chez vous, et gardez-vous, croyez-moi, de reparaître jamais en ma présence. POUR vous, ajouta-t-il, en se tournant vers ceux qui n'avaient pas pu sauter, vous êtes de braves serviteurs; le roi donne dix écus à chacun de vous. »

Le vice-roi écrivit à la cour d'Espagne TOUCHANT cette plaisante affaire : il paraît qu'on en rit beaucoup.

98e Dictée.

(*Grammaire*, § 207 et 208.)

Les élèves souligneront d'un trait simple les prépositions composées données dans cette dictée, et d'un trait double les participes passés qui y sont employés comme prépositions *.

JE N'AI PAS DE CHANCE.

I.

Je vous ai déjà parlé de ces gens toujours prêts à croire qu'ATTENDU certaine influence secrète qui intervient, on ne sait comment, *à propos* de tout ce qui leur arrive, ils sont et demeureront, quoi qu'il arrive et quoi qu'ils fassent, éternellement malheureux. Et j'ai prétendu, moi, que c'est à eux-mêmes qu'ils doivent imputer le plus souvent cette mauvaise fortune qui semble fatalement les persécuter.

Voici encore un trait qui vous montrera, ce me semble, qu'il ne serait pas impossible que j'eusse raison.

« Père, disait Octave, joli petit garçon aux cheveux bouclés, qui pouvait avoir de huit à neuf ans, il faut convenir que je n'ai pas de chance. Tout le monde réussit, EXCEPTÉ moi. Vois, par exemple, mon jardin, tu sais, celui que tu m'as réservé *à côté du* tien, et qui était, au printemps,

---

* Nous écrivons ces derniers en petites capitales.

quand tu m'en as fait cadeau, si joli et si vert; eh bien, maintenant rien n'y pousse. Mes œillets n'ont pas de boutons, mes rosiers ont à peine des feuilles. J'ai beau faire : tout y dépérit, même ce bel abricotier que tu avais planté le jour de ma naissance; les bêtes, sous mon nez, en ont mangé les pousses *jusqu'à* l'écorce. Et, *vis-à-vis de* moi, remarque-le bien, je vois les arbres et les plantes d'Antoine, qui prospèrent merveilleusement et semblent me narguer par leur belle venue. Décidément j'ai du guignon. » Et, ce disant, le bel Octave avait des larmes dans les yeux.

Le père ne répondit pas d'abord, et il se laissa conduire *auprès de* ce carré de terrain qui donnait tant de chagrin à Octave, et qui faisait, en effet, *en comparaison de* tout le reste du jardin, une assez pauvre figure. Tout justement, non *loin de* là, il rencontra le jardinier. « Antoine, lui dit-il, comme s'il se fût agi de toute autre chose que du jardin d'Octave, à quelle heure commences-tu d'ordinaire ton travail? — Oh, dame! monsieur, en ce temps-ci, on a beaucoup à faire dans les jardins, et comme, *à cause de* la grande chaleur, on est bien vite fatigué dans le milieu du jour, à quatre heures, quatre heures et demie du matin, c'est le vrai moment de se mettre à la besogne. »

Le papa regarda son fils, qu'on avait bien de la peine à tirer du lit avant huit heures : Octave commençait à comprendre.

II.

« Et à quelle heure, continua le père, vas-tu souper? — Oh, dame, monsieur, PASSÉ huit heures, on y voit encore, et il faut bien que l'ouvrage se fasse. »

Octave comprit encore mieux; mais le père ne s'en tint pas là : « Je ne m'explique pas, dit-il, comment, travaillant si assidûment, tu laisses de côté ce coin de terre, qui était fort joli autrefois et où maintenant tout dépérit. » Et il montrait le jardin d'Octave.

« Oh! monsieur, dit Antoine, ceci, c'est le jardin de monsieur Octave; il l'arrange comme bon lui semble; et dame, vu sa manière particulière d'entendre le jardinage, il n'est pas bien surprenant, voyez-vous, que tout n'aille pas comme il faudrait. — Comment donc cela, Antoine? —Dame! oui, monsieur. *Au lieu de* terreau, par exemple, que je voulais mettre au pied des plantes qui commençaient à souffrir, monsieur Octave y a mis du sable; il prétend que le terreau est sale, et que le sable est plus gentil. Gentil pour lui, c'est possible, mais non pas pour les pauvres plantes. Au moment où les rosiers allaient fleurir, monsieur Octave s'est mis à gratter *au-dessous du* pied, parce qu'il voulait voir, disait-il, ce qui faisait pousser les boutons. Les boutons! ils ont joliment poussé, *à partir de* ce moment-là. Le mois passé, vous le savez, il a fait très-sec : monsieur Octave a creusé une rigole *autour de* ses œillets, et il y versait de l'eau à pleins bords trois et quatre fois par jour. Cela a fini par former une espèce de terre cuite au pied des œillets, et, comme je le lui avais bien dit, ils se sont desséchés. Quand sont venues les chenilles, j'ai voulu les détruire, naturellement, sur son abricotier, comme je faisais partout ailleurs : monsieur Octave a prétendu qu'il ne fallait pas faire de mal à ces petites bêtes vertes qui étaient si drôles. Drôles, je ne dis pas non; mais cela n'empêche pas, n'est-il pas vrai, monsieur Octave? qu'elles ne vous ont pas laissé beaucoup d'abricots. »

Le père Antoine se remit à sa besogne, et la conversation finit là. Mais, depuis ce jour, mes petits amis, Octave n'est plus venu dire à son père qu'il n'avait pas de chance.

VIII. — DICTÉES SUR LA CONJONCTION.

99e Dictée.

(*Grammaire*, § 209 à 211.)

Les élèves souligneront les conjonctions données dans cette dictée.

DEUX BONS FRÈRES.

Une légende arabe raconte *que* l'endroit où s'élève aujourd'hui Jérusalem était primitivement un champ labouré, et* *que* l'emplacement qu'occupa plus tard le temple était la possession de deux frères, qui s'aimaient tendrement. L'aîné était marié et père de plusieurs enfants; l'autre vivait seul, et ils cultivaient en commun ce champ qu'ils avaient hérité de leur mère. *Quand* le temps de la moisson fut venu, les deux frères lièrent leurs gerbes et en firent deux tas égaux qu'ils laissèrent sur le champ. Or, pendant la nuit, celui des deux frères qui n'était pas marié eut une bonne pensée; il se dit à lui-même : « Mon frère a une femme et des enfants à nourrir; il n'est pas juste *que* ma part soit égale à la sienne. *Si* je prenais dans mon tas quelques gerbes pour les ajouter secrètement aux siennes, il ne s'en apercevrait pas, et ne pourrait ainsi me refuser. » Et il fit ce qu'il avait pensé. La même nuit, l'autre frère se réveilla, et dit à sa femme : « Mon frère est jeune, mais *puisqu'*il vit seul et sans compagne, et *qu'*il n'a personne pour l'assister dans son travail et pour le consoler dans ses fatigues, il serait juste *qu'*il eût sur le champ une part supérieure à la nôtre. Levons-nous, allons et portons secrètement à son tas un certain nombre de gerbes; il ne s'en apercevra pas demain, et ne pourra ainsi nous refuser. Et ils le firent aussitôt.

---

* Nous rappelons que nous comptons comme *adverbes conjonctifs* les mots *et*, *or*, *mais*, etc. Voir page 102.

Lorsque, le lendemain, chacun des deux frères se rendit au champ, ils furent bien surpris de voir que les deux tas étaient toujours pareils : ni l'un ni l'autre ne pouvait intérieurement se rendre compte de ce prodige. Ils firent de même plusieurs fois de suite : mais *comme* chacun d'eux portait au tas de son frère le même nombre de gerbes, les tas demeuraient toujours égaux. Enfin, une nuit, tous deux s'étant mis en sentinelle, ils se rencontrèrent portant chacun les gerbes qu'ils se destinaient mutuellement.

Le lieu, ajoute la légende, où une si bonne pensée était venue à la fois et si persévéramment à deux hommes, devait être une place agréable à Dieu, et on le choisit, à cause de cela, pour y bâtir le temple.

100e Dictée.

(*Grammaire*, § 212 et 213.)

Les élèves transcriront les conjonctions données dans cette dictée, et mettront dans une colonne les conjonctions composées formées de prépositions simples ; dans une deuxième, les conjonctions composées formées de prépositions composées ou de participes passés*.

LA PATIENCE MISE A L'ÉPREUVE.

Je m'étais chargé, pour quelques semaines, d'un enfant accoutumé à faire ses volontés, et qu'il s'agissait de corriger. *Bien que* la tâche fût rude, je ne l'avais pas refusée, *parce que* le père m'ayant rendu service, c'était une occasion pour moi de lui témoigner ma reconnaissance. Dès le premier jour, *quoiqu'*il me connût à peine, le petit bonhomme essaya de mettre ma patience à l'épreuve. *Tant que* je ne fus pas couché, il se tint à peu près tranquille, mais, vers minuit, *dès qu'*il me supposa bien en-

* Nous écrivons en italiques les conjonctions composées formées de prépositions simples, et en petites capitales les conjonctions composées formées de prépositions composées ou de participes passés.

dormi, il se leva en m'appelant. Je vais à lui, et lui demande s'il est malade, puisqu'il est debout à cette heure. Je m'étais levé, il n'en demandait pas davantage : il me répond à peine, regagne son lit, et fait mine de se rendormir. Mais, un quart d'heure après, il recommence son jeu; je recommence de même le mien, *sans que*, d'une façon ou d'une autre, il pût saisir sur mon visage le moindre signe d'impatience. Une dernière fois, poussé à bout, il quitte son lit, et vient, chantant et criant, se placer juste devant moi. *Après qu'*il s'en fut ainsi donné à cœur joie pendant quelques minutes, comme ses cris allaient croissant, j'endossai tranquillement ma robe de chambre, et prenant par la main le beau tapageur, je le conduisis, en lui serrant peut-être quelque peu les doigts, dans un petit cabinet noir, et là, l'enfermant à double tour, je lui dis, à travers la porte : « Monsieur, vous ne me paraissez pas avoir sommeil, mais *de ce que* vous vous trouvez dans cette disposition, il ne suit pas, n'est-il pas vrai? que je la partage, *outre qu'*il faut me lever demain de grand matin. Vous trouverez bon, en conséquence, que je vous établisse ici, où je ne vous entendrai plus, ATTENDU QUE mes besoins sont plus raisonnables que vos caprices, et vous y resterez JUSQU'À CE QU'il me plaise de venir vous délivrer. » Vous jugez des pleurs, des colères et des trépignements : je le laissai pleurer, crier, trépigner tout à son aise, et j'allai, tranquillement, me recoucher.

Mais, le lendemain, me direz-vous, il était malade?

Pas le moins du monde. Je le trouvai dormant d'un profond sommeil sur un tas de vêtements dont il s'était fait un lit.

101e Dictée.

(*Grammaire*, § 214.)

Les élèves souligneront dans cette dictée la conjonction *que* jointe aux mots qui marquent une comparaison.

UN ARTISTE COMPLAISANT.

Un prince de je ne sais quel pays, très-riche, très-puissant, très-content de lui, fit un jour venir un habile artiste, et, l'établissant dans son cabinet : « Nous allons poser devant vous, dit-il, faites le portrait de notre personne. » Le peintre se mit à l'œuvre, et, au bout de quelques séances, il présenta au prince un croquis. « Frappant! frappant! dit le prince; il me semble pourtant, ajouta-t-il, que j'ai, sauf erreur, les cheveux beaucoup plus épais *que* vous ne les faites. — Peut-être un peu, » répondit l'artiste. Le prince sourit d'un air satisfait. « Mais, Dieu me pardonne, dit-il encore, je les vois blancs sur votre toile. — Mais c'est que, monseigneur, objecta timidement le peintre, vous les avez blancs. — Blancs! blancs! gris tout au plus! n'est-il pas vrai, Antoine? » Antoine, le valet de chambre, se garda bien, naturellement, de dire autrement *que* son maître. « Parfaitement vrai, monseigneur, » fit-il. « Vous retoucherez cela, jeune homme, » reprit monseigneur. Il continua : « Le front n'est assurément pas mal, mais je lui voudrais plus d'ampleur; j'ai le front large, moi. Et les yeux? j'ai certainement les yeux moins creux *que* cela? Et aussi, sans vanité, la bouche moins grande. Quant au nez, mais, mon cher, vous me l'avez fait, parole d'honneur, aussi gros *que* celui d'Antoine! » Antoine fit une grimace qu'il essaya, du mieux *qu*'il put, de transformer en sourire aimable. « Monseigneur, dit le peintre, qui commençait à s'impatienter, si je fais ce que vous voulez, le portrait de Votre Altesse ne lui ressemblera plus. — Erreur, erreur, jeune homme, et, si vous le permettez, amour-propre mal placé d'artiste. Voyons, comment voulez-vous que les autres ne voient pas comme moi, et qu'il y ait de ma figure un meilleur juge *que* moi-même? Retouchez, retouchez, mon cher. » Et Son Altesse tourna les talons. Toutes réflexions faites, le peintre retoucha et retoucha si bien *que*, le portrait terminé, quand on porta le beau chef-d'œuvre à la femme de monseigneur : « Quel est ce jeune étranger? » dit-elle.

102e Dictée.

(*Grammaire*, § 215 à 217.)

Les élèves souligneront d'un trait simple la conjonction *que* et les conjonctions simples ou composées dans lesquelles entre la conjonction *que*, et d'un trait double les autres conjonctions*. Ils pourront également souligner les adverbes conjonctifs.

L'INDUSTRIE HUMAINE.

Si vous voulez avoir un admirable exemple de l'industrie et de la patience, il vous faudrait aller dans ces pays si intéressants, dont les instables rivages sont sans cesse battus par les tempêtes de la mer du Nord.

QUAND les vieilles tribus germaniques, errant le long de la Meuse et du Rhin, vinrent s'établir dans ces contrées, elles n'y trouvèrent *qu*'une terre si** mouvante et si humide, *qu*'on ne savait, dit Tacite, s'il fallait l'appeler de la terre ou de l'eau. Chaque chef de famille s'en allait alors de distance en distance, cherchant une ondulation de terrain, un tertre de gazon pour y bâtir sa frêle cabane, prêt à fuir avec sa femme et ses enfants, *dès que* les eaux commençaient à déborder.

Mais un jour vint où ces hommes entreprirent de combattre tous ces obstacles que leur opposaient et le sol et

---

* Nous écrivons celles-ci en petites capitales.

** Le maître apprendra aux élèves à distinguer *si* adverbe et *si* conjonction.

l'atmosphère. Ne redoutant ni les dépenses, ni les fatigues, ni les dangers, ils desséchèrent des marais en creusant des canaux; ils donnèrent un écoulement aux eaux stagnantes, et *à mesure qu*'ils gagnaient sur la mer ou sur le fleuve un pouce de terrain, ils commençaient à le cultiver. Cependant, COMME, de temps à autre, le fleuve, gonflé par les pluies ou la mer, s'élevait au-dessus des rivages, envahissait tous les domaines et détruisait tous les travaux, il fallut élever une palissade contre le fleuve et une autre contre la mer.

Après qu'on eut ainsi mis la main à l'œuvre, il s'établit une lutte de chaque jour entre la nature et l'homme. Lutte gigantesque! Tout ce pays, placé au-dessous de l'Océan, est comme * une grande cité qu'assiége une armée ennemie. Les remparts sont bâtis, les sentinelles sont à leur poste; *aussitôt qu*'on signale le moindre danger, le tocsin sonne, le cri d'alarme retentit dans les villes et dans les villages; tout le monde court au point menacé avec pelles et pioches, fascines et lambeaux de toile; on suit avec anxiété le mouvement de la mer, qui gronde, écume et frappe à coups redoublés contre la digue. *Que* ce rempart affaibli vienne à s'affaiblir, on le calfate comme un navire, on le renforce avec de la paille, du linge, des mottes de terre. Et SI cela ne suffit pas, on trace derrière l'endroit périlleux un demi-cercle, comme dans un fort où le canon vient d'ouvrir une brèche; on construit à la hâte une nouvelle digue, et *lorsque* l'eau a rompu la première, elle s'arrête devant celle-ci **.

---

* Distinguer *comme* adverbe et *comme* conjonction.

** Imité de X. MARMIER, *Lettres sur le Nord*.

IX. — DICTÉES SUR L'INTERJECTION.

103e Dictée.

(*Grammaire*, § 218 et 219.)

Les élèves souligneront les interjections contenues dans cette dictée, et indiqueront par écrit la nature des différents mouvements de l'âme qu'elles expriment.

TOUT CE QUI BRILLE N'EST PAS OR.

« *Hé!* Jean-Pierre, d'où viens-tu? — Je viens de la ville, monsieur l'instituteur. — *Bah!* Je te croyais encore au pays, dans la ferme de maître Laurent. — *Eh!* non, monsieur, j'en suis parti depuis plus de six mois! — *Ah* — *Hélas!* je voyais chez nous la vie si dure; nous avions tant de mal, moi, Jacqueline et les deux enfants, à vivre au jour le jour, sans mettre au bout de l'an un seul centime de côté, qu'à la fin j'ai voulu faire comme les autres. Ils m'avaient tous si souvent répété que là-bas on gagne plus et on travaille moins! — Tous, tous! tu conviendras au moins que, pour ma part, je t'avais souvent dit le contraire. — Je ne dis pas non, monsieur, et j'aurais certainement bien mieux fait de vous écouter. — Tu n'es donc pas content de ton voyage, mon pauvre ami? — *Oh!* non, monsieur, malheureusement. D'abord à Paris, car c'est à Paris que j'étais allé, il m'a fallu travailler autant qu'ici, sinon davantage, et me lever tout aussi tôt en me couchant beaucoup plus tard. Il est vrai que je recevais une paie plus forte à la fin de la semaine, mais à quoi cela me servait-il? Dans ce pays-là, comme me disait un gai compère que j'ai rencontré sur la route, il y a mille manières de gagner de l'argent et dix mille de le dépenser. — *Aïe!* mon pauvre garçon, tu as mis le doigt sur la plaie! — Et puis, voulez-vous que je vous le dise, monsieur? dans un si grand pays, où il y a tant de monde, où, d'une rue à l'autre, personne ne se connaît plus, on est humilié à chaque instant, on n'est plus soi, on n'est plus Thomas, ni Jacques, ni Jean-Pierre; on ne compte plus que pour faire nombre. J'ai de l'amour-propre, moi, et cela ne pouvait pas m'aller longtemps. Je m'en suis bien aperçu, quand, pour huit jours seulement, j'ai été malade. *O* misère! on m'y a bien soigné, je ne puis pas dire non, dans leur hôpital, mais Dieu me garde d'y remettre jamais les pieds! — De sorte que tu as pu, par toi-même, te convaincre que tout ce qui brille n'est pas or, comme je te le disais autrefois. — Je le crois bien, monsieur; aussi, voyez-vous, depuis que j'ai remis le pied sur la terre de mon pays, il me semble que l'on m'a ôté comme un pavé de dessus le cœur. *Ouf!* je puis respirer enfin! — Tiens, Jean-Pierre, regarde donc, derrière la haie, au bout du sentier, ces deux petites têtes, à travers les branches. — *Chut!* parlez plus bas, monsieur, ils ne savent pas encore que je suis ici. Sont-ils gentils, mes deux mignons! *Ah!* monsieur, je vous prie, soutenez-moi, il me semble que je vais me trouver mal. Comme on est bête, quand on est heureux! »

101e Dictée.

(*Grammaire*, § 220 à 222.)

Les élèves souligneront dans cette dictée les interjections et les noms, verbes ou locutions diverses employés comme interjections*.

JOSEPH LE DÉNICHEUR.

Les lilas sont en fleur, les pruniers sont poudrés à blanc, les pommiers ont des boutons roses : il semble que la nature tout entière soit en fête pour souhaiter la bienvenue au gai soleil du printemps. Mais Joseph, celui qu'à trois lieues à la ronde on appelle Joseph le dénicheur, ne se soucie guère, voyez-vous, de la fleur des lilas

---

* Nous écrivons ces noms, ces verbes et ces locutions en petites capitales.

ni de la fleur des pommiers. « *Ohé! ohé!* dit-il à sa troupe, car il en a une, toutes les meilleures têtes du canton : *ohé!* qui m'aime me suive! — VOILÀ! VOILÀ! crie-t-on de toutes parts. — BON! BRAVO! A LA BONNE HEURE! J'ai déjà vu dans le clos du père Martin trois nids de pinsons et quatre de roitelets. — *Peste!* fait le grand Georges. — Oui, mon cher, et, tout le long de la haie, au bas du clos, il y a des nids de fauvettes plus qu'on n'en veut! EN AVANT! MARCHE! nous n'attendrons pas que les petits soient éclos, nous prendrons les œufs et nous en ferons des guirlandes, comme j'en ai déjà à la maison, tout autour de la cheminée. C'est cela qui est joli! ALLONS! *hop!* vous m'avez compris, SUFFIT! — Mais, objecte timidement Alfred, on nous a dit à l'école qu'il ne fallait pas faire de mal aux petits oiseaux, parce qu'ils mangent les chenilles et toutes les bêtes malfaisantes. — *Hein!* qu'est-ce que tu dis, toi! Est-il encore bête, celui-là? Est-ce qu'on s'amuserait jamais, si on écoutait toutes leurs sornettes? Va donc, pleurard, avec tes chenilles! — Mais, se hasarde encore à dire Alfred, tu sais bien, le garde champêtre. — Qui?... le père Maréchal? — Oui, le père Maréchal. — HÉ BIEN! — Dimanche dernier, après la messe, il a lu un papier où il était dit que ceux qui seraient pris à dénicher des nids seraient mis à l'amende, parce qu'il y a une loi qui défend de les dénicher. — Une loi? — Une loi. — Ah! elle est bonne, celle-là! une loi pour les pinsons et les linottes. Écoutez, en un mot comme en cent, vous êtes tous des poltrons et des poules mouillées. Vous ne voulez pas venir? SOIT! restez. J'irai tout seul. GARE! que je passe! » — Toute la troupe, comme un seul homme, suivit Joseph. — « Je savais bien, dit-il, en apercevant le mouvement, que vous viendriez. Et, TENEZ! VOICI tout justement au haut de cet orme un trou; ce doit être un nid de pivert; j'ai vu la mère y venir toute la matinée. Je vais y monter; fais-moi la courte échelle, grand Georges. Vous autres, vous monterez la garde. » Et Joseph, leste comme un chat, s'élance sur l'arbre. Déjà il en atteignait les secondes branches, quand des voix crièrent sur toute la ligne : « ALERTE! SAUVE QUI PEUT! c'est le père Maréchal. » Et on entendit un bruit de pas précipités dans toutes les directions, puis, ô douleur! un autre bruit, le bruit sec de branches qui cassaient et celui d'un corps tombant sur le sol. Le père Maréchal, car c'était bien lui, prit Joseph dans ses bras, tout meurtri et inanimé; le sang sortait au pauvre enfant par le nez et par la bouche. Il n'en est pas mort, DIEU MERCI! mais depuis ce jour, comme vous pouvez croire, il ne cherche pas le moins du monde à enfreindre la loi Grammont.

DEUXIÈME PARTIE.

SYNTAXE.

I. — DICTÉES SUR LA SYNTAXE D'ACCORD.

105e Dictée.

(*Grammaire*, § 225 à 226.)

Les élèves souligneront dans cette dictée tous les mots qui ne sont pas soumis à la syntaxe d'accord, autrement dits les mots invariables *.

HÉROÏSME ET SIMPLICITÉ.

Je trouve *dans* une lettre de Racine *à* son ami Boileau le récit de l'anecdote suivante. La scène se passe, *en* 1692, *pendant* la campagne *de* Flandre, *au* siége *de* Namur.

« Un soldat du régiment des fusiliers, qui travaillait *à* la tranchée, *y* avait porté un gabion **; un coup *de* canon vint qui emporte le gabion : *aussitôt* il *en* alla poser *à* la même place un autre, qui fut *sur*-le-champ emporté *par* un autre coup *de* canon. Le soldat, *sans* rien dire, *en* prit un troisième *et* l'alla poser; un troisième coup *de* canon emporta le troisième gabion. *Alors* le soldat rebuté se tint *en* repos; *mais* son officier lui commanda *de ne point* laisser cet endroit *sans* gabion. Le soldat dit : « J'irai,

---

* L'*accord* est une convenance de forme entre deux ou plusieurs mots qui se rapportent à un même objet.

** Un *gabion* est une espèce de panier, en forme de tonneau, qu'on remplit de terre, et dont on se sert dans les siéges pour couvrir les soldats, les travailleurs, etc. — Une *tranchée* est un fossé qu'on creuse pour se mettre à couvert des boulets en approchant d'un rempart, et dont les terres, jetées du côté de ce rempart, forment un *parapet*.

« *mais* j'*y* serai tué. » Il *y* alla, *et*, *en* posant son quatrième gabion, il eut le bras fracassé *d'*un coup de canon. Il revint soutenant son bras pendant *avec* l'autre bras, *et* se contenta *de* dire *à* son officier : « Je l'avais *bien* dit. » Il fallut lui couper le bras qui *ne* tenait *presque à* rien. Il souffrit cela *sans* desserrer les dents, *et*, *après* l'opération, il dit *froidement* : « Je suis *donc hors d'*état *de* travailler ; c'est *maintenant* au roi *à* me nourrir. »

*N'*est-il *pas* vrai *qu'*on aime *à* retrouver, *à* une époque *si* éloignée *de* la nôtre, *dans* ce brave homme, dont l'histoire *ne* nous a *pas même* transmis le nom, ce vieux type du soldat français, qui s'est perpétué *jusqu'à* nos jours, *comme* un produit naturel *sur* le sol *de* notre belle France? *Ne* reconnait-on *pas encore dans* ce grenadier du dix-septième siècle, *comme dans* ceux *d'*Arcole *ou de* Solferino, les descendants *de* ces Gaulois qui, *lorsqu'on* leur faisait voir le nombre *de* leurs ennemis *ou* les dangers qu'il faudrait courir, répliquaient *par* cette fière réponse : « *Chez* nous, on *ne* craint *qu'*une seule chose, c'est *que* le ciel *ne* croule : *encore* le soutiendrions-nous *avec* le fer *de* nos lances? »

Et ne se prend-on *pas aussi à* songer *avec* douleur *à* tous ces flots *de* sang *si* généreux *et si* pur, dont la France, *trop souvent*, *hélas! sans* raison *bien* légitime, *a* rougi, *depuis tant de* siècles, tous les champs *de* bataille *de* l'Europe ?

106e Dictée.

(*Grammaire*, § 227.)

Les élèves souligneront dans cette dictée les noms joints ensemble sans le secours d'une préposition, qui désignent la même personne ou la même chose.

LES LANDES FRANÇAISES.

Cette portion de notre sol, qu'on appelle les Landes, forme tout un *département*, vaste *territoire* triangulaire, limité d'un côté par l'Atlantique et d'autre part par l'Adour, les hauteurs cultivées de Lot-et-Garonne et les vignobles de Bordeaux. Ce *plateau*, ancien *lit* de l'Océan, recouvert par des alluvions, s'élève en moyenne à cinquante ou soixante mètres au-dessus du niveau de la mer, et bien qu'il présente, vers l'Atlantique et vers les vallées de la Garonne et de l'Adour, une faible déclivité, il semble parfaitement horizontal sur une grande partie de son étendue. L'agriculture commence à y faire quelques progrès; il est question, depuis ces dernières années, d'y établir, dans quelques *communes modèles*, des *fermes-écoles* et d'autres institutions bienfaisantes et civilisatrices. Toutefois, les landes incultes y occupent encore une superficie de plus de 6300 kilomètres carrés, et la partie labourée ne donne en général que de maigres récoltes. Pour le *poëte contemplateur*, l'aspect des grandes landes est d'une beauté monotone et triste. Jusqu'à l'extrémité de l'horizon s'étend la *plaine* de sable blanc ou fauve, *ligne* sans fin, coupée çà et là par des touffes de bruyère, d'ajoncs ou de genêts. Au loin, on aperçoit la masse sombre d'une forêt de pins ou bien quelques dunes ondulées comme les vagues de la mer; de distance en distance, on rencontre soit une mare d'eau stagnante, soit une *ravine* profondément creusée, solitaire *bassin* où coule une eau rougeâtre et trouble. Nul être humain ne se montre dans l'immense espace, si ce n'est parfois un berger monté sur des échassses et vêtu de peaux de mouton comme un barbare des anciens jours *.

107e Dictée.

(*Grammaire*, § 228.)

Les élèves souligneront d'un trait simple, dans cette dictée, les noms composés formés de deux parties variables, prenant l'une et l'autre la marque du pluriel, et d'un trait double les noms composés for-

---

* Voir l'introduction au *Dictionnaire des Communes de la France* de M. A. Joanne, par M. Élisée Reclus.

més de deux parties variables, mais dont la première seulement prend la marque du pluriel *.

LE SOL NATAL.

Oui, mon cher oncle, j'en conviens, il m'est absolument impossible de retourner auprès de vous. Fils de campagnard, campagnard moi-même, je n'ai pu me faire à cette existence des villes qui vous semble à vous-même si séduisante, et que vous vouliez, je le sais, me rendre si douce. Que puis-je vous dire? On n'emporte pas, a-t-on répété souvent, la terre de son pays à la semelle de ses souliers; c'est là sans doute ce qui me manquait, et je ne me suis senti vraiment heureux que le jour où j'ai pu revoir cet humble toit de la rustique maison qu'a bâtie mon *grand-père*, les pommiers déjà vieux que naguère j'ai plantés avec lui, et les *plates-bandes* du petit jardin que cultivèrent si longtemps ses mains. J'ai admiré, autant que j'ai pu, toutes vos merveilles; j'ai contemplé, avec toute l'attention dont je suis capable, les marbres de vos palais, les tableaux, les statues, les *bas-reliefs* de vos musées; j'ai écouté, dans vos concerts et vos opéras, tous vos ténors et toutes vos *basses-tailles*. Mon oreille et mes yeux ont été charmés, mais, en dépit de tous mes efforts, je ne me suis point senti ému. Et, malgré moi, ma pensée se reportait sans cesse vers la nature elle-même, original sacré dont tous vos CHEFS-D'OEUVRE ne sont, après tout, qu'une plus ou moins imparfaite copie, et, en sortant de vos théâtres, je n'ai pu chasser de ma mémoire cette autre musique, bien moins savante, si vous voulez, mais sans doute bien mieux faite pour moi, des rossignols et des fauvettes, des *rouges-gorges* et des pinsons.

Vos cités sont belles, je ne dis pas non; mais, selon moi, on y vit mal, quand on y peut vivre. Tout ce qui plaît y est réuni à côté, hélas! de tout ce qui peut le

* Nous écrivons les premiers en italiques et les seconds en petites capitales.

mieux désenchanter et désespérer quiconque a l'âme un peu bien placée. Je ne puis me faire, pour ma part, à ce contact, qui échappe peut-être à tant d'autres, du luxe le plus écrasant coudoyant, à chaque pas, la plus hideuse misère, et, pour ne prendre qu'un détail, tous les HÔTELS DE VILLE du monde, si brillants, si dorés qu'ils soient, n'ont jamais su me faire oublier ces sombres HÔTELS-DIEU, qui semblent s'être rapprochés d'eux pour leur faire un triste contraste. Laissez-moi, mon cher oncle, à mes champs et à mes forêts, qui me consolent et me fortifient; laissez-moi, je n'hésite pas à vous le dire, à ma vie obscure de jardinier et de paysan, laissez-moi avec mes raves, mes *choux-fleurs* et mes laitues, avec mes primevères, mes PIEDS D'ALOUETTE et mes CHÈVREFEUILLES *; de ce séjour trop peu tranquille où ma place n'était pas marquée, je ne veux garder que deux choses : le souvenir de votre affection et le regret d'y avoir si mal répondu.

108e Dictée.

(*Grammaire*, § 229.)

Les élèves souligneront d'un trait simple, dans cette dictée, les noms composés formés d'une partie invariable et d'une partie variable, dans lesquels la partie variable prend seule au pluriel la marque de ce nombre; ils souligneront ensuite d'un trait double les noms composés formés de deux parties variables, mais dans lesquels la première partie, ayant été altérée, ne prend pas la marque du pluriel **.

UN DÎNER A BON COMPTE.

Voici une histoire que je ne vous donne pas pour inédite; vos GRAND'MÈRES la savaient probablement aussi bien que moi, mais, suivant un dicton connu, il y a du vieux qui vaut du neuf.

---

* L'usage veut que *chèvrefeuille*, qui est un véritable nom composé, s'écrive en un seul mot.

** Nous écrivons les premiers en italiques et les seconds en petites capitales.

Dans une certaine petite ville, que je ne nommerai pas, un étranger fort bien mis se présente un jour à l'auberge du Lion d'or, et, d'un ton bref et arrogant, demande qu'on lui serve un bon potage gras pour son argent. Le potage avalé, il demande qu'on lui apporte pour son argent, d'abord des hors-d'œuvre *, puis une portion de bœuf rôti et un plat de légumes.

L'aubergiste, trop prompt peut-être à juger les gens sur la mine, lui demande de sa voix la plus caressante : « Ne faudra-t-il pas, monseigneur, ajouter aussi un verre de bon vin ? — Certainement, oui, répond le soi-disant monseigneur, si toutefois je puis avoir quelque chose de vraiment bon pour mon argent ! »

Sans soupçon et sans *arrière-pensée*, l'aubergiste court à la cave et apporte du meilleur.

Quand il se fut régalé bien à loisir, notre homme tire de sa poche une pièce de six liards tout usée, et la tendant à l'aubergiste : « Voici mon argent, dit-il. — Qu'est-ce ceci ? dit l'aubergiste, vous me devez bien davantage ! — Pardonnez-moi, mon ami, je vous ai demandé de me servir pour mon argent. Voici mon argent. C'est tout ce que je possède. Ce n'est pas ma faute, après tout, si je ne suis pas du bois dont on fait les *sous-préfets* ou les *vice-amiraux*. Une fois en votre vie vous avez traité généreusement un pauvre hère qui n'avait de longtemps fait un aussi bon dîner. Le regrettez-vous ? Dans tous les cas, c'est votre faute, et non pas la mienne. »

L'aubergiste se demanda comment il devait prendre la chose, puis il lui vint tout à coup à l'esprit une idée qu'il trouva plaisante :

« Vous êtes un madré coquin, dit-il à son hôte, mais le tour est bien joué, et je vois qu'il me faudra porter votre dîner, parmi bien d'autres *non-valeurs*, hélas ! sur mon compte de profits et pertes. Mais puisque vous êtes si ha-

* *Œuvre* au pluriel de *hors-d'œuvre* ne prend pas l'accord, à cause de la préposition *de* (§ 228.)

bile homme, faites-moi le plaisir de ne souffler mot de ce qui s'est passé ici, et allez jouer la même pièce chez mon concurrent, l'aubergiste de la GRAND'PINTE. Au moins, n'y aura-t-il que *demi-mal* s'il ressent à son tour le *contre-coup* de ce qui m'arrive. »

L'étranger répondit par un clignement d'yeux significatif, et se disposa à prendre la porte; puis, quand il fut sur le seuil : « Mon cher hôtelier, dit-il, j'avais déjeuné ce matin, pour mon argent, chez votre confrère de la GRAND'-PINTE, et c'est lui qui m'avait envoyé dîner chez vous. »

Celui qui creuse, dit le proverbe, un trou pour un autre, y tombe lui-même *.

109e Dictée.

(*Grammaire*, § 230.)

Les élèves souligneront d'un trait simple, dans cette dictée, les noms composés formés d'un verbe et d'un nom, dont les deux parties restent invariables au pluriel; ils souligneront ensuite d'un trait double ceux dans lesquels le nom, à cause du sens, prend même au singulier la marque du pluriel **.

UNE VISITE BIENFAISANTE.

I.

Mon cher ami, laisse-moi te raconter ce que je viens de voir; j'en ai encore le cœur tout navré.

Ce matin le froid était vif; une épaisse couche de givre couvrait les arbres de notre jardin, et mes pauvres *perce-neige*, seules fleurs que l'hiver m'ait laissées, semblaient eux-mêmes se courber flétris par la gelée de la nuit. De la fenêtre, tristement, je les contemplais, lorsque ma mère est entrée ; elle avait dans les yeux je ne sais quoi de grave et d'un peu sévère : « Te voilà mainte-

---

* *Contes allemands.*

** Nous écrivons les premiers en italiques et les seconds en petites capitales.

nant, me dit-elle, presque un homme ; à quatorze ans, il faut commencer à voir de près ce que c'est que la vie ; viens avec moi, j'ai besoin de ton aide. » Et nous descendîmes ensemble ; elle tenait à la main un petit panier.

Quelques instants après, nous nous trouvions dans un quartier peu éloigné de chez nous, et que cependant je ne connaissais pas encore, moi qui ai visité les Alpes et les Pyrénées !

Après avoir parcouru des ruelles étroites, de sombres *coupe-gorge* où il semble, en vérité, que le soleil n'entre jamais, nous sommes arrivés devant une maison dont les fenêtres, pour la plupart privées de vitres, sont fermées par des haillons et des guenilles pendantes. Nous avons traversé une cour dont les pavés, à certains endroits, ont fait place à des ornières infectes ; les escaliers, sans GARDE-FOUS * tremblaient sous nos pas.

Au cinquième étage, une espèce de grenier s'est présenté à nous. Figure-toi, mon ami, un étroit espace où le jour descend comme à regret par une lucarne aux trois quarts ouverte. Pour tout mobilier, un grabat et deux chaises recouvertes de vieille étoffe ; pour tout *garde-manger*, un tiroir de commode placé sur la cheminée ; dans ce tiroir, quelques noix, un morceau de pain, les provisions de la journée sans doute ; puis, au milieu de cette misère, trois êtres humains : une femme pâle, maigre, maladive, vêtue d'une robe qui semblait d'autant plus fanée, qu'on pouvait voir qu'autrefois elle n'avait manqué ni de richesse ni d'élégance ; auprès de cette femme, deux petits garçons grelottant de froid, se disputant les derniers restes de deux vieux COU-

---

* Laveaux, à propos de ce mot, s'exprime ainsi, dans son excellent *Dictionnaire des difficultés* de la langue française : « L'Académie met *un garde-fou* au singulier, et des *garde-fous* au pluriel. La pluralité ne doit pas tomber sur *fou*, mais sur les choses qui servent à garantir les fous. (*Garde*, dans ce cas, est donc verbe, et en cette qualité ne prend point la marque du pluriel.) Il faut écrire au singulier et au pluriel *garde-fou* ou *garde-fous*. Je préfère le dernier. »

VRE-PIEDS tout usés dont ils essayaient de s'envelopper, chauffant leurs doigts amaigris à un foyer sordide où finissaient de se consumer quelques débris fumants.

II.

Hélas ! rien ne marque les heures dans cette mansarde ; mais comme elles doivent y paraître longues ! La pauvre mère parlait peu. « Je sentais bien, nous dit-elle, que le moment de manger allait venir. Pierre commençait à pleurer, et Isidore ne jouait plus. Vous voyez ce qui nous restait. »

O mon ami, quelle révélation ! Il est donc vrai qu'il y a des enfants, tristes *souffre-douleur*, qui endurent toutes les angoisses de la faim, et des mères qui ne peuvent apaiser la faim de leurs enfants ! Il est donc vrai qu'il y a, à côté d'elles, des milliers d'autres personnes qui, pouvant les soulager, ne les soulagent pas ! Qui sait, moi-même, peut-être, au moment où la malheureuse que j'ai là sous les yeux éprouvait ce terrible supplice de ne pouvoir donner du pain à ses enfants, je me privais pour quelque fantaisie des moyens de venir en aide à une telle infortune !

Et, en effet, mon cher ami, pas plus tard qu'hier, avec mes épargnes de la semaine, j'avais acheté, pour en orner ma chambre, un de ces PORTE-ALLUMETTES en bronze doré, comme on en fait aujourd'hui, et qui sont bien jolis, à la vérité, mais assurément bien inutiles. Ce fut un *crève-cœur* pour moi de songer à ce sot emploi que j'avais fait de mon argent.

Sur un signe de ma mère, j'ouvris le panier, dont elle était chargée ; il contenait des provisions, et je les distribuai aux petits enfants qui, de leurs yeux tout grands ouverts, semblaient me regarder jusqu'au fond de l'âme.

Quant à la mère, elle oubliait sans doute qu'elle-même avait faim ; toutes ses pensées, comme tous ses regards, se portaient sur ses enfants; et le peu de paroles qu'elle a prononcées nous ont prouvé son émotion et sa reconnaissance.

En rentrant dans ma chambre, que j'ai trouvée bien belle et bien chaude, ma première pensée a été de t'écrire pour t'offrir une joie que tu saisiras, j'en suis certain, celle de prendre ta part de la bonne œuvre que j'ai commencée, celle de rapprocher nos *porte-monnaie*, celle d'apporter, sans grande peine pour nous, un peu de joie, de santé et de vie à ces pauvres malheureux.

110e Dictée.

(*Grammaire*, § 231.)

Les élèves souligneront d'un trait simple, dans cette dictée, les noms composés formés de deux ou de plusieurs parties invariables, et qui ne changent pas au pluriel; ils souligneront ensuite d'un trait double les noms composés que l'usage a réunis en un seul mot, mais dont les deux parties reçoivent cependant le signe du pluriel *.

LA CUILLER D'ARGENT.

Un officier, en garnison à Vienne, se dit un jour : Je veux cependant dîner une fois à l'Aigle noir. Et il alla à l'Aigle noir. Là, comme partout, des personnages de toute sorte s'étaient donné *rendez-vous :* GENTILSHOMMES et bourgeois, le sot coudoyant le savant, le cavalier auprès du fantassin, le coquin frôlant l'honnête homme. On causait, on criait, on faisait grand bruit; les si, les mais, les *qu'en dira-t-on?* allaient leur train ; toutes les pipes étaient allumées, la bière moussait dans tous les verres.

Parmi les assistants, se trouvait certain camarade que la nature avait doué d'une de ces figures de *pince sans rire*, qui vous frappent comme malgré vous, quand elles se présentent devant vos yeux, droit comme un *i*, boutonné jusqu'au menton dans une redingote verte, dont les larges manches eussent semblé faites tout exprès pour donner du souci à Harpagon.

Peu soucieux sans doute de prendre part à la conversa-

* Nous écrivons ces derniers en petites capitales.

tion générale, il semblait concentrer toute son attention sur une cuiller d'argent qu'il tenait à la main, et avec laquelle, d'un air distrait et rêveur, il jouait sur la table, comme avec une baguette de tambour. Puis, sans doute par un effet de cette même distraction, à un certain moment, la cuiller d'argent cessa de résonner sur la table et disparut dans la vaste manche. Cela fait, le propriétaire de la redingote se tourna, avec le plus grand calme, vers deux autres BONSHOMMES qui semblaient être de sa connaissance, et presque immédiatement il prit, comme pour s'en aller, son chapeau et sa canne.

Ce tour de *passe-passe*, fort bien exécuté du reste, n'avait pas, par malheur, échappé à notre officier.

Pensant qu'il avait affaire à un rusé coquin, qu'il ne serait pas facile de prendre sans vert, voici ce qu'il imagina.

Au moment où l'escamoteur allait, avec une honnêteté scrupuleuse, payer à l'hôte un écot qui sans doute n'aurait pas fait grand tort à sa bourse, l'officier s'approcha en même temps que lui du comptoir. Il avait suspendu à son uniforme, entre deux boutonnières, une cuiller d'argent, pareille à celle de la manche. L'hôte, assez peu charmé de lui voir cette décoration de nouveau genre, le regardait entre les deux yeux. L'officier paya, avec un grand sérieux, sa dépense, puis il dit à l'hôte : « Je suppose que la cuiller a été comprise dans le prix de la carte, qui est assurément bien assez chère pour cela. — Mais pas le moins du monde, » s'écria l'hôte. — « Allons, allons, dit l'officier, ne vous fâchez pas, mon brave, ce n'était qu'une plaisanterie que nous voulions faire, monsieur qui est là et moi. Il a mis sa cuiller dans sa manche, et j'ai mis la mienne à ma boutonnière. Nous allons vous les rendre toutes les deux. N'est-il pas vrai, mon cher voisin? » Le voleur s'exécuta de la meilleure grâce qu'il put, et restitua la cuiller en grimaçant un sourire. L'hôtelier, qui avait compris, lui montra la porte. Pour des gens comme ceux-là, des *passe-debout* de cette espèce sont encore une bonne aubaine : je vous laisse à penser s'il se hâta d'en profiter. Quant à l'officier, il eut pour récompense la conscience de sa bonne action et une bouteille du meilleur Tokay que contînt la cave de l'Aigle noir *.

111ᵉ Dictée.

(*Grammaire*, § 233.)

Les élèves souligneront d'un trait simple les noms propres donnés dans cette dictée, qui, bien qu'employés au pluriel, ne doivent pas en prendre la marque, et d'un trait double les noms propres qui doivent prendre la marque du pluriel **.

LE DIX-SEPTIÈME SIÈCLE.

Le siècle de Louis XIV a eu le singulier privilége de réunir dans tous les genres et à tous les degrés une telle quantité d'hommes remarquables, que jamais aucune autre époque de l'histoire du monde n'a pu et ne pourra sans doute, sur ce point, lui être comparée. Prenez dans l'antiquité, par exemple, un siècle renommé par sa gloire militaire, l'ère des CÉSARS, si vous voulez. Quels capitaines peut-elle opposer aux *Condé*, aux *Turenne*, aux *Luxembourg*, aux *Vauban*, aux *Catinat?* Les Anglais et les Hollandais, si fiers de leur marine, ont-ils jamais eu à la fois des hommes de mer comme les *Duquesne*, les *Tourville*, les *Jean-Bart*, les *Duguay-Trouin?* L'Italie seule peut-être, au seizième siècle, peut dire qu'elle a possédé en même temps ses *Raphaël*, ses *Michel-Ange*, ses *Titien*, et tant d'autres ; pourtant la France de Louis XIV pourra encore lui répondre par des noms comme ceux des *Poussin*, des *Philippe de Champagne*, des *Claude Lorrain* et des *Lesueur*. Quant aux grands écrivains, ils semblent, tant ils sont nombreux, vouloir justifier cette flatterie des contem-

---

* *Contes allemands.*

** Nous écrivons les premiers en italiques et les seconds en petites capitales.

porains, qui, faisant remonter au souverain lui-même toute la gloire de son règne, disaient que les AUGUSTES font naître les VIRGILES, comme s'il eût été donné à Louis XIV de dispenser le génie aussi bien qu'il conquérait les États. Quel temps que celui où une même enceinte pouvait réunir des poëtes comme les *Corneille*, les *Racine*, les *Molière*, les *La Fontaine*; des orateurs comme les *Bossuet*, les *Bourdaloue* et les *Fénelon*; des philosophes, des moralistes et des savants, comme les *Descartes*, les *Pascal* et les *La Bruyère*, des plumes inimitables, comme celles des *Sévigné* et des *Saint-Simon!* Quelle gloire et en même temps quelle leçon! Cette France du grand roi, si brillante, si forte, si valeureuse, voit en trente ans tomber sa fortune, et les folies de la toute-puissance lèguent aux générations futures un trésor vide, un trône ébranlé, l'Europe sur les bras, et en perspective une révolution!

112e Dictée.

(*Grammaire*, § 228 à 233. — Récapitulation.)

Les élèves souligneront les noms composés donnés dans cette dictée; ils souligneront ensuite d'un trait simple les noms propres qui, employés au pluriel, ne doivent pas changer de forme, et d'un trait double ceux qui prennent la marque du pluriel *.

MAURICE A SON AMI EDMOND.

Nous voilà quittes, mon cher Edmond, des devoirs, et, disons-le tout bas, des PENSUMS; le collége nous a délivré, à mon frère et à moi, des EXEAT en bonne forme, et je me dispose, pour ma part, à oublier complétement les concours et les EXAMENS. A six semaines les affaires sérieuses!

---

* Nous avons joint aux noms composés proprement dits un certain nombre de noms tirés des langues étrangères, lesquels présentent, pour la formation de leur pluriel, quelque difficulté. Nous écrivons ces derniers en petites capitales.

Mon année s'est bien terminée ; j'ai eu deux prix et deux ACCESSITS ; laisse-moi te dire que le cœur m'a battu bien fort, quand j'ai entendu mon nom deux fois proclamé au milieu des BRAVOS de nos camarades. Pour n'être pas, cela va sans dire, des *Alexandres* ou des *Césars*, nous n'en sommes pas moins, n'est-il pas vrai ? sensibles à une louange que nous pouvons croire méritée ; nous aimons une modeste gloire qui ne coûte, après tout, de sang ni de larmes à personne.

Je ne puis donc maintenant, sans trop craindre les QUOLIBETS, me donner congé à moi-même, et j'use, je dois en convenir, de grand cœur, des SATISFECITS que m'accorde ma conscience. J'ai banni de ma retraite tout ce qui pourrait me rappeler, de près ou de loin, l'étude, quelle qu'en soit l'espèce, l'art comme la science, les PIANOS comme les *in-folio*, les FACTUMS des *Cicéron* et des *Démosthène*, aussi bien que les CONCERTOS et les ORATORIOS, les QUATUORS et les QUINTETTES des *Mozart* et des *Rossini*. Quelques cahiers s'étaient par hasard glissés dans ma malle : j'en ai fait le plus joyeux des *auto-da-fé*. Tu te souviens de ces *in-pace* où tant de pauvres diables, au moyen âge, étaient réduits, bon gré mal gré, à mener la vie contemplative. Je m'y soumets, moi, volontairement, pour six semaines. Oui, mon cher ami, six semaines de grande paresse, six semaines de repos absolu. Et puis, je remonterai sur la brèche, et, soit dit entre nous, j'espère bien, l'année prochaine, te donner encore à chanter, en mon honneur, des ALLELUIA et des *Te Deum*.

Si paresseux que je me fasse, tu sais que je ne le serai jamais assez pour ne pas désirer lire tes lettres : je n'ai pas de *vade mecum* plus assidus ni plus doux. Tâche de ne pas trop me les ménager.

113e Dictée.

(*Grammaire*, § 228 à 231. — Récapitulation.)

Les élèves souligneront les noms composés contenus dans cette dictée.

EDMOND A SON AMI MAURICE.

I.

D'officieux *ouï-dire*, mon cher ami, m'avaient déjà mis un peu au courant de ton triomphe, et les journaux, *avant-coureurs* de ta lettre, étaient venus me le certifier. Je ne te remercie pas moins de cette nouvelle preuve d'affection que tu m'as donnée, et j'envoie mes très-humbles *baise-mains* à ta seigneurie. Deux prix et deux accessits, c'est très-bien, c'est très-beau ! J'étais sûr, d'ailleurs, de ton succès ; tes compositions étaient excellentes, et, à moins de *passe-droits* inadmissibles, il n'était guère probable, selon moi, qu'un autre eût fait mieux.

Heureux mortel ! tu vas donc pouvoir, sans craindre les *contre-coups* de la retenue ou du pensum, te livrer à toutes les douceurs d'un repos vaillamment conquis. Heureux mortel, qui n'auras, pendant six semaines, pour *réveille-matin*, que les rossignols et les fauvettes ; qui passeras toutes tes journées en doux *tête-à-tête* avec toi-même ; qui verras s'entr'ouvrir les roses et se fermer les *belles-de-nuit* ; qui ne prendras d'autre soin ni d'autre souci que de multiplier tes *passe-temps* et d'appeler à toi les distractions !

Oh ! que je voudrais être à ta place !

II.

Ceci soit dit, mon cher ami, sans basse jalousie. Je ne sais pas, crois-le bien, ce que c'est que les *arrière-pensées*. Je suis persuadé, tout au contraire, que les bonnes fortunes d'un ami doivent être comme des *contre-poisons* qui atténuent l'effet des breuvages amers qu'on est forcé de boire soi-même. Sois bien certain que c'est de très-grand cœur que je te souhaite de toujours trouver comme à présent des fleurs sur toutes les routes et des *arcs-en-ciel* dans tous les nuages.

Voilà, j'espère, de belle rhétorique.

Pour ce qui me concerne, je m'ennuie terriblement. Attaché à mon poste, je n'ai guère pour délassement que les sornettes et les *coqs-à-l'âne* des *gobe-mouches*, qui, Dieu merci, ne manquent pas dans notre petite ville, oisive et bavarde. Je te laisse à penser ce que j'aurais à souffrir, si j'écoutais les *qu'en-dira-t-on?*

Heureusement, mon esclavage va bientôt s'adoucir. Nos *passe-ports* sont demandés, et je vais partir, dans quelques jours, avec mon père, pour la Suisse. Nous laisserons de côté les chemins de fer et les *malles-poste*; nous voyagerons à petites journées, et, jusqu'à la frontière, nous visiterons les *chefs-lieux* de département et d'arrondissement, et tous les endroits curieux qui se trouveront sur notre passage.

Adieu, mon cher ami, en pensant à ton bonheur et un peu aussi à ce voyage, j'oublie mes ennuis. Pour l'an prochain, nouveau travail, nouveaux *chefs-d'œuvre*, nouveaux succès : voilà ce que désire pour toi ton ami Edmond.

114e Dictée.

(*Grammaire*, § 228 à 231. — Récapitulation.)

Les élèves écriront au singulier tous les noms composés qui sont donnés au pluriel dans cette dictée, et au pluriel ceux qui sont donnés au singulier.

PLUS DE PEUR QUE DE MAL.

I.

Je sortais, pauvre *songe-creux*, distrait et rêveur, d'un de ces *pied-à-terre* peu hospitaliers, qu'on se procure, pour son argent, dans les campagnes, l'orsqu'en arrivant au *chef-lieu* de notre canton, je faillis devenir la victime d'un horrible *guet-apens.* Figure-toi que j'avais rencontré, il y a quelques jours, une sorte de *fier-à-bras,* ancien *porte-faix,* je pense, battant et maltraitant deux enfants maigres et chétifs, vrais *souffre-douleurs,* qu'il avait rejoints dans la *grand'rue.* Fort heureusement, avisant un des *gardes-chasses* du château qui passait là, je lui montrai de loin le *coupe-jarrets* et les deux malheureux, dont l'un criait à faire fendre l'âme : monsieur, il m'a rendu *brèche-dents,* d'un coup de bâton ! Le garde vole à leur secours : tu penses comme fut reçu ce *trouble-fête.* Mais il menaçait de dresser *procès-verbal :* l'homme finit par s'en aller en me lançant un regard de *pince-sans-rire,* qui ne me présageait rien de bon. Je n'y pensais plus toutefois, lorsque je fus abordé hier par un mendiant qui me parut si honnête, que je me sentis comme un *crève-cœur* de n'avoir à lui offrir que les restes d'un *pique-nique* que nous avions fait dans l'*après-midi.* Puis, après quelques *pourparlers,* je me décidai à l'accompagner dans sa chaumière. Quelle chaumière ! un de ces *coupe-gorge* qu'on n'imagine pas.

II.

A peine y étais-je entré, qu'ôtant sa fausse barbe et son *couvre-chef* déguenillé, il me regarde entre deux yeux : c'était mon homme, mon *va-nu-pieds* de l'autre jour : « Ah ! ah ! me dit-il, monsieur le *petit-maître,* défenseur des *meurt-de-faim* et des *gâte-métier,* digne redresseur des torts et des *passe-droits,* vous ne vous attendiez pas à ce *vis-à-vis.* Vous n'avez personne ici pour crier *qui vive,* et tous les *blancs-becs* de la police ne vous signeraient pas votre *passe-debout.* Je ne veux pas d'ailleurs abuser de notre *tête-à-tête;* je ne suis pas un de ces *loups-garous* auxquels il n'y a rien à dire; mais vous allez, sur-le-champ, griffonner, en ma faveur, votre nom au bas de ces deux ou trois petits *blanc-seings,* que je me donnerai le *passe-temps* de remplir à ma fantaisie; sinon.... »

Et il tirait de sa poche un de ces *casse-tête* américains, qui vous brisent le crâne d'un pauvre homme, comme un *casse-noisette* fait d'un noyau. Par bonheur, nous étions au *rez-de-chaussée;* d'un clin d'œil, j'aperçus un *contrevent* qui ne me parut fixé à l'intérieur que par deux *arcs-boutants* peu solides; je saisis l'un et je poussai l'autre de toutes mes forces ; du *contre-coup*, la vieille croisée vola en éclats, et d'un bond je m'élançai dans une espèce de *cul-de-sac*, où, jouant du bâton, je me mis à crier au secours à pleins poumons. En moins d'une *demi-minute*, un *contre-maître* d'un atelier voisin vint me servir de *porte-respect*. Notre homme, plus effrayé que nous, s'esquiva : ces gens-là ont toujours peur des *qu'en-dira-t-on*.

115e Dictée.

(*Grammaire*, § 234 à 236.)

Les élèves transcriront dans une colonne les noms précédés de l'article simple qui sont donnés dans cette dictée; et dans une autre colonne ils mettront au singulier ceux qui sont au pluriel et au pluriel ceux qui sont au singulier; ils écriront à part les noms qui n'ont pas les deux nombres.

LE VILLAGE QUE JE PRÉFÈRE.

I.

De tous les *villages* que je connais, il en est un, un seul, que je préfère à tous les autres. Ce n'est pas seulement parce que *la nature* s'est mise en frais pour lui ; que je n'ai jamais vu ailleurs d'eaux plus claires, de prairies plus vertes, de fleurs plus vermeilles, de plus frais ombrages ; et que LES MAISONS ET MAISONNETTES, CABANES ET CHAUMIÈRES qui le composent, sont demeurées pour moi, indigène des champs, condamné au séjour des villes, comme autant de refuges charmants où se reportent mes plus doux rêves. C'est encore pour d'autres raisons que vous allez entendre.

Au village dont je parle, il y a, en général, dans chaque

maison, beaucoup d'enfants, et à chaque nouveau-né qui se présente au monde : « Dieu soit béni ! » dit *l'aïeule*, et tous *les parents* répètent après elle : « Dieu soit béni ! » C'est qu'en effet, là où je veux dire, *les enfants*, comme partout ailleurs, sont bien un peu légers, un peu pétulants, un peu criards ; mais vous ne les voyez point s'unir à quatre ou cinq, les plus forts contre les plus faibles, pour imposer aux autres leur volonté ou leur caprice ; ils se traitent, filles et garçons, comme LES FRÈRES ET SŒURS d'une même famille, persuadés que, même à leur âge, il vaut mieux se supporter mutuellement que de chercher à se nuire, et qu'il est encore plus sûr, quand on n'est pas du même avis, de s'accommoder que de se battre. Habitués de bonne heure à travailler et à mériter un salaire, ils respectent *le travail* et, par suite, *la propriété* d'autrui, qu'ils considèrent à juste titre comme *le salaire* de son travail. Aussi ne vont-ils point à *la maraude*, laissant également en paix *le jardin* du voisin, son verger ou sa vigne, et *le nid* du petit oiseau. Ils sont dociles sans servilité et indépendants sans outrecuidance, parce qu'ils savent qu'il n'y a jamais deux poids ni deux mesures pour apprécier ce qui leur est permis et ce qui leur est défendu. Ils ne mentent point et ne cherchent à tromper personne : vous pouvez deviner pourquoi.

II.

LES PÈRES ET MÈRES, de leur côté, se sont convaincus, probablement par expérience, que le SAVOIR, si humble qu'il soit, est une monnaie qui a son prix, et ils ne manquent jamais, quoi qu'il leur en coûte, d'envoyer leurs enfants à l'école.

Plusieurs y retournent eux-mêmes et ne craignent pas de venir, écoliers de soixante ans, asseoir leur vieillesse sur ces bancs qu'ils avaient jadis désertés trop vite. Sévères pour eux-mêmes, ils sont indulgents pour le prochain : quand LES VOISINS ET VOISINES se réunissent *le soir*, après journée faite, ils causent pour se distraire, et non pas pour se déchirer, comprenant qu'il est légitime que, sans faire tort à personne, chacun puisse vivre à sa fantaisie. On ne se jalouse point, et on s'estime, ce qui naturellement conduit à s'aimer. *Les paresseux*, on les plaint; *les maladroits*, on cherche à les redresser ; *les malheureux*, on les aide ; il n'est vigne si bien façonnée ni champ si bien labouré que ceux du pauvre père de famille qui s'est démis *le bras* ou cassé *la jambe*. Et ce n'est point une aumône qu'on lui fait ; c'est, si vous voulez, quelque chose comme de *l'argent* qu'on lui prête, et qu'il rendra, pour peu qu'il guérisse. Vienne au pays un étranger : on ne le regarde point comme une bouche affamée, prête à dévorer sa part du gâteau : on se souvient que *le soleil* luit pour tout *le monde*, et on se persuade que *la terre* est assez grande pour tous ceux qu'elle porte, qu'une tête et deux bras de plus sont un excellent appoint pour la masse commune. On sait enfin que, suivant *le mot* de *la fable*, LE DORMIR ne se vendant point au marché comme LE MANGER et LE BOIRE, il n'y a pas de meilleur oreiller qu'une conscience sans reproche. Et chacun cherche à avoir des nuits tranquilles.

Vous nommerai-je maintenant ce village où l'on fait tant de bien et si peu de mal? Non : désigner celui-ci ou celui-là, ce serait faire injure aux autres. Pourquoi ne serait-ce pas, dès demain, celui même que vous habitez? Il suffirait de le vouloir.

Le maître pourra, après la dictée, faire les questions suivantes :

1° Pourquoi, dans ces phrases : LES *maisons et maisonnettes, cabanes et chaumières*, etc.; LES *frères et sœurs;* LES *pères et mères ;* LES *voisins et voisines*, l'article n'est-il pas répété ?

2° Expliquez dans ces locutions : le SAVOIR, le DORMIR, le MANGER, le BOIRE, la nature particulière des mots *savoir, dormir, manger, boire.*

116e Dictée.

(*Grammaire*, § 237 et 238.)

Les élèves, dans cette dictée, souligneront d'un trait simple la préposition *de*, et d'un trait double le mot *de* remplaçant l'article indéfini *.

HARO SUR LE BAUDET.

Vous vous souvenez, mes bons amis, *de* cette belle fable *de* La Fontaine, les Animaux malades *de* la peste? Le cruel fléau décime les animaux, les plus doux comme les plus sauvages, le loup comme la tourterelle. C'est dans [DE telles circonstances], [dans des événements si graves], quand la fortune vous est [le plus hostile], qu'il faut résolûment avoir recours aux grands moyens, et les plus énergiques sont alors sans contredit [les plus sûrs et les meilleurs]. Sa majesté le lion pense que sans doute quelque crime inconnu a irrité le ciel contre ses malheureux sujets. Pourquoi celui qui a commis ce crime ne se dévouerait-il pas, pour obtenir, par son sacrifice volontaire, la guérison *de* toute l'espèce? Lui-même, s'il est le plus coupable, paiera sa dette à la cause commune. Et il pourrait bien être le plus coupable : ne lui est-il pas, en effet, arrivé plus *d'*une fois *d'*assouvir sa faim dans le sang et la chair *de* pauvres moutons, qui n'avaient jamais eu les moindres torts à son égard, et *de* manger même par-ci par-là, en sus du marché, le berger avec les moutons? « Des moutons ! le berger ! » s'écrie le renard, qui sait son métier *de* courtisan ; manger DE sottes bêtes, sans griffes ni ongles, et qui, n'ayant rien pour se défendre, sont évidemment faites pour être attaquées ! manger un homme dont la seule prétention est *de* tyranniser les animaux, et de nous empêcher, nous autres, *de* faire *d'*eux ce qui nous convient! Eh, seigneur lion, en croquant cette canaille-là,

* Nous écrivons *de* préposition en italiques ; et en petites capitales *de* remplaçant l'article indéfini.

c'est DE l'honneur que vous lui fîtes! » On applaudit, comme vous pensez, et le lion étant absous *d'*avoir croqué berger et moutons, le renard le fut également *d'*avoir croqué lapins et poules. Et l'ours, et le loup, et tous les autres mangeurs *de* bêtes et *de* gens, du même coup, se trouvèrent blanchis. Mais voici l'âne qui vient à son tour et déclare bonnement que, lui aussi, il a bien quelque peccadille sur la conscience. Un jour, l'occasion, l'herbe tendre, et le diable le poussant, il a goûté à l'herbe *d'*autrui, pas beaucoup, tout au plus la largeur *de* sa langue. L'herbe *d'*autrui, bon Dieu! manger l'herbe *d'*autrui, lui! un âne! Mais ce n'est pas douteux! c'est ce pelé, c'est ce galeux qui est la cause *de* l'épidémie! Et il ne serait pas puni? Allons donc! haro sur le baudet!

Que *de* fois vous trouverez, dans votre vie, l'occasion *de* vérifier la triste vérité qui ressort *de* cette fable? [N'avez-vous point D'argent], point DE ressources, point DE crédit, point DE puissants amis qui répondent pour vous? haro sur vous, haro sur le pauvre diable qui ne peut ni servir ni nuire à personne! Mais si, par suite *de* telles ou telles circonstances, souvent indépendantes *de* vous-même, après avoir longtemps rampé dans la boue, vous parvenez à vous pousser, à vous frayer la voie, comme on dit, fût-ce même en bousculant et en écrasant les autres, [n'avez-vous pas DE l'argent], du crédit, des amis? vous pouvez tout faire et tout oser : haro sur les faibles!

Tâchons, chers enfants, *de* rester plus justes, et, comme La Fontaine le prescrit ailleurs, *de* ne pas juger les gens sur la mine.

Le maître pourra, après la dictée, faire les questions suivantes :

1° Expliquez en quoi diffèrent par le sens ces deux phrases : *N'avez-vous point* D'*argent*, et, *N'avez-vous pas* DE *l'argent*.

2° Pourquoi a-t-on écrit : DE *telles circonstances*, et, DES *événements si graves?*

3° Pourquoi, dans LE *plus hostile*, *le* ne s'accorde-t-il

pas avec le sujet de l'adjectif qui est *fortune*, tandis que dans LES *plus sûrs et* LES *meilleurs*, *les* s'accorde avec le sujet de l'adjectif qui est *moyens?*

117e Dictée.

(*Grammaire*, § 239 à 241.)

Les élèves indiqueront avec quels mots doivent s'accorder les adjectifs qualificatifs donnés dans cette dictée.

PÉTITION DE LA MAIN GAUCHE ADRESSÉE AUX PERSONNES CHARGÉES DE DIRIGER L'ÉDUCATION.

Je m'adresse à vous *tous* qui êtes les amis de la jeunesse; je vous conjure de jeter un regard de compassion sur mon *malheureux* sort, afin de faire cesser les préjugés dont je suis l'*innocente* victime. Nous sommes deux sœurs *jumelles ;* les deux yeux de l'homme ne se ressemblent pas davantage et ne peuvent être mieux d'accord que nous ne le serions, ma sœur et moi, sans la partialité de nos parents qui mettent entre nous la plus *injuste* distinction. Dès mon enfance, j'ai dû considérer ma sœur comme un être d'un rang *supérieur* au mien; j'ai grandi sans la *moindre* éducation, tandis qu'on n'épargnait rien pour la sienne; elle a eu des maîtres pour lui enseigner l'écriture, le dessin, la musique et *autres* talents d'agrément; mais si par hasard je touchais un crayon, une plume, une aiguille, on me grondait vivement, et plus d'une fois on me battit pour ma maladresse et mon manque de grâce.

Ma sœur, il est *vrai*, m'associe à elle en quelques occasions, mais elle se fait toujours un point d'honneur de tout conduire, et ne se sert de moi que par nécessité ou pour figurer à côté d'elle.

N'allez pas croire que ce soit la vanité *seule* qui me dicte ces plaintes. Non, mon chagrin a une cause plus *sérieuse.* C'est l'habitude de notre famille que *toute* la besogne de la maison, celle surtout qui a pour but de pourvoir à la substance *commune*, retombe sur ma sœur et sur moi. Si quelque indisposition *inattendue* attaquait ma sœur (et je vous le dis en confidence, elle est *sujette* à la goutte, aux rhumatismes, aux crampes, sans parler d'*autres* accidents), quel serait le sort de notre *pauvre* famille? Nos parents alors ne regretteraient-ils pas amèrement d'avoir mis une si *grande* différence entre deux sœurs qui sont si parfaitement *semblables?* Hélas! il nous faudra périr de détresse, car il ne me sera même pas *possible* de griffonner une supplique pour qu'on vienne à notre secours, puisque j'ai dû aujourd'hui même me servir d'une main *étrangère* pour transcrire la requête que j'ai l'honneur de vous adresser en ce moment.

Daignez faire sentir à mes parents l'injustice d'une tendresse *exclusive* et la nécessité de partager également leurs soins et leur affection entre *tous* leurs enfants.

Je suis, avec un *profond* respect, votre servante *obéissante* :

LA MAIN GAUCHE *.

118e Dictée.

(*Grammaire*, § 241. — Adjectifs composés.)

Les élèves écriront les adjectifs composés contenus dans cette dictée, 1° au masculin singulier, 2° au masculin pluriel, 3° au féminin singulier, 4° au féminin pluriel.

UN PÊCHEUR CONVERTI.

Tu me demandes, mon enfant, d'où vient ce bouquet de roses *fraîches-cueillies* que tu vois sur ma cheminée. Je vais te le dire. L'an dernier, je fus, un jour, abordé par

---

* Cette spirituelle et ingénieuse bluette est l'œuvre de Benjamin Franklin; nous l'empruntons, à quelques détails près, aux *Essais de morale et d'économie politique* du célèbre homme d'État américain. Inutile de faire remarquer que les *amis de la jeunesse* devraient, autant que possible, tenir compte dans leurs leçons, des arguments très-sensés que Franklin prête à *la main gauche*.

une petite *sourde-muette*, qui me fit, tant bien que mal, comprendre, par ses signes, qu'elle désirait de moi quelque chose. Je la suivis, et elle me conduisit dans ce coin de la ville, où nous allons quelquefois, et dont les maisons *clair-semées*, bien délabrées et bien tristes, servent de refuge et d'abri à plusieurs centaines de malheureux. Elle m'ouvrit la porte du plus misérable de ces repaires. Et là, je vis, sur un grabat *demi-pourri*, une pauvre femme, tenant entre ses bras un enfant *nouveau-né*, et entourée de trois autres encore en bas âge, si maigres, si chétifs, si déguenillés, que cela faisait peine à voir. Et pour comble de misère, le mari, dans cette même chambre, dormait, *ivre-mort*, d'un pesant sommeil. La mère alors me parla, de cette voix *aigre-douce* que donne la souffrance fièrement et douloureusement supportée, et elle me montra son mari. Je connaissais cet homme, qui avait été jardinier chez mon oncle; je le savais plutôt corrompu que méchant, et plutôt faible que vil. Je n'hésitai pas à employer à son égard le moyen parfois *tout-puissant* de l'humiliation. Je le secouai rudement et, quand il se réveilla, j'affectai de compter devant lui plusieurs pièces d'argent, que je laissai à sa femme. Une heure après, il était chez moi : « Monsieur, me dit-il, je ne veux pas qu'on me fasse l'aumône. Vous m'avez blessé profondément, mais je vous remercie ; je suis comme l'*aveugle-né* à qui l'on viendrait d'ouvrir les yeux ; je ne boirai plus, je travaillerai, et je vous rendrai votre argent. — Fort bien, lui dis-je. J'aime les fleurs : vous m'en apporterez chaque jour un bouquet, jusqu'à ce que votre dette soit acquittée. » Il a tenu parole ; et voilà pourquoi, chaque matin, la petite sourde-muette, légère et *court-vêtue*, comme la Perrette de La Fontaine, vient déposer sur ma cheminée un de ces bouquets que tu as vus. Je t'assure, mon cher enfant, que ces roses-là sentent bien bon.

119e Dictée.

(*Grammaire*, § 242.)

Les élèves souligneront les adjectifs qui précèdent ou qui suivent le mot *gens*, et expliqueront par écrit pourquoi les uns sont au masculin, les autres au féminin.

L'HABIT DE PERSAN.

Bien *insensés* sont les *gens* qui s'attribuent à eux-mêmes toutes sortes de mérites que, pour la plupart du temps, ils n'ont pas; qui prennent pour des hommages rendus à leur valeur la curiosité qu'ils excitent ou l'intérêt, souvent très-divers, qu'ils inspirent.

Vous vous souvenez de ce Persan, que Montesquieu, dans un livre célèbre, suppose être venu à Paris vers la fin du dix-septième siècle. Il arrive, tout naturellement, avec le costume de son pays, à une époque où l'on n'avait encore imaginé ni les bateaux à vapeur, ni les chemins de fer, ni le télégraphe transatlantique, ni les Expositions universelles. Aussi, est-il à peine débarqué, que toute la ville est en émoi. Un Persan à Paris, comprenez-vous cela? Où est-il? que fait-il? comment est-il? Eh, *sottes gens* si peu *empressés*, qui passez ainsi votre chemin sans faire mine de vous arrêter, vous ne savez donc pas que c'est le Persan qu'on va voir? Est-il singulier, ce Persan! Comment peut-on être Persan? Dans les rues, sur les places, au théâtre, dans les églises, tout le monde le suit, tout le monde le presse, depuis les *gens* de cour * les plus haut *empanachés* jusqu'aux *derniers* de ces *pauvres gens* qu'on appelait alors la canaille, et qui plus tard ont pris leur revanche. Le Persan, tout Persan qu'il

---

* Le maître fera observer que le mot *gens* est toujours masculin, quand il désigne une profession : *gens de lettres*, *gens de guerre*, *gens de cour*, ou quand il est accompagné d'un déterminatif qui en précise la signification : *gens de cœur*, *gens de bien*, etc.

fût, était un bon esprit, tenant fort peu au dehors et cherchant volontiers le dernier mot des choses : Montesquieu du moins le donne comme tel. Pourtant ces hommages, quelquefois passablement importuns, qu'on semblait rendre à sa personne, cette persistance à le distinguer, cette foule si obstinément attachée à sa poursuite, tout cela ne cessait pas de remuer quelque peu dans le secret de son cœur ce fond de vanité et de complaisance pour nous-mêmes que l'expérience de la vie a tant de peine à faire asseoir. Mais un jour il lui arriva de quitter l'habit de Persan et de s'habiller à la française. Il sort : personne ne le regarde. Vous n'avez plus votre habit, vous n'êtes plus qu'un homme comme les autres.

Heureux, trois fois *heureux* les *bonnes gens*, les *gens simples* d'esprit et *simples* de cœur qui, haut ou bas *placés*, s'estiment juste ce qu'ils sont, et savent également faire la part de ce qu'ils tiennent d'eux-mêmes et de ce qu'ils empruntent à la fortune !

120e Dictée.

(*Grammaire*, § 242.)

Même travail que sur la dictée précédente.

L'HONNÊTE CRIMINEL.

I.

Sous le règne de Louis XIV, qui fut si brillant au dehors, il y eut, à divers intervalles, plusieurs famines, et les *pauvres gens* d'alors, qui n'avaient pas, Dieu le sait, les mêmes ressources qu'aujourd'hui, étaient, à chaque reprise du fléau, *accablés* de toutes les misères.

Dans une de ces tristes années, un magistrat du temps, un conseiller au Parlement, comme on disait à cette époque, M. de S***, se promenait, certain soir, dans un endroit écarté, suivi seulement d'un domestique. Un homme l'aborde, un pistolet à la main, et, de je ne sais quel air qui donnait à penser que le vilain métier qu'il faisait là ne lui était pas familier, il lui demande la bourse ou la vie. « Vous tombez mal, mon ami, lui dit le conseiller, je n'ai que trois pistoles*; les voici. » Le brigand prend les trois pistoles sans rien dire et s'en va : « Suis-moi cet homme, dit M. de S*** à son valet, observe-le du mieux que tu pourras et reviens me dire ce que tu auras vu. »

Soit par excès de précaution, soit par tout autre motif, l'homme au pistolet marchait tantôt à petits pas, tantôt précipitamment, cherchant à éviter, à mesure qu'il approchait d'un quartier qui, évidemment, était le sien, *tous* les *gens* de sa connaissance qui se seraient *trouvés* sur sa route.

A la fin, le laquais le vit entrer chez un boulanger où il acheta un gros pain, changeant une des pistoles de M. de S***. A quelques pas de là, il pénétra dans une ruelle, et enjamba quatre à quatre l'escalier vermoulu d'une vieille maison de pauvre apparence. Au cinquième étage, il s'arrêta et poussa une porte.

Le domestique était monté lui-même presque sur ses pas, et, à la clarté de la lune, par la fenêtre sans rideaux, il put voir ce qui se passait dans le misérable appartement. Une femme et trois enfants, affamés sans doute, à belles dents mordaient dans le pain. Le brigand était accoudé à une table boiteuse : « Mangez, mangez, disait-il, et ne me tourmentez plus ; mais je serai pendu et vous en serez la cause. » La femme, à ces paroles, s'était approchée, et doucement, fondant en larmes, elle le consolait.

II.

Le domestique, à pas de loup, comme il était monté, redescendit, et conta l'affaire à son maître. Le lendemain, de grand matin, le conseiller se fit conduire à la maison, et rencontrant deux servantes qui, de chaque côté, ba-

---

* Pièce de monnaie anciennement en usage et d'une valeur de dix francs.

layaient la rue, il demanda à l'une qui était cet homme qui demeurait là-haut, sous les toits : « C'est, monsieur, lui répondit-elle, un cordonnier qui se tient là avec sa femme et ses trois enfants ; *malheureuses gens*, ajouta-t-elle, et pourtant de *vrais gens* de cœur, et bien *réglés*, monsieur, en vérité, mais si *gênés* par le temps qui court ! »

Habitués, pour toutes sortes de raisons, à ne pas se fier aux apparences, les *gens* de justice sont, en général, plus disposés à croire le mal que le bien. M. de S*** ne se jugea pas encore suffisamment informé, et il interrogea l'autre servante, qui lui fit à peu près la même réponse. Alors, il monta les cinq étages et heurta à la porte.

Ce fut le malheureux qui, lui-même, vint ouvrir ; reconnaissant l'homme qu'il avait volé la veille, il se crut perdu : « Monsieur, monsieur, cria-t-il en se jetant à ses pieds, de grâce, ne me faites pas prendre ! » Et la femme se joignait à lui : « Nous sommes *d'honnêtes gens*, monsieur, disait-elle, *poussés* à mal faire par la faim. »

Le conseiller les releva : « Mon ami, dit-il à l'homme, je ne viens pas pour vous perdre ; c'est vous-même qui vous perdrez en continuant d'agir comme vous faites, sans qu'il soit besoin que personne s'en mêle. Tenez, ajouta-t-il en adoucissant la voix, je sais que vous êtes cordonnier ; voilà dix louis que je vous donne ; achetez-vous du cuir, et, si vous m'en croyez, laissez de côté vos pistolets. »

121e Dictée.

(*Grammaire*, § 243.)

Les élèves souligneront, dans cette dictée, les adjectifs qui sont variables ou invariables selon la place qu'ils occupent ; ils expliqueront pourquoi ils les ont écrits avec ou sans accord.

PATIENCE ET LONGUEUR DE TEMPS.

Voici une histoire, mes petits amis, que *feu* ma tante m'a contée naguère ; elle en savait beaucoup et de bien jolies, ma *feue* tante.

Il y a de cela, me disait-elle, une trentaine d'années, j'habitais Versailles comme à présent, et, — mes jambes me le permettaient alors, — j'allais tous les dimanches, sans y manquer, entendre la dernière messe à l'église que tu vois d'ici.

Sans y manquer non plus, à midi et *demi* sonnant, juste au moment de rentrer chez moi, je voyais se poster sur mon passage un grand mendiant encore jeune, qui *nu*-pieds, *nu*-tête, les cheveux au vent, été comme hiver, me criait de sa voix aiguë : « La charité, ma bonne dame, pour l'amour de Dieu. » Deux petits sous, à chaque fois, passaient de ma poche dans sa sébille : c'était une affaire entendue.

Un jour que je levais la main pour payer mon tribut au grand pauvre, voilà que vient à passer, — il me semble encore le voir, — un petit monsieur à perruque poudrée, sec, vif, à qui mon homme adressa, comme il avait fait à moi-même, la formule peu variée d'ailleurs dont il interpellait ses pratiques: « La charité, pour l'amour de Dieu! »

Le petit monsieur s'arrêta, et, après avoir quelque temps considéré fixement le mendiant : « Vous me paraissez, lui dit-il, intelligent et propre au travail : pourquoi ne gagnez-vous pas votre vie? tenez, en un mot comme en cent, je n'aime pas, moi, les *demi*-propos ni les *demi*-mesures : voulez-vous vous faire dix mille francs de rente? » Le mendiant se mit à rire, et moi aussi, je l'avoue. « Riez tant que vous voudrez, reprit le petit homme, mais suivez mes conseils et vous verrez. Moi qui vous parle, au métier près, j'ai été comme vous êtes ; mais je n'ai pas mendié mon pain. Avec un mauvais panier, je me suis fait une hotte, et j'allais dans les villes et dans les villages demander, non pas des aumônes, mais de vieilles loques et de vieux chiffons. On m'en donnait pour rien, qui une livre et *demie*, qui une *demi*-livre ; tout cela faisait nombre, et je les revendais, argent comptant, à des fabricants de papier. J'ai aujourd'hui, mon cher monsieur, la *nue*-propriété, entendez-vous? d'une manufacture de papiers peints que j'ai cédée, l'année dernière, à monsieur mon fils, lequel va pouvoir y gagner, comme a fait votre serviteur, bon an mal an, vingt mille écus. »

Et le petit homme, après avoir appuyé sur chaque syllabe de ces derniers mots, nous tira gravement son chapeau et tourna les talons. Le mendiant, ébahi, le regarda aller.

Dix ans plus tard, me trouvant, je ne sais comment, dans une grande ville de l'étranger, où je ne connaissais personne, j'entrai chez un libraire français pour y acheter quelques livres. Un grand et gros monsieur se promenait dans le magasin, donnant des ordres à cinq ou six commis. Nous nous regardâmes quelque temps l'un l'autre comme des gens qui, sans pouvoir se reconnaître, avaient cependant souvenir de s'être vus quelque part. Tout à coup le monsieur s'écria : « Vous rappelez-vous, madame, qu'il y a dix ans, à Versailles, vous alliez tous les dimanches à la messe de midi, et qu'un pauvre.... — Quoi, c'est vous ? lui dis-je. — C'est vraiment moi, me répondit-il ; vous le voyez : le petit monsieur avait raison ; il m'a donné dix mille francs de rente .* »

122e Dictée.

(*Grammaire*, § 244 à 246.)

Les élèves souligneront, dans cette dictée, les articles définis, les pronoms personnels et le mot *en* toutes les fois que ces divers mots sont employés pour tenir lieu d'un adjectif possessif.

UN SERVITEUR INCOMMODE.

Laissez-moi vous conter une légende du bon vieux temps.

Dans une ville de Hollande habitait un vieil astrologue qui, [après s'être usé *les* yeux sur les livres], pendant de longues, de bien longues années, avait fini par devenir tellement savant que les esprits terrestres lui étaient sou-

* Imité d'A. V. Arnault, *Souvenirs d'un sexagénaire.*

mis. A faire de nombreuses expériences pour transformer en métaux précieux les plus viles substances, [il avait perdu tout son patrimoine]. Mais sa science profonde l'avait amplement dédommagé. Il n'avait qu'à vouloir, et chaque objet inanimé devenait aussitôt pour lui un serviteur empressé; tous les meubles de son domicile étaient ainsi transformés, qui en palefrenier pour étriller son cheval, qui en cuisinier pour soigner sa soupe, qui en courrier pour porter ses dépêches ou pour faire ses commissions. [Ils avaient chacun leurs attributions] et leur ministère propre; un mot les mettait en fonctions, un autre mot faisait cesser leur office.

Un jour, le vieillard quitte son logis en laissant à son unique élève l'ordre de laver la maison pendant son absence. Or, l'élève a entendu le mot magique dont le maître se sert, et il *en* connaît la puissance. Charmé de pouvoir à son tour mettre le monde surnaturel au service de sa paresse, il s'adresse à un bâton et lui ordonne d'aller sur-le-champ puiser de l'eau à la rivière. Le bâton, gambadant comme une chèvre sur un rocher, se met en route, et revient bientôt, ayant, à chacune de ses extrémités, un seau rempli d'eau. Il verse les seaux et retourne. Au premier, au second, au troisième voyage, l'élève est enchanté. Mais le bâton va toujours, la salle est inondée, la maison va l'être : le pauvre garçon a par malheur oublié l'autre mot magique, celui qui peut arrêter ce zèle redoutable. Alors sa confiance l'abandonne, la tête *lui* manque, la peur le prend; de rage, il brise le bâton. Et voilà que, [chacun de son côté, les deux morceaux] vont à la rivière; au lieu de deux seaux à la fois, il en arrive quatre. L'élève est désespéré.

Heureusement, le maître revient; il prononce le mot : tout s'arrête.

Vous avez, je pense, mes amis, compris le sens de cette légende *. Elle vous fait voir ce que c'est que le demi-sa-

* Nous l'empruntons, pour le fond et pour une partie des détails, à

voir, [elle vous *en* montre le danger]. [La science a sa mesure comme toute chose en ce monde, [et c'est d'après cette mesure que nous pouvons juger la valeur de ses résultats]. Elle ne doit point être une force aveugle qui agit sans règle et sans frein. Elle pousse et elle retient, elle excite et elle modère, ayant pour diriger sa marche et modérer son allure les éternels principes de la sagesse et du bon sens.

Le maître pourra, après la dictée, faire les questions suivantes :

1° Pourquoi dans ce membre de phrase : *après s'être usé* LES *yeux*, a-t-on employé l'article pour tenir lieu de possessif, tandis que dans cet autre membre de phrase : *il avait perdu tout* SON *patrimoine*, on a employé le possessif?

2° Pourquoi a-t-on écrit : *ils avaient* CHACUN LEURS *attributions*, et plus bas : CHACUN *de* SON *côté*, *les deux morceaux?* Expliquez l'emploi du pronom *leurs* dans le premier cas, du pronom *son* dans le second.

3° Au lieu de cette phrase : *elle vous* EN *montre le danger*, aurait-on pu mettre : *elle vous montre* SON *danger?*

4° Dans cette phrase : *La science a* SA *mesure*, expliquez l'emploi du pronom *sa*.

5° Expliquez de même l'emploi du pronom SES dans la phrase : *C'est d'après cette mesure que nous pouvons juger la valeur de* SES *résultats*.

---

un discours prononcé en 1866 par M. DURUY, ministre de l'instruction publique, à la distribution des prix de l'Association philotechnique.

123e Dictée.

(*Grammaire*, § 247.)

Les élèves transcriront les membres de phrase où se trouve l'adjectif indéfini *quelque*, *quel que*, ou l'adverbe *quelque*, et ils expliqueront pour quelle raison ils ont employé l'adjectif ou l'adverbe.

LA CASSETTE MAGIQUE.

Puisque nous sommes sur les légendes, en voici encore une qui a bien son prix, *quelque* vieille qu'elle soit : écoutez-la :

Une jeune fermière, intelligente et de bonne volonté, mais la tête un peu à l'évent, et la langue trop bien pendue, s'apercevait, à chaque fin de mois, que de jour en jour ses dépenses croissaient dans une proportion bien supérieure à celle de ses bénéfices. Elle finit par se persuader, — on aime toujours mieux attribuer à autrui qu'à soi-même la cause du mal qui vous arrive, — elle finit, dis-je, par se persuader que *quelque* esprit malin devait se faire un méchant plaisir de mettre du trouble dans ses affaires. Dans cette pensée, elle alla trouver un vieux solitaire, qui, depuis cinquante ans, vivait dans un hermitage et jouissait par tout le pays d'une grande réputation de sagesse. « Mon père, lui dit-elle, ma maison ne va pas bien, et je crois que l'enfer s'en mêle. *Quelques* précautions que je prenne, *quelle que* soit mon exactitude à noter sur mes registres ce que je reçois et ce que je paye, *quelques* continuels efforts que nous fassions, mon mari et moi, pour avoir à chaque échéance plus à recevoir qu'à payer, mes prévisions sont toujours trompées et mes comptes ne sont jamais justes. » Le solitaire connaissait sa cliente ; plus d'une fois, dans ses tournées, il l'avait rencontrée, faisant avec les commères du bourg un de ces brins de causette qui ne durent pas moins de deux ou trois heures. Sans lui répondre, il sortit et revint une minute après apportant une petite cassette bien fermée. « Prenez, lui dit-il, cette cassette, et *quelque* temps qu'il fasse, *quelque* compagnie que vous ayez à la maison, portez-la chaque matin, chaque soir, trois fois le jour, trois fois la nuit, pendant un an, de la cave au grenier, du grenier à l'écurie, de l'écurie à l'étable; je vous promets que vos affaires en iront mieux. »

La fermière suivit le conseil du solitaire. Dès le lendemain, portant sa cassette à la cave, elle surprit le valet qui dérobait une cruche de cidre, — ceci se passait en pays normand ; — à la cuisine, elle trouva de nuit les servantes qui faisaient bombance aux dépens de son garde-manger ; aux étables, elle vit que les vaches manquaient de litière ; aux écuries, que les chevaux manquaient d'avoine. Le valet fut réprimandé, les servantes furent renvoyées, les bêtes eurent le nécessaire. Chaque fin de mois se ressentit de cette influence de la cassette, et peu à peu la fermière se dit que le solitaire ne l'avait point trompée, et qu'en somme, *quelque* méchantes que pussent être les puissances invisibles qu'elle croyait conjurées contre elle, il n'était si mauvais vouloir qui résistât à son talisman. Mais l'année s'écoula bientôt, et le moment approchait où il allait falloir le rendre. Elle retourna chez le solitaire : « Mon père, lui dit-elle, je vous rapporte cette cassette qui a fait merveille chez nous ; ne vous serait-il pas possible de me la laisser encore un an ? « Le solitaire se mit à sourire : » La cassette n'y est pour rien, lui dit-il, mais continuez, comme vous avez fait, de surveiller votre maison, c'est là l'essentiel et cela suffit *. »

124e Dictée.

(*Grammaire*, § 247.)

Même travail que sur la dictée précédente.

LA TIMIDITÉ.

Assurément, mes chers enfants, il n'y a pas, à votre âge, de défaut plus choquant que cet aplomb imperturba-

* Voir l'*Encyclopédie morale* de M. Emile Lourens, article *Vigilance*.

ble dont certaines gens de ma connaissance ne sont pas absolument exempts, et qui fait que, *quels* que soient le mérite, l'âge et la position des personnes auxquelles ils ont affaire, ils n'ont pas même l'idée de leur témoigner les moindres égards ni la moindre déférence. Assurément, je préfère de beaucoup à une pareille outrecuidance tous les inconvénients de la timidité, *quelque* fâcheux qu'ils puissent être. Mais la timidité n'en est pas moins un défaut, un défaut qui tient à une erreur de jugement, à une fausse opinion qu'on a de soi-même. *Quelques* qualités qu'on ait, il ne faut pas s'en croire plus qu'on n'en a, mais il ne faut pas non plus, *quelques* légitimes désirs qu'on puisse avoir, de ne pas s'élever plus qu'il ne convient, aller jusqu'à méconnaître en soi ce qui s'y trouve véritablement. Commençons par n'avoir pas mauvaise opinion des autres, puis, si nous avons le cœur ferme et l'esprit juste, tâchons de nous mesurer nous aussi, comme on disait autrefois, à la même aune.

Autrement, en effet, nous nous ferions tort. Comment voulez-vous que les gens, *quelle* que soit à notre égard leur complaisance, et de *quelques* bonnes intentions dont vous les supposiez pourvus, puissent trouver le moyen d'exercer efficacement cette complaisance et de donner suite à ces intentions, si vous restez devant eux muets, paralysés, et, passez-moi le mot, stupides. Je me souviens à ce sujet d'une anecdote que j'ai ouï conter sur l'empereur Napoléon Ier, lequel, par parenthèse, ne se gênait pas pour dire, avec plus de vérité peut-être que de bienveillance, que l'hésitation dans une réponse est la preuve d'un esprit faux et faible, c'est-à-dire d'un manque d'esprit. Un jour il se trouvait à Ecouen, dans la maison qu'il avait fondée pour l'éducation des demoiselles de la Légion d'honneur, et il interrogeait les élèves. Mais toutes les questions qu'il faisait, *quelque* peine qu'il se donnât pour les rendre faciles, demeuraient invariablement sans réponse. Les petites filles rougissaient, pâlissaient, balbutiaient et ne soufflaient mot. A la fin, il en trouve une qui était occupée à un travail d'aiguille, et, impatienté, il lui dit : « Mademoiselle, combien faut-il d'aiguillées de fil pour ourler un mouchoir ? — Sire, répond l'enfant, cela dépend de la grandeur du mouchoir et de la longueur des aiguillées de fil. — A la bonne heure ! » dit l'Empereur en riant. Et il prit le nom de l'élève, et on dit que plus tard il la maria et la dota richement.

125e Dictée.

(*Grammaire*, § 248.)

Les élèves souligneront, dans cette dictée, le mot *tout* à chaque fois qu'ils le rencontreront, et ils expliqueront pourquoi ils ont suivi, en l'écrivant, telle ou telle orthographe.

L'EMPLOI DU TEMPS.

LE PÈRE. — Que fais-tu là, Alfred ?

ALFRED. — Moi ? papa, j'attends qu'il soit trois heures.

LE PÈRE. — Sans impatience, à ce qu'il paraît ; car voilà *toute* une grande demi-heure que je te vois sans rien faire. Et pourquoi attends-tu qu'il soit trois heures ?

ALFRED. — Parce que mon professeur doit venir à trois heures un quart.

LE PÈRE. — Très-bien ! tu attends présentement qu'il soit trois heures, et à trois heures tu attendras qu'il soit trois heures un quart.

ALFRED. — Que voulez-vous, cher papa, que je fasse d'un quart d'heure ?

LE PÈRE. — Un quart d'heure ! mais, mon cher ami, c'est parfois toute une éternité. Quand la femme de Barbe-Bleue, dans le conte que nous avons lu ensemble, obtient un petit quart d'heure pour faire sa prière, cela donne à ses frères le temps d'arriver, de la délivrer de son tyran et de lui sauver la vie. Un quart d'heure ! mais la vie *tout* entière n'est faite que d'un certain nombre de quarts d'heure. Si un homme riche me disait : « Que voulez-vous que je fasse de quelques centimes ? » *tout* riche qu'il pût être, je n'hésiterais pas à prophétiser : Cet homme-là, dirais-je, tôt ou tard sera ruiné. Je connais un sage qui a écrit : « Ayez soin des petits sous, car les louis se défendront *tout* seuls. » De même je te dirai : Aie soin des quarts d'heure, car il y aura toujours de l'occupation pour les journées.

ALFRED. — Mais, papa, on ne peut pas toujours travailler.

LE PÈRE. — Qui te parle de travailler toujours ? Que faisais-tu, *tout* à l'heure ? Travaillais-tu, jouais-tu, ou attendais-tu, comme tu m'as dit, que le temps fût passé ? Il vaut mieux, entends-tu bien ? jouer au bouchon ou au palet avec des sous ; il vaut mieux, à la rigueur, en faire des ricochets sur la rivière, à la condition qu'à cela comme à *toute* autre occupation, je puisse te voir, comme je t'ai souvent vu, *tout* yeux et *tout* oreilles, *tout* feu et *tout* flamme, que de les laisser tomber niaisement de sa poche percée.

Et encore, vois-tu, l'argent que tu perds ainsi peut être trouvé par quelqu'un qui en profite. Mais le temps que tu perds, c'est *tout* autre chose, c'est, comme on dit en affaires, une perte sèche qui ne saurait profiter ni à toi ni à personne. Joue, si tu veux, promène-toi, amuse-toi, mais n'attends jamais que le temps passe. Si l'on venait te dire : « La nature vous avait destiné à vivre cinquante ans (ce qui dépasse beaucoup la proportion ordinaire), vous me feriez plaisir si vous vouliez bien mourir à quarante ; » tu trouverais assurément la proposition indiscrète et ridicule. Eh bien ! remarque que les heures du sommeil, — je n'en mets que huit sur vingt-quatre, pour ne pas exagérer, — te font perdre un tiers de cette durée, à peu près seize ans sur cinquante. Ajoute maintenant, sur les seize heures qui te restent par jour, deux heures au moins perdues, *toutes* rares, *tout* inestimables qu'elles soient, à attendre... qu'il soit trois heures, c'est encore un huitième de ton temps dont tu te prives, plus de quatre ans, si tu comptes bien. Ta vie de cinquante années se trouvera donc réduite à une trentaine, au maximum. Crois-tu que cela ne vaille pas la peine d'y penser *?

126e Dictée.

(*Grammaire*, § 249 à 252.)

Les élèves transcriront les pronoms personnels donnés dans cette dictée, et ils en indiqueront la personne, le genre et le nombre.

CONSEILS.

Il est des situations, mon ami, dont *il* faut savoir accepter, coûte que coûte, toutes les conséquences, quand on n'a pas eu assez de prudence pour les prévoir, ni assez de force pour les conjurer. Qui m'eût dit que *vous*, si réservé d'ordinaire, si bienveillant et si doux, *vous vous* fussiez laissé entraîner jusqu'à insulter gratuitement un homme que ses cheveux blancs rendaient au moins digne de vos égards? Et maintenant : « Tant pis! dites-*vous*. *Moi* aussi, *je* dis : « Tant pis! » mais tant pis pour *vous*-même, mon cher ami, pour *vous*, qui ne voyez pas que le meilleur moyen de diminuer les torts qu'on a, c'est de les reconnaître et de les avouer ; pour *vous*, qui reculez devant une démarche difficile, *j*'en conviens, mais nécessaire ; pour *vous*, qui faites la sourde oreille à la voix de votre conscience, dont mes reproches ne sont que l'écho. Croyez-*moi*, mon cher ami, laissez là toute mauvaise défaite, et prenez le seul parti qui vous convienne : allez trouver ce vieillard, et dites-lui : « Mes amis et *moi*, *nous* vous avons offensé, mais en leur nom et au mien, *je* vous offre tous nos regrets. Voici l'homme qui *vous* a outragé plus que tous les autres ; *il* vient à vous de lui-même, reconnaissant qu'*il* a été coupable ; *il vous* honore et *vous*

---

* Imité d'Alphonse Karr.

estime ; *il* veut redevenir votre ami ! » — « *Moi !* m'abaisser jusque-là ? Jamais ! » —Voilà bien l'homme : *il* a eu tort, *il* le sait, et *il* en souffre, car *il se* sent, par suite du mal qu'*il* a fait, descendu au-dessous de lui-même, et, malgré cela, affectant de ne pas voir cette humiliation là où elle est, *il la* trouve où *elle* n'est pas. *Vous* avez beau tourner ses regards sur son propre cœur ; *vous* avez beau *lui* faire toucher du doigt son mal, l'amour-propre *l*'aveugle et *l*'endurcit. Eh bien, mon cher ami, que d'autres, s'*ils le* veulent, *vous* tiennent un langage plus commode : *nous*, l'ami de votre maison, le confident sincère et dévoué de votre père et de votre mère, le guide de vos premières années, *nous* n'hésitons pas à *vous* dire que c'est, ni plus ni moins, une véritable lâcheté d'agir comme *vous* faites.

127ᵉ Dictée.

(*Grammaire*, § 253.)

Les élèves souligneront les diverses formes du pronom *le* employées dans cette dictée, et expliqueront pourquoi dans tel cas ce pronom est variable et invariable dans tel autre.

SAVOIR ET SIMPLICITÉ.

J'en connais plus d'un parmi vous dont la modestie n'est pas la première vertu ; j'en connais d'autres, qui par contre me paraissent manquer quelquefois de confiance en eux-mêmes ; voici une petite histoire qui peut convenir aux uns et aux autres, écoutez-*la*.

Drouot, celui qui devint plus tard le général Drouot, était né à Nancy, de parents très-pauvres. Il se destinait à la prêtrise, quand la Révolution vint le faire changer d'avis.

Ayant lu, un jour, sur une affiche, qu'un examen pour entrer dans l'artillerie allait avoir lieu à Metz, il obtint de son père qu'on *le* laissât se présenter. On lui donna six francs pour son voyage. Il partit à pied, et arrivé à Metz, il alla tout droit dans la salle où se tenaient les examens et s'avança vers l'examinateur. Les jeunes gens présents dans la salle *l*'accueillirent avec un immense éclat de rire. Il faut dire qu'il était petit, maigre, chétif, qu'il se présentait tout poudreux encore de la route, un bâton à la main et chaussé de gros souliers.

Drouot, un peu interdit, s'arrêta. L'examinateur lui dit avec bonté : « Vous vous trompez sans doute, mon ami ; ce n'est point ici un lieu public, c'est une salle où on passe des examens. — Je *le* sais, monsieur, répondit Drouot. — Que demandez-vous alors ? — Je voudrais subir l'examen, monsieur. » Un nouvel éclat de rire retentit dans toute la salle. « — Mais, reprit l'examinateur, vous savez que c'est un examen pour l'artillerie ; les matières exigées par le programme sont très-difficiles ; *les* connaissez-vous ? — Monsieur, je *les* ai étudiées. — Eh bien ! mon ami, asseyez-vous, et, lorsque votre tour viendra, je vous appellerai. »

Drouot alla s'asseoir dans un coin, poursuivi par les rires moqueurs des autres jeunes gens. Toutefois, en écoutant, raconte-t-il lui-même, les questions de l'examinateur, et les réponses qui lui étaient faites, le courage lui revenait, et il se disait à lui-même : « Des questions comme celles-là, je *les* résoudrai aussi bien qu'eux. »

Enfin son tour arriva, et la salle qui s'était dégarnie fut bientôt pleine de curieux qui venaient assister à l'examen du petit paysan. Au bout de quelques minutes, l'examinateur arrêta le candidat, et, *le* regardant avec étonnement : « Où avez-vous suivi votre cours de mathématiques, lui demanda-t-il. — « J'ai presque toujours travaillé seul, monsieur, répondit Drouot, et si, comme je *le* crois, il ne vous est point interdit de m'interroger sur les matières qui ne font pas partie du programme, j'espère que je serai en mesure de vous répondre. »

L'examen dura deux heures. Lorsqu'il fut terminé, *l*'examinateur s'approcha de Drouot, *l*'embrassa et lui dit : « Recevez mon compliment ; dès aujourd'hui vous pouvez vous considérer comme faisant partie de l'artillerie. » Et se tournant vers l'auditoire : « Messieurs les rieurs, ajouta-t-il, êtes-vous satisfaits? » Messieurs les rieurs *le* furent si bien que ce même jeune homme qu'ils avaient le matin accueilli avec des huées, ils *l*'entourèrent malgré lui et *le* portèrent en triomphe dans les rues de Metz : noble et touchant hommage rendu par des rivaux sans envie et sans rancune au savoir modeste et au succès légitime.

128e Dictée.

(*Grammaire*, § 254 à 256.)

Les élèves transcriront les pronoms relatifs donnés dans cette dictée, et en indiqueront le nombre, le genre, la personne et l'antécédent.

LA CURIOSITÉ.

La curiosité est à la fois un défaut et une qualité, une qualité *qui* nous rend de grands services et un défaut *auquel* nous devons parfois d'être considérés à juste titre comme ennuyeux et insupportables. C'est quelque chose comme ces langues *dont* Esope, pour jouer un bon tour à son maître, avait fait deux jours de suite l'acquisition sur le marché, d'abord comme étant tout ce *qu*'il y a de meilleur, et ensuite comme étant également tout ce *qu*'il y a de pire. Aussi les moralistes, chacun à leur point de vue, ont-ils défendu tour à tour et attaqué la curiosité. Les oreilles d'un curieux, dit Plutarque, sont comme des ventouses, *qui* attirent tout ce *qu*'il y a de mauvais. Et Fénelon, d'autre part, remarque que la curiosité, et c'est en particulier celle des enfants *qu*'il a en vue, « est un penchant de la nature *qui* va comme au-devant de l'instruction, » et il recommande d'en profiter. Et, en effet, mes chers enfants, nous *qui* sommes chargés de vous élever et de vous instruire, nous ne sommes jamais plus contents que quand vous venez nous dire : QU'est-ce que ceci ou QU'est-ce que cela? S'intéresser aux choses *qu*'on a sous les yeux, c'est déjà, en effet, les connaître presque. N'hésitez donc jamais à interroger vos maîtres, à devancer les questions *qu'*ils pourraient eux-mêmes vous faire, chaque fois que l'occasion se présente. Ce *qu'*ils sauront, ils vous le diront, en mesurant, autant que possible, leurs réponses à l'étendue de votre esprit et au degré de vos connaissances. Ce *qu'*ils ne sauront pas, et *qui* peut se flatter de tout savoir? ils tâcheront, avec vous et pour vous, de l'étudier et de l'apprendre. Seulement, comme toutes choses, la curiosité doit avoir ses bornes, et votre désir de savoir, si légitime qu'il soit, doit se garder d'aller jamais jusqu'à l'importunité et à l'indiscrétion. Il faut savoir choisir ses heures pour questionner et prendre garde de lasser les gens; il faut surtout, et c'est là le grand point, avoir le respect des secrets d'autrui. N'imitez donc pas, par exemple, cet excellent la Condamine, *dont* on vous a sans doute déjà parlé, et qui fut, au dix-huitième siècle, un homme de grande science et de grand mérite, mais chez *lequel* la passion de tout voir et de tout savoir était devenue, comme on le lui disait de son temps, une véritable manie. Notez que questionneur à l'excès, il était sourd à ne rien entendre, et que toutes les fois qu'il rencontrait quelqu'un, *qui* lui paraissait en mesure de le renseigner sur telle ou telle chose, il ne lâchait son homme qu'après qu'on lui avait crié dans son cornet acoustique ce *qu'*il lui convenait de connaître; on l'avait surnommé le syndic des insupportables. Un jour, placé derrière une dame, *qui* écrivait une lettre, il regardait par-dessus son dos ce *qu'*elle écrivait. La dame s'en aperçoit, et, sans rien dire, elle écrit : « Je vous manderais bien d'autres choses, si M. de la Condamine n'était derrière moi, lisant ce *que* je vous écris. » — « Ah, madame, s'écrie, comme malgré lui, la Condamine, continuant à lire, madame, le pouvez-vous croire?... » Et il s'arrête tout ébahi, s'apercevant, un peu trop tard, de son inconvenance et de sa sottise.

129e Dictée.

(*Grammaire*, § 257 et 258.)

Les élèves transcriront, dans cette dictée, tous les pronoms autres que les pronoms personnels et les pronoms relatifs, et ils en indiqueront la personne, le genre et le nombre.

L'HEUREUX STRATAGÈME.

On a dit souvent, et à trop juste titre, que notre pays est le pays de la mode; on peut bien dire aussi que, par un malheureux contraste, il est également le pays de la routine. Qu'une nouveauté utile apparaisse, elle a ordinairement le privilége de faire lever sur son passage toute une volée de ces gens qui, impuissants à comprendre *ce* qui est vraiment bon ou vraiment beau, ne savent que le blâmer ou le tourner en ridicule. Voilà Parmentier, par exemple, qui apporte du Pérou ce précieux tubercule qu'*on* a depuis appelé le pain du pauvre, la pomme de terre. La pomme de terre est une nouveauté; *que* nous fait la pomme de terre? Et *on* se moque de Parmentier. Heureusement Parmentier est une âme supérieure que les injures de *celui-ci* ou les sarcasmes de *celui-là* ne déconcertent ni n'arrêtent. Un beau jour, les habitants des plaines de Grenelle voient, à leur grand étonnement, un carré de terrain entouré d'un piquet de gardes françaises placés là, l'arme au bras, pour en écarter les voleurs. Quel est ce champ si bien surveillé? *C'*est *celui* même où Parmentier a semé sa plante. Le roi lui a donné ses propres gardes : il faut donc, *cela* est certain, que la chose soit de conséquence. Et les voleurs affluent. *C'*était tout justement *ce* qu'avait voulu le propriétaire. Les gardes françaises, à qui *on* a donné le mot, ferment les yeux sur leur consigne. La plante était mûre; *chacun* en prend un peu, *qui* pour en goûter, *qui* pour l'ensemencer à son tour. Quelques années plus tard, la France se trouvait dotée comme malgré elle de ce comestible précieux dont aujourd'hui elle consomme par an des millions de kilogrammes.

C'est par un moyen analogue qu'un peu auparavant, dans un pays d'ailleurs bien moins sensible que le nôtre aux attaques du ridicule, l'illustre Franklin fit connaître à ses compatriotes des États-Unis l'emploi d'un engrais aujourd'hui bien répandu, et dont on contestait alors les heureux effets, le plâtre. Franklin n'imagina *rien* de mieux que d'écrire avec du plâtre, sur un champ de trèfle que *l'on* pouvait aisément approcher: « *Ceci* a été plâtré. » *On* rit de l'idée. *Quelques-uns* sans doute ne manquèrent pas de plaisanter, comment *on* aurait fait en France, *personne* d'ailleurs ne comprenant l'intention et ne se doutant de *ce* qui allait arriver. Or, la pluie eut bien vite effacé l'inscription, et l'*on* ne lut bientôt plus *rien* sur ce champ si étrangement préparé. Mais lentement, sûrement, la nature fit son œuvre; le trèfle poussa, et petit à petit *chacune* des lettres réapparut nettement tracée aux yeux des spectateurs étonnés, la plante ayant poussé bien plus drue et bien plus haute à tous les endroits si ingénieusement plâtrés par Franklin. *On* cessa de rire alors, *on* examina, *on* lut et l'*on* relut. Et l'*on* put se convaincre enfin qu'en agriculture comme en toute autre chose, plaisanterie ne vaut pas raison *.

130e Dictée.

(*Grammaire*, § 259 à 267.)

Les élèves souligneront les verbes donnés dans cette dictée à tout autre temps qu'à l'infinitif et le mot qui leur sert de sujet; ils transcriront les verbes donnés à l'infinitif et en indiqueront également le sujet.

LA VRAIE NOBLESSE.

Molière, dans une de ses pièces les plus connues, *fait* PARLER ainsi un grand seigneur *irrité*, à juste titre, contre son fils :

---

* Nous empruntons le fond de cette dictée à deux pages des *Lectures ou dictées* de M. LELION-DAMIENS.

« Je *vois* bien, dit le père, que je vous *embarrasse*, et que vous vous *passeriez* fort aisément de ma venue. A dire vrai, nous nous *incommodons* étrangement l'un et l'autre ; et, si vous *êtes* las de me VOIR, je *suis* bien las aussi de vos déportements. Hélas ! que nous *savons* peu ce que nous *faisons* quand nous ne *laissons* pas au ciel le soin des choses qu'il nous *faut*, quand nous *voulons* ÊTRE plus avisés que lui et que nous *venons* à l'IMPORTUNER par nos souhaits aveugles et nos demandes inconsidérées ! J'ai *souhaité* un fils avec des ardeurs non pareilles ; je l'ai *demandé* sans relâche avec des transports incroyables ; et ce fils que j'*obtins* en *fatiguant* le ciel de vœux, *est* le chagrin et le supplice de cette vie même dont je *croyais* qu'il *devait* ÊTRE la joie et la consolation. De quel œil, à votre avis, *pensez*-vous que je *puisse* VOIR cet amas d'actions indignes dont on *a* peine, aux yeux du monde, d'ADOUCIR le mauvais visage ; cette suite continuelle de méchantes affaires qui nous *réduisent* à toute heure à LASSER les bontés du souverain, et qui ont *épuisé* auprès de lui le mérite de mes services et le crédit de mes amis? Ah ! quelle bassesse *est* la vôtre ! Ne *rougissez*-vous point de MÉRITER si peu votre naissance ? *Êtes*-vous en droit, *dites*-moi, d'en TIRER quelque vanité ? et qu'avez-vous *fait* dans le monde pour ÊTRE gentilhomme ? *Croyez*-vous qu'il *suffise* d'en PORTER le nom et les armes, et que ce nous soit une gloire d'ÊTRE SORTIS d'un sang noble, lorsque nous *vivons* en infâmes ? Non, non, la naissance n'*est* rien où la vertu n'*est* pas. Ainsi nous n'*avons* part à la gloire de nos ancêtres qu'autant que nous nous *efforçons* de leur RESSEMBLER, et cet éclat de leurs actions, qu'ils *répandent* sur nous, nous *impose* un engagement de leur FAIRE le même honneur, de SUIVRE les pas qu'ils nous *tracent*, et de ne point DÉGÉNÉRER de leur vertu, si nous *voulons* ÊTRE ESTIMÉS leurs véritables descendants. Ainsi vous *descendez* en vain des aïeux dont vous *êtes né* ; ils vous *désavouent* pour leur sang ; au contraire, l'éclat ne *rejaillit* sur vous qu'à votre déshonneur, et leur gloire *est* un flambeau qui *éclaire* aux yeux d'un chacun la honte de vos actions. *Apprenez* enfin qu'un gentilhomme qui *vit* mal *est* un monstre dans la nature ; que la vertu *est* le premier titre de noblesse ; que je *regarde* bien moins au nom qu'on *signe* qu'aux actions qu'on *fait*, et que je *ferais* plus d'état du fils d'un crocheteur qui *serait* honnête homme, que du fils d'un monarque qui *vivrait* comme vous *.

131e Dictée.

(*Grammaire*, § 225 à 267. — Récapitulation.)

Les élèves transcriront, dans cette dictée, tous les mots qui sont soumis à la syntaxe d'accord, et les analyseront en disant avec quels mots ils s'accordent.

MONSIEUR SCRUPULE.

Un jour, deux fermières de mon pays, qui n'est probablement pas bien loin du vôtre, s'étaient entendues, chose assez rare, pour mettre en commun le lait de leurs chèvres, et en faire ensuite un fromage. Quand le fromage fut fait, il s'agit de le partager, selon les règles de la stricte justice, en deux moitiés bien égales. Comme les deux dames, pour quelques bonnes raisons peut-être, n'étaient pas l'une pour l'autre portées de la plus grande confiance, elles s'adressèrent à M. Scrupule, une autorité du canton. M. Scrupule, prenant le fromage, commença par le goûter : « Délicat fumet ! dit-il ; vous êtes, mesdames, d'excellentes faiseuses. Ça, procédons ! » Alors, les manches retroussées, coupant le fromage par le milieu, il posa chaque morceau dans les deux plateaux d'une balance. Par malheur, sans doute, il se trouva que le morceau de droite l'emportait sur celui de gauche. « Retranchons, » dit M. Scrupule. Le morceau retranché, qu'en fit, à votre avis, M. Scrupule ? Il l'avala. Alors, regardant le fléau :

---

* Molière, *Don Juan*, acte IV, scène VI.

« Quoique j'aie bien mesuré, dit-il, c'est maintenant le morceau de gauche qui l'emporte sur celui de droite. » Il voulait de nouveau retrancher sur le morceau de gauche; les deux femmes l'arrêtèrent : « C'est assez, monsieur, bien grand merci! de cette façon nous sommes contentes. » — Si vous êtes contentes, dit M. Scrupule, ma conscience, à moi, ne l'est pas. Puisque vous m'avez choisi pour juge, je dois aller, entendez-vous bien, jusqu'au bout de mon opération. » Lorsque l'opération fut terminée, de l'excellent fromage il ne restait plus que deux cornes. M. Scrupule les réclama pour ses honoraires.

132e Dictée.

(*Grammaire*, § 227 à 267. — Récapitulation.)

Même travail que sur la dictée précédente.

L'HONNÊTETÉ.

Le jour même que Mme Dumont arriva dans le village, on la conduisit chez une pauvre femme que l'on nommait la mère Gervaise, et qu'on lui indiqua comme pouvant entrer à son service. « Vous ne trouverez, lui dit-on, personne de plus honnête que cette femme, et rien au monde ne saurait la détourner de son devoir. Pour l'éprouver, Mme Dumont, en causant avec la Gervaise, prit comme par mégarde un mouchoir qui se trouvait sur la table, et mit le sien à la place. Puis elle s'en alla, sans conclure avec elle. Mme Dumont avait à peine fait cent pas; déjà la Gervaise la rejoignait : « Madame, lui dit-elle, voici votre mouchoir que je vous rapporte. » Mme Dumont tira celui qu'elle avait dans sa poche : « Voici le mien, répondit-elle, et celui-là est à vous. — Non pas, madame, reprit la Gervaise, celui-ci est à moi, et l'autre, j'en suis bien sûre, est le vôtre. A chacun le sien, voyez-vous, et convoiter le bien d'autrui, c'est jouer à qui perd gagne. Vous pouvez le demander à tout le village : a-t-on jamais rien vu de si beau que ça chez nous? On est bien assez heureuse de pouvoir gagner, avec bien du mal, sa pauvre vie, et on n'a guère l'idée de s'acheter des mouchoirs en fine toile, quand on n'a pas toujours assez de pain à la maison. Reprenez votre bien, et rendez-nous, s'il vous plaît, le nôtre, madame. — C'est bien, dit Mme Dumont, je sais maintenant ce que je voulais savoir. Je vois que vous êtes la personne qu'il me faut. » Et, le lendemain, la Gervaise entrait au service de Mme Dumont.

133e Dictée.

(*Grammaire*, § 227 à 267. — Récapitulation.)

Même travail que sur les dictées précédentes.

LE DOIGT MYSTÉRIEUX.

C'est se tromper que de croire que nous devions nous faire un mérite de toutes nos bonnes actions : c'est de notre intention seule que dépend leur valeur. Les Orientaux content à ce sujet l'histoire d'un jeune prince qui, un soir, écrivait complaisamment sur ses tablettes ce qu'il avait fait, suivant lui, de bien dans sa journée. Quand la page fut remplie, un doigt invisible effaça tout, sauf une seule ligne. Furieux, le prince se retourne, et une voix lui parle ainsi : « Celui qui voit tout, qui entend tout, qui sait tout, ne saurait accepter ton compte. C'est l'ambition et l'orgueil qui t'ont poussé à faire ces aumônes que tu attribues à ta générosité ; ce sont les circonstances, l'occasion, le caprice qui t'ont dicté ces mesures que tu attribues à ton bon sens et à ta raison. Celui-ci, qui te doit la vie, celui-là, à qui tu as rendu une portion de sa fortune, t'auraient peut-être beaucoup moins béni, s'ils avaient su, comme moi, que tu n'avais pas la tête bien saine, quand tu signais leur sentence. Je ne vois guère à compter au bénéfice de ta vertu que cette bourse donnée, sans que personne le vît, à cette pauvre veuve que tu ne connaissais pas : c'est la seule ligne que j'ai laissée. » Le prince ne répondit rien : la voix parlait comme sa conscience.

134ᵉ Dictée.

(*Grammaire*, § 227 à 267. — Récapitulation.)

Même travail que sur les dictées précédentes.

REGRETS.

J'ai appris, mon cher Jules, avec bien du chagrin, la mort inattendue du pauvre Alfred. Bien que nous ayons été séparés depuis longues années, je n'ai point oublié qu'il fut un temps où le tien et le mien nous étaient inconnus, où nous avions même pensée, et aussi même bourse, et où il n'y avait pas pour moi, quand il m'arrivait d'aller à Limoges, d'autre maison que la sienne. Quel cœur ! comme il aimait les siens, et en particulier son bon frère Jules ! Quel cœur et quel talent ! Il n'eût eu qu'à vouloir assurément pour obtenir dans la société les mêmes succès qu'au collége ; et qu'ai-je besoin de vous rappeler qu'il n'y avait pas alors plus fine plume que lui ? Cette perte, mon cher Jules, ne va-t-elle pas changer vos projets ? Pourquoi toutefois ne viendriez-vous pas nous voir, comme il était convenu, vous et les vôtres ? Et je ne parle pas ici en mon nom seulement : c'est le sentiment de tous nos amis et le mien que je vous exprime. Nous voulions partager vos joies ; nous saurons comprendre votre peine.

II. — DICTÉES SUR LA SYNTAXE DE RÉGIME.

135ᵉ Dictée.

(*Grammaire*, § 268.)

Les élèves souligneront dans cette dictée les mots qui servent de régime à d'autres mots.

LA PLACE DES PALMISTES A CAYENNE.

Cayenne, est, comme vous le savez, la capitale de la Guyane, seule et unique colonie que nous ayons conservée dans l'Amérique du Sud; la grande place de Cayenne s'appelle la place des Palmistes.

Elle est couverte, en effet, de plusieurs rangées de ces arbres, qui présentent de loin une admirable perspective.

Rien de plus original que ces alignements d'arbres énormes dont les tiges droites, régulières, faites au tour, semblent des colonnes antiques. A la même hauteur du tronc de ces géants du règne végétal, se développent leurs panaches de feuilles qui simulent les chapiteaux d'un temple colossal.

La chute de ces feuilles n'est pas indifférente, et le jeune malade qui se promène à pas lents dans ces allées exotiques doit éviter soigneusement la feuille qui tombe, au lieu de lui adresser les vers élégiaques de Millevoye *. Car s'il ne meurt pas de la poitrine, comme le chant plaintif du poëte le fait tristement présumer, il pourrait être prosaïquement écrasé par une feuille qui représente cinquante kilogrammes de verdure.

Le Garo du bon la Fontaine aurait fort à dire ici **. Si la nature, en Europe, met la citrouille sur le sol et le gland sur le chêne, elle semble s'être livrée, sous le ciel américain, aux écarts de la fantaisie. Ici, le gland du cocotier, le fruit du calebassier, du manguier et de l'abricotier, sont des façons de boulets de gros calibre que le vent balance sur vos têtes, suspendus par un fil comme l'épée de Damoclès.

Un autre inconvénient vous menace sur cette place des Palmistes : le même que celui qui causa au vieux Tobie

---

* Allusion plaisante à la pièce bien connue de Millevoye, intitulée : *La Chute des feuilles* :

> Triste et mourant, à son aurore,
> Un jeune malade, à pas lents,
> Parcourait une fois encore
> Le bois cher à ses premiers ans :
> « Bois que j'aime, adieu, je succombe,... etc. »

** Voir la fable de La Fontaine : *Le gland et la citrouille.*

l'ophthalmie que put seul guérir le fiel du poisson pêché dans l'Euphrate. Encore cet accident était-il le fait d'un tout petit oiseau, d'une mignonne hirondelle. Mais sur cette terre américaine, tout acquiert de larges proportions, et le feuillage des Palmistes sert de dortoir et de belvédère à de gros corbeaux du pays, qu'on appelle des urubus, lesquels se montrent parfois fort irrespectueux pour les promeneurs.

Donc il y a une fort belle promenade à Cayenne, mais il faut se garder d'y passer *.

136e Dictée.

(*Grammaire*, § 269.)

Les élèves transcriront les mots qui servent de régime dans cette dictée, et mettront dans une colonne les régimes directs, dans une autre les régimes indirects.

UN CONTE SIBÉRIEN.

I.

Les Ostiaks sont, mes amis, de pauvres et grossières peuplades qui habitent, tout au nord de l'Asie, dans ces froides contrées polaires dont je vous ai déjà parlé, les vastes steppes de la Sibérie, triste et morne pays, que les hommes ont rendu plus triste et plus morne encore que ne l'avait fait la nature. C'est là, vous le savez, que le gouvernement russe envoie tous ceux qu'il a condamnés à la déportation, et en particulier les Polonais, ajoutant ainsi aux rigueurs du climat les rigueurs plus dures et plus douloureuses de l'exil.

Le conte que je vais vous dire est emprunté aux mémoires d'une femme que sa jeunesse et son mérite ne dérobèrent pas à la cruelle persécution qui frappe, depuis

* Extrait, à quelques détails près, du *Voyage dans la Guyane française*, par M. Fréd. Bouyer (publié par le *Tour du Monde*).

un siècle entier, dans cette malheureuse Pologne, tout ce qu'il y a de grand, de beau et de noble.

Rendue, après de longues épreuves, à sa patrie et à sa famille, la pauvre femme est morte à la peine, laissant dans de trop courtes pages, qui font honneur à sa mémoire, le simple et touchant récit de ce qu'elle avait vu et de ce qu'elle avait souffert. Un écrivain qui aime les enfants et que les enfants doivent aimer*, en a transcrit la meilleure partie, et j'en extrais moi-même, à votre intention, ce conte qui vous prouvera qu'au nord comme au midi, les grands et les petits, les savants et les ignorants, les races à demi sauvages aussi bien que les nations civilisées, admettent invariablement comme les seuls principes capables de diriger la conduite de l'homme, la justice et l'honnêteté.

Laissez-moi tout d'abord vous parler, en suivant toujours le même texte, d'un animal particulier aux contrées septentrionales, qui jouera, comme vous le verrez, un grand rôle dans mon conte, le renne.

137e Dictée.

(*Grammaire*, § 270 à 272.)

Les élèves souligneront d'un trait simple les noms qui servent de premier régime à un autre nom, d'un trait double ceux qui leur servent de second régime**.

UN CONTE SIBÉRIEN.

II.

Le renne est une espèce *de cerf;* il a à peu près la taille *d'un veau* parvenu à l'âge *de deux ans*, et il ressemble à cet animal par le pied et par le museau ; le reste *de son*

---

* M. Ferdinand de LANOYE, dans son livre intitulé : *La Sibérie*. L'exilée polonaise dont nous parlons s'appelait Mme Eve Felinska.

** Nous écrivons les premiers en italiques, les seconds en petites capitales.

corps a quelque rapport avec la biche, mais les jambes sont encore plus élancées et plus fines; ses cornes sont plus longues que celles du cerf, et la couleur *de son poil* varie du blanc au bai clair, ou parfois elle est mélangée de l'un et de l'autre. Le renne est élégant dans ses mouvements, et ses allures sont charmantes ; comme le cerf, il perd son bois tous les ans, mais chaque fois aussi ce bois repousse avec une branche de plus. A l'époque où son front se dépouille, l'animal devient faible et incapable de travailler.

Les habitants *de la Sibérie* attellent les rennes à leurs traîneaux; chaque traîneau est généralement attelé de trois rennes. Une courroie qui passe sous le ventre *de l'animal* est fixée au traîneau; une seule guide, attachée aux cornes, suffit pour diriger l'attelage; le cocher tient à la main une baguette longue de trois mètres, ferrée à l'extrémité, et qui lui sert à arrêter ses rennes plutôt qu'à les stimuler. Ces animaux ont le pied si sûr et si léger, qu'ils se maintiennent, sans jamais s'enfoncer, sur la surface *de la neige*, et qu'ils se frayent leur chemin sans qu'il soit nécessaire de les conduire dans les routes battues.

La résistance *du renne* AUX PLUS DURES FATIGUES et la rapidité *de sa course* font l'étonnement de tous ceux qui peuvent en être témoins : il monte les collines les plus escarpées, il les descend sans s'arrêter ou sans ralentir le pas, et telle est, d'autre part, l'obéissance *d'un attelage* bien dressé AUX ORDRES *du maître* que celui-ci peut, sans le moindre inconvénient, arrêter son traîneau sur la pente la plus escarpée.

138e Dictée.

(*Grammaire*, § 273.)

Les élèves souligneront dans cette dictée les adjectifs qui ont un régime et ce régime lui-même.

UN CONTE SIBÉRIEN.

III.

Il est inutile de s'occuper de la nourriture des rennes; très-*friands de lichen*, ils sont *accoutumés à chercher* eux-mêmes cette plante qui pousse sous la neige, et ils sont *fort adroits dans cette recherche*. Quand ils ont faim, ils se débarrassent du traîneau et vont à la découverte de leur plante favorite; leur repas terminé, ils reviennent, sans qu'il soit besoin de les rappeler, reprendre la courroie. Courageux, comme je l'ai dit, et *durs à la peine*, ils peuvent faire trente kilomètres sans se reposer; quand ils se sentent à bout de forces et *incapables d'une plus longue fatigue*, ils se couchent sur la neige, prennent haleine un certain temps, et continuent ensuite leur course avec la même ardeur et la même docilité. Mais si un conducteur brutal veut les forcer à marcher quand ils ont besoin de repos, ils deviennent inflexibles, et se feraient tuer sur place plutôt que d'obéir.

La chaleur est absolument *insupportable aux rennes* *; aussi, dès le mois d'avril, ils se dirigent vers les monts Ourals, où les neiges sont éternelles. Leurs propriétaires les marquent d'un signe particulier au moment du départ. Cela fait, on les abandonne, et ils ne manquent jamais de gîte à l'approche de l'hiver.

La peau des rennes est très-*utile aux indigènes*, qui l'emploient à différents usages. Leur viande est savoureuse, et la langue surtout est très-estimée des gastro-

---

* Voir ce que nous en avons dit, page 77.

nomes; c'est un mets qu'on sert sur les grandes tables, à Pétersbourg et à Moscou aussi bien qu'à Tobolsk.

On comprend qu'un animal *remarquable par tant de qualités diverses*, soit la plus grande richesse qu'on puisse avoir dans ces contrées déshéritées, et que le désir de posséder de nombreux attelages de rennes soit un mobile *capable de stimuler* l'ardeur et aussi *d'exciter* la convoitise de leurs misérables habitants.

139e Dictée.

(*Grammaire*, § 274.)

Les élèves souligneront d'un trait simple les mots employés dans cette dictée comme sujets, et d'un trait double les mots employés comme régimes des verbes*.

UN CONTE SIBÉRIEN.

IV.

Un jour donc, *sept Ostiaks* SE réunirent pour aller faire UNE CHASSE; *chacun* A SON TRAÎNEAU avait attelé TROIS RENNES, et *chacun* s'était muni DE QUELQUES VIVRES sans toutefois SE préoccuper beaucoup DE CE GENRE DE PROVISIONS, car *ils* pensaient que *le gibier* QU'*ils* devaient tuer suffirait A LEURS BESOINS.

Vain espoir! Pendant trois jours consécutifs, *la chasse* fut toujours malheureuse; mais si *les chasseurs* s'attristaient DE LEUR MALADRESSE, *ils* ne se décourageaient pas, et tentaient LA FORTUNE, pour n'avoir pas LA HONTE de rentrer chez eux les mains vides. *Le butin* était bien un triomphe d'amour-propre, mais surtout une nécessité, car *les familles des sept chasseurs* vivaient dans une grande indigence.

Parcourant LA FORÊT dans tous les sens, *ils* SE trouvè-

* Nous écrivons les sujets en italiques et les régimes en petites capitales.

rent en vue d'une vaste plaine d'une aridité effrayante; pas *un brin d'herbe*, pas *un arbre* ne se montrait à la surface de ce terrain. *Les chasseurs* demeurèrent stupéfaits; *ils* connaissaient bien le PAYS, et *ils* n'avaient encore RIEN vu de semblable; *ils* convinrent de traverser LA PLAINE, pour découvrir soit UN RUISSEAU, soit QUELQUE VÉGÉTATION, soit enfin UNE HUTTE OU UNE CABANE; mais *ils* avançaient, *ils* avançaient, et l'*aspect* ne changeait pas: *la faim, la soif* SE faisaient sentir, et *les provisions* étaient presque épuisées; *ces mâles visages, ces natures faites pour la fatigue* exprimaient LA PLUS PROFONDE DÉTRESSE; *ces hommes aux cœurs forts et courageux* poussaient DES CRIS D'ANGOISSE! « Qu'allons-*nous* faire? dirent-ils; irons-*nous* en avant ou retournerons-*nous* en arrière pour rentrer sous notre pauvre toit, plus misérables que *nous* n'en sommes partis? »

140e Dictée.

(*Grammaire*, § 275 à 277.)

Les élèves souligneront d'un trait simple les régimes directs, et d'un trait double les régimes indirects contenus dans cette dictée *.

UN CONTE SIBÉRIEN.

V.

Pendant qu'ils tenaient *conseil*, ils aperçurent à l'horizon *une trombe de neige* poussée PAR UN VENT FURIEUX.

« Nous allons périr, dirent les chasseurs, il n'y a aucun abri, aucun espoir de salut! — La neige va *nous* ensevelir, reprit l'un d'eux, mais quand la trombe aura passé, nous pourrons revenir A LA SURFACE en travaillant tous les sept DES PIEDS ET DES MAINS. »

A peine ces paroles étaient-elles prononcées, que les chasseurs virent devant eux *un géant*, qui portait dans sa

* Nous écrivons les premiers en italiques et les seconds en petites capitales.

main un arc immense. Ce géant était monté sur un traîneau.

« Où allez-vous? *Que* faites-vous là? » dit l'être surnaturel d'une voix tonnante. — « Nous tentons *les hasards* de la chasse, répondirent les chasseurs, mais le malheur *nous* poursuit, et écarte DE NOUS *le gibier*. — Dirigez-*vous* VERS L'ORIENT, reprit le géant; quand vous verrez *trois grands mélèzes et une grosse pierre* placée à côté du tronc pourri d'un vieux chêne, la fortune viendra A VOUS, le gibier *vous* surprendra PAR SA BEAUTÉ, SA VARIÉTÉ, SON ABONDANCE. — Mais comment arriverons-nous A L'ENDROIT INDIQUÉ? dirent les chasseurs; nous sommes désorientés, perdus; nous ne voyons *rien autre chose qu'une nappe de neige interminable.* »

Le géant tira une *flèche* DU FOND DE SON TRAÎNEAU, *l'a*justa A SON ARC, *la* lança DANS L'ESPACE, et dit : « Suivez *la trace qu'*elle aura marqué. »

Les chasseurs obéirent AU GÉANT; ils suivirent *la direction de la flèche*, et arrivèrent A L'ENDROIT où cette flèche était fixée dans la neige. Tous SE précipitèrent pour *s'*emparer DU TALISMAN, mais la force de sept hommes ne put parvenir A *le* DÉRACINER. Il faut dire que la flèche était proportionnée A LA MAIN qui *l'*avait lancée.

141e Dictée.

(*Grammaire*, § 278 et 279.)

Les élèves souligneront d'un trait simple les verbes actifs donnés dans cette dictée, ainsi que leur régime direct, d'un trait double leur régime indirect*.

UN CONTE SIBÉRIEN.

VI.

Après la première émotion, les chasseurs regardèrent autour d'eux. Quelle ne fut pas leur émotion en *aperce-*

---

* Nous écrivons en italiques les régimes directs et les régimes indirects en petites capitales.

vant les trois mélèzes, la grosse pierre et le tronc d'arbre! Bientôt l'événement *vérifia toutes les prédictions du géant*, car ils ne tardèrent pas à *voir* surgir de toutes parts *une immense quantité de gibier*. Un coup de fusil tiré au hasard *abattait un renard ou une hermine*. Peu d'instants s'écoulèrent avant que les sept traîneaux *eussent peine* A CONTENIR *le brillant produit de cette chasse facile*.

Les chasseurs pensèrent alors qu'il serait prudent de *regagner leur gîte* avec un si riche butin, mais comme ils étaient arrivés à l'endroit même où ils *avaient fait la rencontre du géant*, ils pensèrent que la reconnaissance *les obligeait* tout au moins A UNE VISITE de remercîment à l'égard de leur bienfaiteur. La chose était possible, car on *distinguait* sur la neige *la trace du traîneau* qui L'*avait emporté*.

Ils *suivirent cette direction;* chemin faisant, ils *rencontrèrent* encore *le plus beau gibier*, mais ils ne voulurent pas s'arrêter, tant ils étaient empressés de *contempler leur sauveur*. Enfin l'asile sacré leur apparut, et le géant, comme un simple mortel, vint à leur rencontre; son épouse et son père *le suivaient*. Après les salutations réciproques, le géant sortit un moment, *tua*, ni plus ni moins, *quatorze rennes*, et *ordonna* A SA FEMME de *les préparer* le mieux possible pour le souper, mais préalablement il EN *détacha les têtes*, et *les offrit* AUX CHASSEURS. Les Ostiaks *goûtent* beaucoup *ce régal*; cependant les chasseurs *témoignèrent un grand étonnement*, en *voyant les apprêts du souper*, et dirent modestement qu'ils ne pourraient pas *manger tout ce qu'on* LEUR *servait*. « Vous ferez comme vous *l*'entendrez, répondit le géant; moi, je n'*ai rien changé* A MES HABITUDES; ce *que* vous *voyez* là est mon ordinaire. » Les chasseurs, malgré la capacité de leur estomac, ne purent aller au delà de deux rennes; mais leur sobriété *trouva sa récompense*, car le géant *fit ajouter* A LEURS PROVISIONS *tout le reste du souper*.

142e Dictée.

(*Grammaire*, § 278 et 279.)

Même travail que sur la dictée précédente.

MONSIEUR LUCIEN.

« Blaise, Blaise, rappelle *ton vilain chien*, qui effraye *Fido* et qui met *ses grosses pattes sales* sur mon habit, ou sinon je vais LUI donner *des coups de canne.* — Ici, ici, Brisquet! » cria Blaise, en sifflant *son chien;* et il ajouta : « Faites *excuse*, monsieur Lucien; Brisquet a *bonne mémoire*, voyez-vous. Il *vous* a reconnu et il voulait, à sa manière, *témoigner sa joie* AU FILS DE SON MAITRE. » M. Lucien est le frère de lait du petit Blaise; mais il a reçu apparemment DE LA NATURE *une forte dose de vanité*, et quelques succès de collége LUI ont enflé *le cœur* de telle sorte, qu'il méprise à peu près *tout le monde*, excepté sa propre personne. Il jette *un regard protecteur* sur le pauvre enfant, qui, timidement, tourne *son chapeau* entre ses doigts, et passe, sans répondre, avec Fido, un méchant barbet, qui prend volontiers *de grands airs*, comme Lucien lui-même. Quelques jours plus tard, Lucien, voulant traverser *un gué*, glisse et tombe. Il perd *pied :* le courant *l'*entraîne; il appelle. Qui vient *le* tirer DE CE MAUVAIS PAS? Tout justement le pauvre Blaise, *que* ce jour-là M. Lucien appela *mon bon petit Blaise.* Presque au même instant, un taureau, *que* Fido avait voulu *mordre*, menaçait DE SES CORNES *l'impudente bête*, quand, par bonheur, survint Brisquet, qui donna *la chasse* AU TAUREAU.

Croyez-*moi*, chers petits amis, soyons bienveillants, et ne méprisons jamais *les autres :* notre intérêt même *le* commande; et le plus humble d'entre ceux *que* nous regardons du haut en bas peut NOUS rendre *les plus grands services.*

143e Dictée.

(*Grammaire*, § 280.)

Les élèves souligneront *du, de la, des, de*, d'un trait simple, quand ces mots, malgré la préposition qu'ils contiennent, précèdent le régime direct des verbes actifs employés dans cette dictée, et d'un trait double ces mêmes mots précédant le régime indirect*.

UN CONTE SIBÉRIEN.

VII.

Au moment d'aller se coucher, le géant fit apporter *des* fourrures, toutes plus belles les unes que les autres, puis il les offrit courtoisement aux chasseurs, en disant : « Je veux que vous dormiez sur ces fourrures, et demain vous les ôterez DE vos lits et vous les emporterez avec vous. »

Quand le jour fut venu, les chasseurs se présentèrent devant le géant pour le remercier encore DES cadeaux qu'il leur avait fait et DE sa bienveillante hospitalité. Toute la famille était réunie. Le vieux père prit la parole, et dit à son fils : « Laisserez-vous partir *des* étrangers sans leur donner, suivant la coutume, *des* témoignages visibles de votre munificence? »

Le géant s'empressa d'obéir à son père, il prit un lacet d'une longueur démesurée, le montra aux chasseurs, et leur dit : « Je vais prendre *des* rennes; autant il en tiendra dans mon lacet, autant je vous en donnerai. Cela dit, il sortit, sans toutefois quitter l'avenue de son palais. Un coup de sifflet se fit entendre, c'était le géant qui appelait ses rennes. Et les rennes accoururent, et il les attrapait, soit par les cornes, soit par les jambes. Quand il en eut trente, les ôtant DU troupeau, il les distribua aux chas-

---

* Nous écrivons en taliques *du, de la, des, de*, employés comme régime direct, et en petites capitales ces mêmes mots employés comme régime indirect.

seurs; ceux-ci se confondirent en remercîments, puis ils partirent.

En cheminant, ils rencontrèrent *d'*autres rennes de la plus rare espèce. « Ah! les belles bêtes! » s'écrièrent-ils.

Alors l'un d'eux, plus hardi que les autres, proposa à ses compagnons de voler les rennes, ou au moins d'en prendre quelques-uns.

144e Dictée.

(*Grammaire*, § 281).

Les élèves souligneront les régimes des verbes neutres contenus dans cette dictée.

UN CONTE SIBÉRIEN.

VIII.

« Il faut profiter *des circonstances*, disait le chasseur. Celui *à qui* appartient ce troupeau n'aura pas même soupçon de notre entreprise ; il est riche ; il est heureux ; notre conscience peut être tranquille. — La même pensée *me* venait, dit un autre. — Où peut-il cacher ses trésors? » reprit un troisième, car ses trésors sont évidemment à l'avenant de ses rennes. — C'est singulier, ajoute le quatrième, je songeais, moi aussi, *à cela*. — En effet, reprennent le cinquième et le sixième, vous avez tous cent fois raison, et quel mal ferions-nous, en prenant quelques rennes? Celui qui possède tant de choses a plus de bonheur qu'il n'en mérite; ce que nous lui laisserons suffira bien largement *à ses besoins*. Rendons-nous la justice qu'on nous refuse; prenons! » Et ils se mirent à voler tous les rennes qu'ils purent attraper.

« Camarades, dit le septième chasseur, vous allez commettre un crime : ingrats et voleurs, c'est trop à la fois. Nous recourons *au géant;* il nous comble de bienfaits; il nous donne de quoi nourrir, pendant six mois au moins, nos femmes et nos enfants, et nous serions encore possédés du démon de la convoitise! Si vous voulez m'en croire, ne souillons pas nos mains. — Nous ne voulons, dirent les chasseurs, ni de tes reproches, ni de tes conseils. Allons! à l'œuvre! et que celui qui nous blâme nous laisse en paix. — Oui, je m'éloignerai de vous, mais avant de le faire, je vous supplie encore de penser à vos enfants, car votre crime retombera *sur eux*. — Nos enfants seront plus riches, c'est là l'important, et les tiens seront toujours pauvres.... Sauve-toi, ajoutèrent les voleurs, ou sinon nous t'assommerons : nous serons plus surs de notre secret. »

Après avoir ainsi lutté *contre le mauvais vouloir de ses compagnons*, l'honnête homme réunit les rennes qui lui appartenaient légitimement, et partit la conscience tranquille, mais le cœur triste.

Les autres, délivrés de ce témoin importun, firent main basse sur trois cents rennes, et les rapprochèrent de ceux qu'ils avaient déjà, afin de mieux cacher leur vol.

145e Dictée.

(*Grammaire*, § 282.)

Les élèves souligneront les régimes des verbes passifs contenus dans cette dictée.

UN CONTE SIBÉRIEN.

IX.

Tout en cheminant, le brave homme s'arrêtait quelquefois pour voir si ses camarades ne seraient pas touchés à la fin *par le remords* ou *par la peur*, et il réfléchissait en lui-même. « Ils étaient honnêtes, se disait-il, et un moment a suffi pour les rendre criminels. La richesse rend-elle malheureux? rend-elle plus heureux et meilleur? Je ne le crois pas. J'ai vu des pauvres partager leur dernier morceau de pain, et je n'ai jamais vu des riches partager leur fortune.... » Tout à coup, il fut tiré *de ses réflexions* par un bruit sourd, étrange, et qui ressemblait à un tremblement de terre.... Il s'arrête, frappé *de terreur*, et voit devant lui le géant dont les yeux jetaient des flammes, et dont la bouche écumait de rage. L'Ostiak eût voulu être anéanti ; il tremblait, comme s'il eût été coupable.

« Je ne suis, dit-il, au géant, ni un ingrat ni un voleur. Voilà les rennes qui m'ont été donnés *par vous*, je suis assez riche de vos bienfaits, et je n'ai rien à me reprocher. » Ces simples paroles persuadèrent le géant, qui se mit à courir rapidement dans une autre direction. Il atteignit bientôt les véritables voleurs, et leur dit : « Vous avez abusé de ma bonté, vous êtes de lâches envieux ; vous serez punis *de votre crime*. » En prononçant ces mots, il prit son arc et tendit la flèche dont je vous ai parlé déjà ; la flèche partit, et les six voleurs d'outre en outre se trouvèrent percés à la fois.

Après cette exécution, le géant s'approcha de l'honnête homme, et lui dit : « Je sais, comme tu l'as pu voir, punir les coupables ; je veux que *par cette même main*, qui ne laisse pas échapper le crime, ta vertu soit récompensée. Tu as résisté à la tentation des richesses, tu as eu le rare courage de donner un bon conseil ; regarde : tout ce qui t'entoure est à toi, ces riches troupeaux t'appartiennent ; possède sans crainte ta fortune, et demeure toujours honnête homme pour être digne de ton bonheur *.

146e Dictée.

(*Grammaire*, § 284.)

Les élèves souligneront d'un trait simple le régime propre des verbes passifs donnés dans cette dictée, et d'un double trait le régime de ces verbes, qui répond au régime indirect des verbes actifs **.

IL ÉTAIT TEMPS.

I.

Voici une petite histoire qui M'a été racontée par un

---

* Nous nous sommes tenu aussi près que possible du texte de M. F. de LANOYE.

** Nous écrivons ce dernier en petites capitales.

brave marin, lequel a plus souffert dans sa vie que vous et moi ne saurions même l'imaginer.

« Tous mes malheurs, me disait-il, ont été la suite d'une première faute. J'avais quatorze ans ; je venais, pour je ne sais qu'elle escapade, d'être grondé d'importance *par mes parents*, qui cependant, Dieu le sait, étaient loin de gronder autant que je l'eusse mérité véritablement. Aveuglé *par la colère*, je monte à ma chambre, et, sans que personne me voie, je fais un petit paquet de mes vêtements. Notre maison était située à quelques kilomètres du Havre ; je vais droit à la ville, et, arrivé à la ville, droit au port. Un navire était en partance ; je demande à m'y embarquer. Précisément il manquait un mousse à bord ; le capitaine, que je prenais alors pour le plus honnête homme du monde, m'accepta avec empressement. Le mot d'ordre avait été donné ; tant que nous fûmes entre les jetées, je fus comblé *par l'équipage tout entier* DE SOINS ET DE PRÉVENANCES. Mais à peine avions-nous gagné la haute mer que leur ton et leurs manières changèrent complétement ; on me fit vite comprendre qu'on n'avait plus rien à craindre ni à ménager ; je fus immédiatement chargé DES PLUS RUDES ET DES PLUS REBUTANTES BESOGNES. J'essayai d'abord de résister ; je fus roué DE COUPS *par tous les matelots*, et il fallut obéir. Au bout de quelques jours, je m'aperçus que le capitaine était un forban, que l'équipage était composé D'UN RAMAS DE GREDINS qui semblaient s'être donné rendez-vous de toutes les parties du monde, et que le navire lui-même, avec son apparence d'honnête embarcation marchande, était destiné A CE HONTEUX ET BARBARE TRAFIC qu'on appelle la traite des nègres. Impossible de vous dire tous les mauvais traitements qui M'ont été infligés pendant mon trop long séjour sur ces planches maudites, toutes les injures que j'ai dû supporter, toutes les horribles choses dont j'ai été témoin,, et auxquelles même, j'en rougis encore, il m'a fallu prendre part. Je ne veux vous conter qu'une aventure où j'ai failli perdre la vie.

147e Dictée.

(*Grammaire*, § 285.)

Les élèves souligneront, dans cette dictée, les pronoms qui accompagnent les verbes réfléchis, d'un trait simple, quand le pronom est régime direct, d'un trait double, quand il est régime indirect *.

IL ÉTAIT TEMPS.

II.

Je ME rappelle que nous étions à l'ancre dans une petite rivière de la côte de Guinée, où le capitaine avait fait, comme il disait, ses affaires avec un roi du pays, qu'on appelait Dingo Bingo, affreux nègre, aussi grotesque que barbare, qui vendait, à beaux deniers comptants, ses prisonniers, et au besoin, ses propres sujets. L'argent était compté, la marchandise humaine embarquée, nous *nous* disposions à quitter la côte, et je songeais déjà, quant à moi, à *m'*aviser de quelque moyen pour *me* délivrer de ma prison, aussitôt que j'aurais mis le pied sur une terre civilisée.

« Tout à coup j'aperçus, au moment même du départ, Sa Majesté Dingo Bingo en conversation fort animée avec le capitaine, et semblant *s'*occuper de ma personne avec le plus vif intérêt. Il gesticulait en me regardant et en me montrant du doigt. Je ne pouvais comprendre ce qu'il baragouinait dans une espèce de jargon demi-nègre, demi-portugais : malgré cela une sueur froide me monta au front, et je M'imaginai quelque chose d'analogue à ce qui m'arriva en effet.

Après dix minutes de pourparlers, les deux interlocuteurs se séparèrent. A un signe de Dingo Bingo, cinq nègres passèrent de la péniche royale sur le pont de notre navire, et allèrent rejoindre le reste de la cargaison. A un signe du capitaine, plusieurs de mes camarades m'avaient

* Nous écrivons en petites capitales le pronom employé comme régime indirect.

entouré et *se* disposaient à m'entraîner de gré ou de force dans un des canots du bâtiment pour me conduire à terre. Dingo Bingo avait offert au capitaine cinq nègres de premier choix en échange du petit blanc : ces cinq nègres, sur la côte du Brésil, pouvaient valoir chacun quatre ou cinq mille francs : pourquoi ne pas se défaire du petit blanc ? Le capitaine m'avait vendu.

« Je n'avais à bord qu'un seul ami, un matelot d'origine anglaise, qu'on appelait Ben Brace, mauvaise tête, mais bon cœur et poignet solide. Il *s'*approcha de moi, et me dit à voix basse : « Laisse-*toi* faire. »

« Sur cette assurance, je ne *me* risquai pas à une résistance, qui eût été d'ailleurs parfaitement inutile. Pendant le court trajet du navire à terre, Ben trouva le moyen de me parler à l'oreille : « Écoute, me dit-il; quand tu seras avec le roi, donne-TOI l'air de *te* résigner comme tu le fais maintenant, à ton nouveau sort, mais ne quitte pas des yeux le navire, et dès qu'il fera noir, arrange-*toi* pour *t'*enfuir. Suis le bord de la rivière, et quand tu *te* croiras assez près de l'embouchure, jette *toi* à l'eau et nage droit au navire; je serai là; n'aie pas peur, et fie-toi à Ben Brace. Quant au capitaine, il SE plaira, sois en sûr, à oublier ton escapade, ne fût-ce que par la pensée de jouer un bon tour au vieux nègre. »

148e Dictée.

(*Grammaire*, § 286.)

Les élèves souligneront d'un trait simple le régime direct ou indirect des verbes réfléchis donnés dans cette dictée avec un seul régime, et d'un trait double le régime indirect des verbes réfléchis donnés avec deux régimes *.

IL ÉTAIT TEMPS.

III.

« Je *me* conformai de mon mieux AUX INSTRUCTIONS de

* Nous écrivons ce dernier régime en petites capitales.

mon protecteur, et je *m'*abandonnai sans mot dire AUX GARDES de Dingo Bingo qui m'attendaient au débarquement. Quand Dingo Bingo vint lui-même et me proposa de le suivre dans son palais, quel palais! j'acceptai son offre hospitalière, et, sans *me* dégoûter DE SES FAÇONS PLUS QUE SAUVAGES, je l'accompagnai avec empressement. Il me proposa un verre de rhum, que j'avalai sans sourciller, et il s'en offrit A LUI-MÊME *bon nombre d'autres*, que je lui laissai absorber avec la plus entière satisfaction. Il en arriva bientôt à *se* féliciter hautement en présence de ses amis DE L'ACQUISITION qu'il avait faite, et à déclarer que je méritais, et bien au delà, le prix des cinq malheureux qu'il avait donnés pour m'acquérir.

« L'ivresse le gagnait peu à peu. A la fin, je le vis *se* lever DE SON SIÉGE, faire quelques pas en chancelant, et *se* heurter, comme une masse, A SA COUCHE DE FOURRURES où il *s'*endormit profondément.

« Au même instant, j'entendais, sur la rivière, le clappement d'une chaîne qu'on dérapait : notre navire levait l'ancre.

« Tous les gens du roi étaient sur la berge, et je *me* trouvais absolument seul.

« Pourrais-je vous dire comme mon cœur battait? N'osant *me* livrer A L'ESPÉRANCE, craignant d'être poursuivi et rattrapé avant d'avoir atteint l'embouchure du fleuve, j'attendis quelques minutes. Je savais que le navire descendrait lentement, la rivière ayant de nombreux détours qui l'empêchaient de déployer ses voiles, et qu'il ne me serait pas impossible de le rejoindre.

« D'autre part, aucun serviteur du roi ne soupçonnait mes intentions; ils me croyaient assurément très-satisfait de ma fortune que plusieurs d'entre eux eussent enviée. Être le favori de Dingo Bingo, qui donc eût pu SE figurer une félicité plus grande? J'avais naturellement tout fait pour ne pas *m'*opposer A CETTE OPINION qu'ils commençaient à prendre de moi. Il en résulta qu'une fois bien certain que Sa Majesté noire était pour longtemps endormie, je *me* jetai, à la grâce de Dieu, dans les bois qui environnaient la hutte royale. J'en traversai, en rampant et retenant mon haleine, les premiers massifs, puis tournant obliquement, du côté où j'avais vu partir le navire, je me rapprochai avec précaution de la rivière, qui *s'*offrit bientôt A MA VUE.

149e Dictée.

(*Grammaire*, § 287.)

Les élèves souligneront les régimes des verbes impersonnels ou employés comme tels, qui sont donnés dans cette dictée, d'un trait simple, si ces régimes sont indirects; d'un trait double si, joints au verbe sans préposition, ils peuvent être pris comme régimes directs *.

IL ÉTAIT TEMPS.

IV.

« Il *me* fallut, dans cette circonstance, TOUT LE COURAGE ET TOUTE L'ÉNERGIE que peuvent donner ces deux sentiments si vivaces chez l'homme : l'amour de la vie et le désir de la liberté. Quand j'arrivai sur la berge, je ne vis d'abord ni n'entendis rien. Le navire m'avait-il devancé ou était-il encore en arrière? Heureusement, à un détour de la rivière, j'aperçus le bout de ses mâts à une certaine distance. Il *me* fut permis, dès lors, de régler mon pas sur sa marche ; je suivais le sentier qui longeait la rive à quelques mètres de distance, et de temps en temps je revenais au bord de la rivière, pour bien m'assurer que le navire ne prenait pas d'avance sur moi. Heureusement il plut *à la Providence* de faire luire cette nuit-là un ciel sans nuage : la lune, sur toute la surface du fleuve, répandait une vive clarté.

---

* En réalité, entre les verbes impersonnels proprement dits et un régime de cette sorte, il faut sous-entendre le verbe *avoir*. Nous écrivons en petites capitales ce régime direct apparent.

« Bien que le navire descendît lentement, il *m'*était cependant très-difficile de le suivre. Le sentier où je marchais n'était rien autre chose qu'une trouée que les bêtes sauvages avaient faite à travers les buissons et les herbes grimpantes. Il *me* fallait la plupart du temps UN EFFORT DE VOLONTÉ ET DE MUSCLES véritablement bien au-dessus de ce que pouvait faire un garçon de mon âge, mais je sentais qu'il importait *à ma sûreté et à mon salut* de gagner de l'avance sur le navire, afin de traverser la rivière au moment où il approcherait de la côte.

« J'aperçus plusieurs fois des bêtes sauvages dont la forme se distinguait à peine dans l'obscurité qui régnait sous les grands arbres. Quelques-unes, — il *me* sembla qu'elles devaient être gigantesques, — s'enfuirent à mon approche, en faisant craquer les buissons qu'elles rencontraient devant elles; ce devait être des rhinocéros ou des hippopotames. J'étais assurément effrayé de leur présence, mais je l'aurais été bien davantage si la crainte qu'ils m'inspiraient n'eût été dominée par une terreur bien plus grande : il *me* paraissait qu'à chaque instant j'allais voir apparaître les émissaires de Dingo Bingo, et je m'arrêtais tout haletant pour écouter les sons qui frappaient mon oreille.

150e Dictée.

(*Grammaire*, § 288 à 290.)

Les élèves transcriront dans cette dictée les pronoms servant de régimes directs ou indirects; ils expliqueront en particulier le rôle des pronoms *en* et *y* toutes les fois qu'ils rencontreront ces mots.

IL ÉTAIT TEMPS.

V.

« Il eût fallu d'ailleurs, je *vous le* jure, que Dingo Bingo eût crié bien fort pour que j'entendisse sa voix. Des bruits sans nombre qui *me* remplissaient d'épouvante se répandaient dans toute la forêt, et je ne saurais dire quels poumons auraient eu assez de puissance pour dominer ces clameurs. Tout tremblant, je retenais mon haleine, écoutant si, au milieu de ce chorus infernal, retentissait la voix du nègre. Mais rien de pareil, — et j'*en* bénis Dieu, — ne *m'*arriva à travers la nuit; rien, pendant ma longue course, ne troubla le chant aigu et criard des grillons et des cigales, le coassement des grenouilles, le hurlement des chacals, les cris discordants des singes et le rugissement des lions que, des montagnes lointaines, le vent *m'*apportait par intervalles.

« Je *vous* laisse à imaginer toute mon anxiété et toutes mes terreurs. Vingt fois je *me* crus prêt à mourir de fatigue, de douleur et de désespoir; je vous ai dit, souvenez-vous-*en*, que je n'avais alors que quatorze ans.

« A la fin cependant, lorsque je commençais à *me* dire que tout était bien fini et que ma folle entreprise n'arriverait jamais à son terme, un dernier effort *m'y* poussa. Je jetai les yeux sur le fleuve; il *me* parut que le navire marchait avec plus de vitesse. *Me* glissant alors, comme un serpent, sous les lianes de la rive, j'arrivai à un endroit où la rivière décrivait une courbe prononcée, et il devint certain pour moi que je touchais à son embouchure. Plus loin, — un coup d'œil suffit pour *m'en* assurer, — elle s'élargissait en forme de baie. Le navire, sentant déjà la brise de la mer, avait déployé ses voiles, et il allait entrer en pleine eau. Si je tardais davantage, entre lui et moi *s'*étendrait bientôt un espace que je ne pourrais franchir. Un instant d'hésitation, et j'étais perdu. J'ôtai mes chaussures, et *me* dépouillai rapidement d'une partie de mes vêtements. L'eau était claire et profonde; je *m'y* jetai résolûment.

151ᵉ Dictée.

(*Grammaire*, § 291 à 294.).

Les élèves souligneront d'un trait simple les régimes indirects placés avant le verbe, d'un trait double les mots qui, sujets ou régimes, précèdent toujours le verbe, d'un trait triple les sujets transportés après le verbe *.

IL ÉTAIT TEMPS.

VI.

Du court trajet QUE j'avais à faire pour rejoindre le navire, vous pensez bien que je ne M'inquiétais guère, mon père ayant eu le bon esprit de M'apprendre à nager dès l'âge de six ans, et je calculais mes efforts pour LE rencontrer, quand il SE trouverait devant moi au milieu de la rivière.

Je repassais en moi-même les instructions QUE M'avait données [Ben Brace]; il SE trouverait à l'avant avec une corde, pendant qu'un de ses amis SE tiendrait un peu plus loin et ME lancerait une bouée, si par hasard je n'avais pu saisir la première corde. J'étais bien sûr d'être hissé par l'un des deux, mais il était préférable d'aborder par l'avant du navire, parce que je n'y rencontrerais pas le capitaine. Vienne [Sa Majesté elle-même] réclamer son prisonnier, le capitaine, ne M'ayant pas vu, pourra répondre avec assurance que je ne suis pas à bord. Ainsi pensais-[je] en fendant les flots.

Tout à coup *à ces pensées* qui me rassuraient et redoublaient mon courage, d'autres toutes différentes succédèrent dans mon esprit. La rivière, je venais de M'EN souvenir, était infestée de crocodiles. Quelques jours auparavant, un malheureux matelot, QUI s'était jeté à l'eau pour

* Nous écrivons en italiques les régimes indirects placés avant le verbe, en petites capitales les sujets ou régimes qui doivent toujours précéder le verbe ; nous plaçons entre crochets les sujets transportés après le verbe.

prendre un bain, malgré la défense du capitaine, avait été immédiatement dévoré.

Le hideux spectacle QUE j'avais eu sous les yeux ME revint soudain à la mémoire ; je ME sentis frissonner des pieds à la tête, et il ME sembla que mon sang SE glacait dans mes veines. QUI sait? peut-être en ce moment même étais-[je] suivi par un de ces effroyables monstres. N'avais-[je] pas vu, à l'instant où je quittais la rive du fleuve, un objet brun ayant environ six mètres de longueur et QUE j'avais pris pour une pièce de bois mort? Cet objet avait remué, dès que j'étais entré dans la rivière ; j'avais pensé que le courant L'entraînait ; mais c'était une erreur ; il SE mouvait comme une créature vivante... c'était, à n'EN pas douter, un crocodile.

152e Dictée.

(*Grammaire*, § 295.)

Les élèves souligneront les adverbes qui, dans cette dictée, sont donnés avec un régime *.

UN CHOIX MALHEUREUX.

Je vous ai déjà raconté des légendes de plusieurs pays, et j'attache grand prix à ces légendes, parce qu'*indépendamment* DE LEUR MÉRITE PROPRE, elles présentent à l'esprit ce je ne sais quoi qui sent le cru et le terroir.

En voici encore une qui est bien connue de l'autre côté de la Manche.

En France, les avocats ont un patron, saint Yves, digne et vertueux Breton qui, de son temps, fut avocat lui-même,

Advocatus et non latro
Res miranda populo **.

dit l'hymne fort ancienne qu'on chante le jour de sa fête.

Il paraît qu'en Angleterre, de longue date, ils n'en

* Nous écrivons ce régime en petites capitales.

** Avocat et non voleur, ce qui étonnait beaucoup les gens.

avaient pas. Un jour, — ceci se passait bien entendu, ANTÉRIEUREMENT A LA RÉFORME, — un avocat anglais nommé Évon, fâché de voir que, *contrairement* A TOUTES LES TRADITIONS, la corporation des avocats n'avait encore là-haut aucun représentant officiel, partit tout droit pour Rome, et alla prier le saint père de vouloir bien choisir, parmi les saints du ciel, un patron pour les avocats.

« Je ne sache pas de saint, répondit le pape, qui n'ait déjà à patronner quelque autre profession. » Évon insista, et le pape, cédant à sa prière, finit par lui dire : « Entrez, les yeux bandés, dans l'église de Saint Jean de Latran, faites-en le tour à tâtons en récitant des Ave Maria, et le premier saint sur lequel vous poserez la main sera le patron de votre ordre.

Évon, *conformément* A CES INSTRUCTIONS, entra dévotement dans l'église, et marchant au hasard à travers la nef, il s'approcha de l'autel de saint Michel, étendit la main sur une statue, et s'écria : « Je l'ai trouvé, voilà notre saint ! » On accourut près de lui, on lui débanda les yeux : imaginez, si vous le pouvez, quel patron il avait choisi. Le diable ! oui, le diable en personne foulé aux pieds de l'archange.

L'histoire n'est pas finie.

Évon mourut de chagrin, en reconnaissant son étrange méprise, et comme, *comparativement* AUX AUTRES, il avait honnêtement vécu, il s'en alla frapper à la porte du paradis. « Qui est là? demanda saint Pierre. — Un humble avocat anglais. — Pas un avocat n'entre ici. — Mais je n'ai jamais, dans l'exercice de ma profession reçu *plus d'*HONORAIRES qu'il ne m'en était dû ; surtout je me suis bien gardé d'en recevoir à la fois de deux adversaires : J'avais *trop* DE RESPECT de moi-même et des autres pour susciter, dans mon intérêt, des discussions interminables, et personne ne pourra dire que je me sois jamais chargé de soutenir une cause injuste. — S'il en est ainsi, répondit saint Pierre, vous êtes, sinon absolument, du moins *relativement* A VOS CONFRÈRES, un juste comme on n'en voit pas. Pour la rareté du fait, je vais vous ouvrir à deux battants les portes du ciel *.

Si j'ai tenu, mes chers enfants, à vous transcrire cette légende, ce n'est pas, Dieu m'en garde ! pour vous inspirer le mépris des avocats, surtout des avocats de notre temps, qui, inviduellement, peuvent être d'excellentes et de fort aimables gens. Mais je voudrais vous mettre en dégoût de ces sortes d'affaires où l'on a ordinairement besoin de leurs trop coûteux offices. Souvenez-vous, quand vous aurez assez *d'âge* pour vous conduire, que les procès, même quand on les gagne, n'enrichissent jamais leur homme. Tâchez d'être assez bienveillants pour qu'on ne songe pas à vous en faire, et surtout assez sages pour n'en jamais intenter vous-mêmes.

153e Dictée.

(*Grammaire*, § 296 et 297.)

Les élèves souligneront les prépositions simples ou composées qui, dans cette dictée, sont accompagnées de leur régime **.

IL ÉTAIT TEMPS.

VII.

Je me retournai instinctivement, et je relevai la tête pour regarder *derrière* MOI. La lune éclairait toute la rivière, on y voyait comme *en* PLEIN JOUR. Bonté divine ! J'avais bien raison de frémir. Ce n'était point, en effet, une pièce de bois que j'avais vue, mais un énorme crocodile ; je voyais son corps monstrueux, son dos couvert d'écailles, sa tête allongée, ses mâchoires béantes qui s'élevaient *au-dessus de* L'EAU ; je l'avais réveillé en plongeant tout à coup, et il cherchait à reconnaître la cause du bruit qu'il avait entendu.

* Voir X. MARMIER, *l'Avare et son trésor.*

** Nous écrivons la préposition en italiques et le régime en petites capitales.

Son étonnement avait bientôt cessé; à peine avais-je repris ma course qu'il avait fouetté l'eau *avec* SA QUEUE PUISSANTE, se précipitant *vers* MOI.

Son corps était tout entier *dans* LA RIVIÈRE, mais ses mâchoires et tout sa tête se dressaient *sur l'*EAU.

Je redoublai d'efforts, et *malgré* MA TERREUR, j'avançais rapidement. Le navire approchait; il n'était plus *qu'à* CINQUANTE MÈTRES *de* DISTANCE; le crocodile se trouvait plus *loin de* MOI que je ne l'étais moi-même *du* NAVIRE. Mais ces monstrueux amphibies nagent beaucoup plus vite qu'un homme; je le savais, j'étais sûr que le reptile allait m'atteindre, et alors....

Horreur ! je jetai un cri *d'*EFFROI que je répétai tout en nageant.

Des voix me répondirent; j'aperçus des ombres glisser *autour de l'*ÉPERON et courir *le long du* BEAUPRÉ; j'entendis en particulier Ben Brace qui m'indiquait la direction que je devais prendre.

J'étais *sous* LE BEAUPRÉ, mais je ne voyais pas de corde; je cherchais vainement celle qui m'était promise; on ne m'avait pas jeté. Qu'allais-je devenir ?

Je me soulevai de nouveau pour regarder où était mon ennemi. La tête noire du crocodile apparaissait *à* QUATRE MÈTRES *de* MOI tout au plus; je distinguais ses longues dents irrégulières, ses membres courts et robustes qui ramaient *avec* VITESSE.

Une minute encore, et je sentirais ces dents tranchantes; pris *par* LES MACHOIRES du monstre, je serais entraîné au fond du fleuve et dévoré, comme l'autre l'avait été *devant* MES YEUX.

Mais au moment où je me croyais perdu, je sentis une main vigoureuse me saisir *par la* CEINTURE, et m'enlever vivement. Le crocodile s'élança HORS DE l'eau, en cherchant à m'atteindre, et retomba lourdement *sans* AVOIR PU me toucher ! Il continua PENDANT quelques instants à battre le flot *avec* SA QUEUE, puis, voyant que sa victime lui avait échappé, il disparut, *après* avoir fait le tour du navire.

Ben Brace, on me l'expliqua un peu plus tard, avait couru *jusqu'à* L'EXTRÉMITÉ du beaupré; là il s'était laissé glisser *le long d'*UNE CORDE presque au niveau du fleuve, et il avait réussi à me saisir au moment où je remontai *à la* SURFACE *de* L'EAU *pour* regarder le crocodile.

J'étais bien et dûment sauvé, mais, comme vous avez pu voir, il était temps*.

154ᵉ Dictée.

(*Grammaire*, § 298.)

Les élèves souligneront les interjections qui, dans cette dictée, sont suivies d'un régime apparent ou réel.

LE STYLE ÉPISTOLAIRE.

LE MAÎTRE. — Pourquoi donc, mon cher Charles, as-tu l'air si préoccupé?

CHARLES. — Monsieur, parce que je voudrais écrire à mon frère Alfred, qui est absent depuis un mois.

LE MAÎTRE. — Un mois? et combien de fois lui as-tu écrit?

CHARLES. — Je ne l'ai pas encore fait.

LE MAÎTRE. — Fi! *le vilain négligent!* Et pourquoi ne lui as-tu pas écrit?

CHARLES. — Parce que je ne sais pas écrire une lettre, monsieur.

LE MAÎTRE. — Comment cela? voyons, essayons à nous d'eux d'écrire une lettre pour Alfred. Le veux-tu?

CHARLES. — Oh! certainement, monsieur, et vous me ferez grand plaisir.

LE MAÎTRE. — Eh bien, commençons.... « Méchant Alfred!... » Est-ce là ce que tu veux écrire.

CHARLES. — Oh! non, cher monsieur, je ne voudrais pas du tout dire cela.

---

* Imité du capitaine MAYNE REID : voir l'ouvrage intitulé : *A la mer!* dans la collection de la *Bibliothèque rose.*

LE MAÎTRE. — Et pourquoi pas ?

CHARLES. — Essayons autrement alors.... « Mon cher frère.... » Est-ce cela maintenant?

CHARLES. — Oh ! oui, monsieur, c'est parfaitement cela.

LE MAÎTRE. — Eh, bien ! donc, continuons. « Mon cher frère, malheur *à toi* et malheur *à nous !* Vendredi dernier, la moitié de Paris a été brûlée, etc.... »

CHARLES. — Oh ! non, non, monsieur, je ne veux pas dire cela.

LE MAÎTRE. — Et pourquoi ne veux-tu pas le dire?

CHARLES. — Parce que cela n'est pas vrai, vous le savez bien : il n'y a pas eu de feu à Paris.

LE MAÎTRE. Eh bien ! voici *autre chose.* « La nuit dernière, Mitoche a fait trois petits chats, l'un gris, l'autre blanc et le troisième jaune. » Pour le coup, cela est bien vrai, tu me l'as dit ce matin même.

CHARLES. — Je ne dis pas non, monsieur, mais pourtant je n'aimerais pas à dire cela.

LE MAÎTRE. — Pourquoi ?

CHARLES. — Parce que je ne crois pas que cela mérite d'être mis dans une lettre.

LE MAÎTRE. — Peste DU DÉGOUTÉ ! sais-tu, mon cher ami, que tu ne te montres pas du tout commode à satisfaire. Voyons si je t'ai bien compris, il faut, quand nous écrivons à nos amis, 1° ne jamais être grossiers ou malhonnêtes, 2° ne leur dire que ce qui est vrai, 3° leur dire des choses qui méritent d'être portées à leur connaissance. Est-ce bien cela ?

CHARLES. — Oui, en vérité, monsieur.

LE MAÎTRE. — Eh bien ! mon cher enfant, ne viens jamais me conter que tu ne sais pas écrire une lettre, car tu as, sur l'art d'écrire, des notions beaucoup plus exactes et plus sûres que beaucoup de personnages qui sont cinq fois plus âgés que toi.

155e Dictée.

(*Grammaire*, § 299 et 302. — RÈGLES DU PARTICIPE.)

Les élèves écriront dans une première colonne les participes présents et, dans une seconde, les participes passés que contient cette dictée *.

AVANT L'AURORE.

O vous tous, paresseux, qui ne rougissez pas de rester, une bonne partie de la matinée ÉTENDUS dans vos lits moelleux et ENFONCÉS sous vos couvertures, risquez-vous, une fois seulement, à faire ce qu'aujourd'hui j'ai FAIT moi-même, et vous verrez de quels doux plaisirs vous vous privez par votre mollesse.

J'avais DEVANCÉ le lever du jour, pour monter sur la roche qui domine notre maison. Une sorte de clarté incertaine et molle remplissait l'étendue, et les étoiles, de moins en moins BRILLANTES, s'effaçaient l'une après l'autre, et se perdaient dans le bleu tendre et transparent du ciel. Les objets lointains paraissaient encore PLONGÉS dans l'ombre, et y formaient çà et là de grandes masses dont on distinguait à peine le contour FLOTTANT. Nul bruit autour de moi, si ce n'est par intervalles le chant sonore d'un coq *éveillant* son monde, ou le souffle d'une brise légère *agitant* doucement les feuilles des saules et des peupliers. Il semblait que la nature dormît encore, mais d'un sommeil si calme, si *charmant* et si doux, que je sentais mon cœur tout ému. Tout à coup, au bout de l'horizon, un nuage EMPOURPRÉ sembla sortir de dernière les collines, et s'élevant lentement et par degrés, remplit l'espace d'une lueur plus vive ; l'alouette chanta, en *sortant* des sillons TRACÉS par le laboureur ; les arbres se remplirent de mille petits bruits d'oiseaux, et le soleil parut.

---

* Nous écrivons les premiers en italiques et les seconds en petites capitales.

156e Dictée.

(*Grammaire*, § 299 à 301. — Participe présent.)

Les élèves relèveront et transcriront dans deux colonnes séparées 1° les participes présents invariables donnés dans cette dictée, 2° les participes présents employés sous forme d'adjectifs *.

LES FORÊTS DE JAVA.

I.

Je suis sûr, mes enfants, que plus d'un d'entre vous, en *lisant* des aventures de voyage, se sera dit souvent en lui-même : Que ne puis-je, moi aussi, parcourir ces pays CHARMANTS dont on me décrit les merveilles ! Il ne faut pas trop vous laisser prendre à ces SÉDUISANTES peintures, qui sont loin quelquefois de répondre à la réalité. Voici, par exemple, ce que raconte, sur les forêts de Java, un voyageur qui les a vues autrement que dans les livres. De toutes parts, dit-il, des palmiers hérissés d'épines et d'aiguillons, des roseaux aux feuilles TRANCHANTES, *coupant* comme des couteaux, repoussent de leurs armes dangereuses celui qui veut y pénétrer. Partout, dans ce fourré épais, se dressent, d'un air MENAÇANT, de terribles orties ; de grandes fourmis noires tourmentent le voyageur de leurs morsures CUISANTES et des essaims d'innombrables insectes le poursuivent et le persécutent. Après avoir vaincu ou écarté tous ces obstacles, il arrive devant des massifs de bambous, *élevant* leurs tiges, grosses comme le bras, à cinquante pieds de hauteur, et *présentant* une écorce dure et vitreuse qui résiste aux coups de hache les plus formidables. Enfin, quand ce nouvel obstacle est écarté, il atteint l'entrée des dômes majestueux de la forêt vierge proprement dite. Il voit alors, *sautillant* de bran-

* Nous écrivons en italiques les participes invariables, et en petites capitales les participes variables.

che en branche, des singes qui ne font que l'agacer et lui jeter des fruits.

II.

A mesure qu'il s'avance, il voit l'orang-outang, à la mine sévère et mélancolique, *s'élançant* d'un rocher couvert de mousse, et, soutenu sur son bâton, *s'enfoncant* dans les fourrés. Partout on rencontre des animaux, ce qui rend ces forêts bien différentes de la solitude DÉSOLANTE de plusieurs de celles de l'Amérique centrale. On y voit des plantes GRIMPANTES élever leurs tiges en spirales et entrelacer à une hauteur de cent pieds les arbres les plus gigantesques, au point qu'elles semblent vouloir les étouffer. De grandes feuilles vertes et LUISANTES alternent avec des vrilles qui s'y cramponnent et des ombelles ODORANTES amplement fournies de fleurs blanches à teinte verdâtre. Méfiez-vous : c'est cette plante dont les racines fournissent aux indigènes le terrible poison des princes qui tue un tigre en quelques secondes. Au moins, la partie de la plante qui se développe au-dessus de la terre est-elle inoffensive; mais, en *continuant* sa marche, le voyageur ne tarde pas à rencontrer un arbre, dont la tige élancée dépasse tous ceux qui l'environnent. Le tronc monte à soixante ou quatre-vingts pieds, et porte une superbe couronne hémisphérique, *dominant* fièrement les autres plantes étalées autour de lui. Malheur au voyageur, si sa peau vient à toucher la séve laiteuse que contient en abondance son écorce trop prompte à s'ouvrir : des ampoules, des ulcères douloureux se déclarent aussitôt. Cet arbre, c'est l'arbre à poison des Malais; c'est lui qui leur fournit le suc vénéneux *servant* à empoisonner les flèches *.

* Extrait, presque textuellement, des *Merveilles de la végétation*, par M. F. MARION. Collection de la *Bibliothèque des merveilles*.

157e Dictée.

(*Grammaire*, § 299 à 301.)

Faites le même travail que sur la dictée précédente.

BÉBÉ, LE NAIN DU ROI DE POLOGNE.

Si vous allez jamais à Nancy, en *visitant* la bibliothèque de la ville, vous pourrez voir, entre autres objets curieux et INTÉRESSANTS, un squelette lilliputien, enfermé dans une cage de verre : c'est celui de Bébé, le fameux nain de Stanislas Leczinski, roi de Pologne et duc de Lorraine. Bébé, en *naissant*, n'avait pas tout à fait huit pouces, selon notre ancienne manière de compter, et ne pesait qu'une livre et demie. Quant on l'apporta à Stanislas, *dormant* dans le sabot à moitié rempli de laine qui lui servait de berceau, le roi fut émerveillé, et le garda auprès de lui. *Voulant* savoir si cette mignonne et délicate créature serait capable de s'instruire, il lui donna des maîtres. Bébé apprit à lire, à écrire et à compter ; il montra surtout une facilité et un goût SURPRENANTS pour la musique et la danse. Il était très-soigneux et très-coquet, *estimant* par-dessus tout les vêtements galonnés et BRILLANTS et les étoffes de couleurs VOYANTES. Il vécut en bonne santé, jusqu'à l'âge de vingt et un ans, *charmant* toutes les personnes de la cour par les gentillesses de sa personne et aussi par ses procédés OBLIGEANTS et ses manières affectueuses. A partir de cette époque, il cessa d'être gai, et commença à montrer dès lors les symptômes toujours CROISSANTS d'une précoce caducité. La dernière année de sa vie, — il avait alors vingt-cinq ans et une taille de trente-trois pouces et demi, — il paraissait tout décrépit : on le voyait se traîner en *chancelant* dans les jardins de son protecteur, ne *sortant* que par un temps très-chaud, et *marchant* à peine deux cents pas. Il est mort en 1780.

158e Dictée.

(*Grammaire*, § 302 et 303. — Participes passés employés seuls ou avec le verbe *être*.)

Les élèves souligneront dans cette dictée les participes passés qui ne sont pas précédés d'un verbe ou qui sont précédés du verbe *être*.

L'ÉPÉE DE DAMOCLÈS.

Voici une expression qui vous sera souvent *répétée*, que vous trouverez dans tous les livres, et dont le sens a besoin, si je ne me trompe, d'être *expliqué*.

Damoclès vivait, trois cent cinquante ans avant Jésus-Christ, à la cour d'un roi de Sicile nommé Denys, que les anciens nous représentent comme ayant *été* sinon l'un des plus honnêtes gens de son siècle, au moins l'un des plus malins, je pourrais dire même, des plus *rusés*. Or, Damoclès, dont l'esprit était, je pense, tant soit peu *borné*, vantait chaque jour le grandeur et la puissance de Denys, répétant à qui voulait l'entendre qu'un roi comme lui était nécessairement le plus heureux des hommes.

Le roi, qui savait mieux que personne à quoi s'en tenir sur sa propre félicité, fut à la fin *impatienté* de ces phrases banales qui lui sonnaient sans cesse aux oreilles : « Ce bonheur, qui te semble si *assuré*, lui dit-il un jour, veux-tu le goûter toi-même ? » Vous jugez si la proposition fut vite *acceptée*. Sur-le-champ, Damoclès est *placé* sur un trône d'or, *orné* d'un riche tapis. Il fait un signe, et des esclaves *vêtus* de pourpre s'empressent d'exécuter ses ordres. Un magnifique repas est servi, des vases d'or et d'argent brillent sur les buffets ; la table est *couverte* des mets les plus exquis et des vins les plus *renommés*.

Mais voilà que tout à coup il aperçoit, juste au-dessus de lui, une épée nue, *suspendue* au plafond par un crin de cheval. Et le malheureux dès lors n'eut de regards ni pour les riches étoffes, ni pour la table somptueuse, ni pour les vins parfumés : il ne vit plus qu'une seule chose : la terrible épée qui menaçait sa tête. Il se hâta de quitter sa place, et ne recommença plus, dit-on, ses éloges sans fin sur l'inaltérable bonheur des rois : la malignité de Denys eut lieu d'être *satisfaite*.

Quand il vous arrivera, par hasard, de jeter un coup d'œil d'envie sur des positions en apparence plus *relevées* et plus brillantes que la vôtre, souvenez-vous, mes chers amis, de l'épée de Damoclès.

159e Dictée.

(*Grammaire*, § 304 et 305.—Participe passé avec le verbe *avoir*.)

Les élèves souligneront d'un trait simple, dans cette dictée, les participes précédés du verbe *avoir*, qui doivent s'accorder avec le régime direct du verbe, d'un trait double ceux qui doivent rester invariables *.

LE FANTÔME ET LA CONDAMINE.

On m'a dit, chers enfants, que vous n'étiez pas précisément très-braves, et que vous aviez peur, j'ose à peine prononcer le mot, des fantômes et des revenants. On m'a dit que l'un de vous, je ne dirai pas son nom, avait VU, l'autre soir, une grande figure blanche, s'élevant, comme une fumée à l'entrée du bois, et que, poursuivi par cette grande figure, il avait PRIS la fuite à toutes jambes, criant et pleurant; et qu'enfin, depuis lors, ni lui, ni les autres, n'ont OSÉ retourner à l'endroit terrible. Permettez-moi de vous raconter ce que fit un jour, en pareille circonstance, un enfant de douze ans, qui plus tard, fut un grand savant, et qui a LAISSÉ un nom illustre, la Condamine**. Quelques personnes de la maison où il demeurait avaient dit en sa présence que, dans le parc, chaque nuit, se montrait un fantôme, et elles avaient AJOUTÉ que lui, la Condamine, n'oserait pas en affronter la vue. Le soir même il

* Nous écrivons ceux-ci en petites capitales.

** Voir la dictée de la page 172.

cache sous son habit une épée, une épée d'enfant, dont on lui avait fait cadeau, et seul, il va au fond du parc. Le fantôme se montre, gesticulant et étendant de grands bras, couverts d'un linceul. La Condamine tire son épée et frappe : l'épée se brise : « Le fantôme est un corps, dit l'enfant, car il a BRISÉ mon épée. » Et, en effet, c'étaient les domestiques qui avaient VOULU lui jouer le tour de s'habiller en fantômes pour éprouver son courage. Eh bien mes amis, il faut faire comme la Condamine. Je sais bien que ce n'est pas tout à fait votre faute si vous ne vous sentez pas, sur ce point, aussi intrépides que lui, mais quelles sottes idées on vous a *données*, et quelles tristes folies on vous a *laissées* dans l'esprit ! Oubliez-les, mes chers amis : loin de fuir devant un fantôme, si vous croyez en voir quelqu'un devant vous, marchez à lui, et vous aurez bientôt MIS à découvert le secret de ces formidables apparitions. Quelles singulières surprises j'ai *eues* bien souvent pour ma part, en reconnaissant que telle figure bizarre, qui de loin, je l'avoue, m'avait TROUBLÉ tant soit peu la vue, n'était, de près, rien autre chose qu'une muraille où donnait la lune, ou des feuilles qu'agitait le vent.

160ᵉ Dictée.

(*Grammaire*, § 306, 308 et 309. — Participe passé avec le verbe *avoir*.)

Même travail que sur la dictée précédente.

CONVERSION MUTUELLE.

Un jour, — c'est mon grand-père qui m'a RACONTÉ cette histoire, — un pauvre diable demandait l'aumône à un riche marchand, dont il avait ÉTÉ l'ami dans de plus heureux jours. Celui-ci, brutal et hautain, et à qui les richesses avaient *endurci* le cœur, repoussa le malheureux. « Si tu avais, lui dit-il, SUIVI la route que j'ai *suivie* moi-même, tu ne serais pas aujourd'hui réduit au triste état où je te vois. Mais les conseils que je t'ai *donnés*, tu ne les a pas écoutés; mes amis, qui étaient alors les tiens, t'avaient averti mille fois : tu ne leur as pas OBÉI. Mille fois j'ai ESSAYÉ moi-même de te ramener à une autre vie; mais tu étais sans raison, et, si justes que fussent mes reproches, tu les as *repoussés*. Je t'ai APPELÉ près de moi avec instance ; tu m'as RÉSISTÉ. Passe ton chemin maintenant : je ne te connais plus. — J'ai faim, dit le pauvre homme; garde tes discours pour une autre heure, et donne-moi du pain. » Le marchand ramassa une pierre, et comme le pauvre ne reculait que lentement, les yeux remplis de muets reproches, il lui lança cette pierre qu'il avait *ramassée*, et qui heureusement manqua son but. Le pauvre homme se baissa à son tour, et, prenant la pierre, il la serra silencieusement dans sa poche, puis, sans retourner la tête, il s'éloigna. Or, le marchand avait COMPTÉ sans les revers de la fortune. Cet or et cet argent, que ses soins et ses peines lui avaient si patiemment *amassés*, à quelques jours de là, il ne les possédait plus, et, comme il s'était montré impitoyable envers tout le monde, personne ne le plaignit. Le sort voulut qu'alors, honteux et accablé, il rencontrât, au tournant d'une rue, l'homme qu'il avait naguère si durement *traité*. Le premier mouvement de celui-ci fut de porter convulsivement la main sur cette pierre, qu'il avait *gardée* pour le jour de la vengeance. Mais comme il s'apprêtait à frapper, je ne sais quelle inspiration soudaine lui traversa l'âme, et, jetant loin de lui la pierre, il s'élança, les bras tendus, vers l'avare d'hier, son compagnon de misère aujourd'hui. La fortune, dit-on, leur a SOURI de nouveau à l'un et à l'autre ; leur opulence d'autrefois, ils l'ont aujourd'hui *retrouvée*, en se prêtant un mutuel appui, et tous deux ont GAGNÉ à leur revers d'un jour, le premier, de la prévoyance ; le second, de la générosité.

161e Dictée.

(*Grammaire*, § 307. — Participe passé après certains verbes neutres précédés de *que*.)

Même travail que sur les dictées précédentes.

MON ONCLE ANTOINE.

J'étais bien jeune encore, quand il était déjà bien vieux, mon oncle Antoine, et pourtant je ne l'ai jamais oublié. Il savait, voyez-vous, de si belles histoires, qu'il nous racontait, à nous autres petits, en nous faisant sauter sur ses genoux! Dame, vous comprenez que, pendant les quarante-cinq ans *qu'il avait séjourné* à l'étranger, je pourrais presque dire pendant sa vie tout entière qu'il avait passée à courir le monde, il lui était arrivé d'en voir de toutes sortes. Il avait été tour à tour soldat, marin, pionnier dans les grandes terres de l'Amérique, chercheur d'or en Californie; tous les métiers qu'on peut faire, il les avait faits, mon oncle Antoine, tous ceux qui sont honnêtes, bien entendu. Et quand il avait fini quelqu'un de ses merveilleux récits, — en vérité, je m'imagine, rien qu'à fermer les yeux, le voir encore, — il traçait en l'air, devant nous, un demi-cercle avec sa canne à pomme d'argent, comme s'il eût voulu y enfermer l'horizon, et il nous disait : « Oui, j'ai vu, mes bons amis, tout ce que je viens de vous dire, et je ne suis pas fâché assurément de l'avoir vu, mais cela ne vaut pas, croyez-moi, le coin de ciel que j'aperçois entre cette montagne où je suis né et la petite maison qui appartenait à mon père, et qui vous reviendra quand je ne serai plus. Vous autres, qui êtes jeunes, vous enviez mon sort, et moi-même autrefois peut-être n'ai-je pas toujours pensé comme je fais aujourd'hui. Mais le temps *que* ces illusions *ont duré* a été bien court, voyez-vous. Et depuis lors j'ai marché devant moi, parce qu'il ne m'était pas possible de retourner en arrière; mais j'ai marché à contre cœur et en regimbant contre la fortune.

Je ne sais quelle légende d'Orient parle d'un roi qui, bien que très-vieux, se prétendait jeune, parce que, monté fort tard sur le trône, il ne comptait dans toute sa vie que les douze ou treize ans *qu'il avait régné*. Au rebours de ce fou, mes bons amis, toutes ces années, ces années mille fois trop longues *que j'ai vécu* loin de mon pays, je ne les compte plus aujourd'hui que par le seul plaisir qui m'en reste, celui d'en faire servir le récit à vous amuser et à vous instruire. Mais, sachez-le bien, mes bons amis, c'est le toit paternel qui m'a donné, ou à peu près, les seules heures *que j'ai dormi* d'un sommeil tranquille, et les plus beaux jours que j'aie jamais vus, c'est ici, au milieu de vous, qu'il m'a été possible d'en jouir. » Il exagérait peut-être un peu, mon bon oncle Antoine, mais j'ai reconnu, moi aussi, après expérience, que ce qu'il disait n'était pas si sot.

162e Dictée.

(*Grammaire*, § 307. — Participe passé avec les verbes *coûter*, *valoir*, *peser*.)

Même travail que sur les dictées précédentes*.

LE JUGE BIEN AVISÉ.

I.

Voici, mes chers enfants, une petite anecdote que je vous donne pour ce qu'elle vaut, mais qui a du moins le mérite d'être assez plaisante.

Un homme riche et avare avait perdu une sacoche contenant cinq cents écus. Il fit publier par la ville qu'il en donnerait cent à celui qui la lui rapporterait. Deux jours après, un brave paysan se présente chez lui avec la sacoche. Notre homme la prend, compte et recompte la

* Nous écrivons en italiques les participes des verbes *coûter*, *valoir*, *peser* qui doivent rester invariables et en petites capitales ceux de ces mêmes participes qui doivent varier.

somme, et, pour plus de sûreté sans doute, place gravement le rouleau d'écus sur son trébuchet, puis, quand, l'un après l'autre, il les eut PESÉS, il dit au bonhomme : « Mon ami, cette sacoche est bien à nous; elle est de fin cuir d'Astrakan, et les trois ducats qu'elle m'a *coûté*, je ne les regrette pas, Dieu le sait : j'en aurais volontiers donné deux autres sur le marché ; elle les eût certes bien *valu*. Mille grâces donc vous soient rendues. » Et il faisait mine de le congédier. « Mais, murmura le paysan, la récompense?... — Comment, la récompense? dit l'avare. Il y avait, entendons-nous bien, dans la sacoche six cents écus; il ne s'en trouve plus que cinq cents : vous avez donc, très-justement d'ailleurs, prélevé les cent écus promis. Que le bon Dieu, mon ami, vous fasse jouir en paix de cette bonne fortune, et vous donne souvent lieu de mettre en œuvre l'honnêteté qui vous l'a VALUE ! »

II.

Le paysan vit bien qu'on se moquait de lui; mais, ne pouvant se tenir pour satisfait d'un pareil remercîment, il alla trouver le juge. Celui-ci manda l'avare ; et lorsque la sacoche, avec son contenu, eut été déposée sur le tribunal, il s'adressa au paysan : « C'est vous, lui dit-il, qui avez trouvé cette sacoche? » Le paysan fit signe que oui. Le juge se tourna alors vers l'avare : « Combien, lui demanda-t-il, avez-vous perdu? — Six rouleaux de cent écus. — Et combien y a-t-il dans cette sacoche? — Cinq cents écus, ni plus ni moins, monsieur le juge. Votre Seigneurie peut m'en croire; j'ai compté moi-même la somme, et je pourrais vous dire ce qu'elle pèse en livres, onces, grains et carats. — Cela nous suffit, » dit le juge ; et il prononça la sentence suivante : « Attendu que l'un de vous a perdu six rouleaux de cent écus, et que l'autre a trouvé une sacoche, laquelle, bien et dûment examinée, a été reconnue comme ne contenant ni les six rouleaux de cent écus perdus par le premier, ni la quantité de livres, onces, grains et carats qu'auraient *pesé* ces six cents écus, il est évident que l'argent trouvé ne peut pas être le même que celui qui a été perdu. En conséquence, vous, mon brave homme, remportez cet argent, et gardez-le jusqu'à ce que se présente une personne qui n'ait perdu que cinq cents écus. Quant à vous, monsieur, patientez : c'est la seule chose que je puisse vous dire. » L'auteur ajoute que, bien entendu, toute la ville sut bientôt l'histoire de l'avare, qu'on ne lui ménagea pas les quolibets, et qu'il ne s'est jamais consolé des déboires que lui a COUTÉS ce bon tour si bien joué à sa vilenie.

163e Dictée.

(*Grammaire*, § 310. — Participe passé avec le verbe *avoir*; règle des pronoms *en* et *y*.)

Même travail que sur les dictées précédentes *. Les élèves pourront souligner également les autres participes passés, particulièrement ceux qui sont précédés de pronoms personnels.

COMMENT JOSEPH LE FORGERON COMPTE SES BÉNÉFICES.

« Comment! voilà onze heures qui ont sonné, et Joseph bat encore l'enclume! Il faut croire qu'il est bien pressé de besogne ce soir. Entrons donc un instant chez lui pour nous réchauffer et pour savoir ce qu'il peut faire. — Bonsoir, Joseph. — Bonsoir, Thomas. Bonsoir, Pierre. — Eh bien, compère, l'ouvrage va donc grand train, que vous n'êtes point encore couché à cette heure? Tant mieux, morbleu! tant mieux! Plus il y a de fer sous le marteau, et plus il y a d'argent dans la bourse. — Eh non, mes amis, ce n'est pas précisément là le cas, vu que je ne travaille pas pour moi. — Comment? — Mais non, c'est pour François, notre voisin, qui a eu, vous le savez bien, sa

* Nous écrivons en italiques les participes passés précédés de *en* ou de *y* qui doivent rester invariables et en petites capitales ceux de ces mêmes participes qui doivent varier.

maison brûlée. Que voulez-vous! Ils sont là six sur la paille, le père, la mère, quatre enfants, et lui blessé! Quand on a rencontré de ces misères-là, voyez-vous, quand on y a *assisté*, quand tous ces petits, qui sont si mignons, on les a vus n'ayant pas seulement un morceau de pain à se mettre sous la dent, alors, malgré vous, le cœur vous saute, et on se dit : Voyons, que faire? Je n'ai pas d'argent à leur donner, moi, à ces braves gens; mais je me lève deux heures plus tôt, et je me couche deux heures plus tard : cela me fait, par semaine, deux journées de travail de plus. Je leur en ai *réservé* le prix, et avec cela ils sont déjà moins malheureux. Ils n'avaient pas un fagot dans leur taudis, et voilà les froids qui arrivent; tant bien que mal ils y ont pourvu. Le père Mathieu, pour quelques sous qu'il leur avait prêtés, l'année dernière, les tourmentait de ses visites; je les en ai DÉBARRASSÉS, en lui mettant, à ce vieux ladre, deux écus comptant dans la main. — Tout cela est fort bien, Joseph; mais les bons comptes font les bons amis. Croyez-vous que François soit jamais en état de vous rendre ce que vous lui avez donné? — Je n'y ai jamais beaucoup *compté*, mes amis; et je le crains bien moins pour moi que pour François, qui ne se relèvera pas peut-être. Mais quoi? Chaque jour apporte son pain. Après tout, voilà un mois que je travaille pour eux, et mes bras n'en ont pas *maigri* pour cela. Fallait-il, parce qu'ils sont malheureux, les laisser mourir sans secours? Encore une fois, si vous aviez pu, voyez-vous, avoir, comme moi, sous les yeux toute cette famille, qui souffrait et ne se plaignait pas, car ils sont fiers, les braves gens, le cœur vous eût certainement dit quelque chose pour eux, et vous n'y auriez pas plus *résisté* que je n'ai fait moi-même. — Assurément non, » répondirent les deux amis. Mais, quand ils eurent quitté Joseph, Thomas dit à Pierre : « En voilà un qui a une singulière façon de calculer ses intérêts! » Pouvait-il faire du forgeron un plus bel éloge?

164e Dictée.

(*Grammaire*, § 311. — Participe passé des verbes réfléchis.)

Même travail que sur les dictées précédentes*.

LES SUITES D'UNE INDISCRÉTION.

J'entends dire, mes enfants, que, malgré mes avis, vous vous êtes LIVRÉS, cette semaine encore, à votre défaut habituel, et que vous avez *cédé* à ce besoin, il faut le croire, insurmontable de tout voir et de tout dire, qui vous a si souvent joué de mauvais tours. J'avais cru, je l'avoue, que je pouvais compter un peu plus sur votre parole, et que vous vous seriez du moins ABSTENUS pendant huit jours d'une faute dont vous deviez, à vous entendre, vous être à jamais CORRIGÉS. Je sais bien qu'à votre âge vous ne pouvez pas encore vous être *arrogé* sur vous-mêmes cet empire que plus tard, je l'espère du moins, vous saurez prendre. Peut-être aussi ne vous êtes-vous pas encore bien CONVAINCUS des fâcheuses conséquences que que peut avoir votre conduite; je viens d'être témoin d'un douloureux événement, qui vous les fera sentir, je pense, mieux que tous mes discours.

Vous vous souvenez sans doute de M. Duport, notre voisin, que, l'été dernier, nous avions laissé si malade, et sans doute de madame Duport, si bonne, si aimable, si obligeante pour vous. Depuis votre retour à la pension, la santé de M. Duport s'est tout à fait ALTÉRÉE; les crises nerveuses qui le minent se sont *succédé*, ces jours derniers surtout, avec une effrayante rapidité, et aucun des médecins qu'on a appelés ne voit de remède à sa maladie. On avait tout fait néanmoins pour cacher ce triste état à Mme Duport, qui est elle-même fort souffrante; et comme le malade, bien que très-faible, ne garde pas le lit, jus-

* Nous écrivons en italiques les participes des verbes réfléchis qui doivent rester invariables et en petites capitales ceux qui doivent varier.

que-là rien n'était survenu qui pût faire obstacle à nos précautions. Mais voilà qu'au moment où les médecins se consultaient entre eux, Ernest, le petit-neveu de M. Duport, entre dans la chambre, et, sans paraître y prendre garde, prête l'oreille à la conversation; puis, quand ils sont partis, il court à sa tante, et, la tirant par sa robe : « Tante, dit-il, ce sont des méchants, ces messieurs-là; ils ont dit que mon oncle Henri était perdu.... » A ce mot, mes enfants, la pauvre femme, poussant un grand cri, s'est RENVERSÉE en arrière, comme si elle eût été morte; le délire, depuis ce moment, ne l'a pas quittée, et, au lieu d'une victime, la mort en aura bientôt pris deux dans cette maison.

Voilà, mes chers amis, où peut mener l'indiscrétion d'un enfant de six ans. Mettez-vous à la place de ce pauvre enfant, qui ne tardera pas à comprendre toute l'étendue des malheurs dont il a été cause. Songez que vous aussi vous auriez pu, en pareil cas, faire ce qu'il a fait, et voyez quel cruel remords vous vous seriez *réservé*, vous qui avez le cœur délicat, pour tout le reste de votre vie.

165e Dictée.

(*Grammaire*, § 312. — Participe passé suivi d'un infinitif.)

Même travail que sur les dictées précédentes *.

LE HÉRISSON.

I.

Je venais de rejoindre Georges et Alfred, que j'avais ENTENDUS pleurer dans un coin de la cour, et que je voyais fort occupés à enfoncer des bâtons sous un tas de bourrées, comme pour en faire sortir quelque chose. « Eh

* Nous écrivons en italiques les participes passés suivis d'un infinitif qui doivent rester invariables et en petites capitales ceux qui doivent varier.

bien, que faites vous là? leur dis-je. — Mon oncle, nous cherchons une bête, une drôle de bête, allez! Tout à l'heure, elle marchait à quatre pattes, et elle avait un petit museau, comme celui d'un rat; puis, quand elle nous a VUS arriver, elle s'est pelotonnée en boule toute garnie de pointes, de sorte qu'on aurait dit qu'elle n'avait plus ni tête, ni pattes, ni queue, et, malgré tous nos efforts, nous ne l'avons *pu* saisir : même, comme vous voyez, Georges et moi, en essayant de la prendre, nous nous sommes *fait* piquer les doigts. Alors, pour voir ce qu'elle allait devenir, nous avons fait mine de nous en aller, et elle nous a LAISSÉS faire; puis, quand elle a *cru* sans doute pouvoir nous échapper, nous l'avons VUE peu à peu sortir sa tête, et elle s'est sauvée à toutes jambes, si bien que nous sommes arrivés trop tard pour l'empêcher de se cacher sous les branches. Ce doit être une bien méchante bête, n'est-ce pas? mon oncle. » Il faut vous dire, mes enfants, que Georges et Alfred, mes deux neveux, que j'avais tout récemment *fait* venir de la ville, ne connaissaient pas grand'chose à la vie des champs. « Mon cher ami, dis-je à Alfred, tu vas bien vite dans tes jugements. »

II.

« Voilà, continuai-je, une pauvre petite bête qui ne t'a fait d'autre tort que de ne s'être pas *laissé* prendre au gré de sa fantaisie, et vous m'avouerez l'un et l'autre qu'à votre air elle avait *dû* juger assez mal de vos intentions; dès lors, sans autre forme de procès, vous la déclarez bête malfaisante. Eh bien, c'est tout le contraire qu'il faut penser d'elle. Cette bête est le hérisson, l'animal le plus inoffensif du monde, malgré cette couverture piquante qui ne lui sert qu'à se défendre, et non-seulement inoffensif, mais des plus utiles pour nous. Il mange, en effet, des souris, des insectes, des vers, des limaces et des limaçons, toutes méchantes créatures, qui ne veulent aucun bien à nos moissons et à nos récoltes. Il s'attaque même aux reptiles ; et, s'il faut croire à des récits que j'ai *entendu* faire bien souvent par des personnes très-dignes de foi, le venin de la vipère elle-même, si dangereux pour nous, n'a aucun effet sur le hérisson. Elle a beau le mordre au museau, même à la langue, elle lui fait à peine venir du sang. Aussi leur déclare-t-il, à notre profit, une guerre acharnée.

« C'est ainsi, mes amis, que bien des gens que vous aurez *vu* mépriser ou tourner en ridicule, pour quelque défaut extérieur, rudesse, laideur ou gaucherie, devront souvent vous paraître, si vous êtes justes, si vous allez au fond des choses, mille fois plus dignes d'égards, d'affection ou de respect, que ceux-là mêmes qui les méconnaissent ou les injurient. Vous aurez, croyez-moi, plus d'une fois l'occasion de mettre en pratique ces deux vers du bon la Fontaine :

Garde-toi, tant que tu vivras,
De juger les gens sur la mine.

166e Dictée.

(*Grammaire*, § 313. — Participe passé avant un infinitif accompagné d'une préposition.)

Même travail que sur les dictées précédentes.

LA PRÉVENTION.

C'était un jour de foire, et tous les habitants du canton n'avaient eu garde, comme bien vous pensez, de manquer au rendez-vaus. Ce qui attirait surtout les yeux des badauds, c'était, sur le milieu de la grande place, une baraque de pantomimes, et, parmi ces pantomimes, il y en avait un aux grimaces duquel ils *n'avaient cessé d'applaudir* avec frénésie. Ce bouffon se piquant d'honneur, et ne voulant pas sans doute demeurer en reste avec la foule, imagina de fermer le théâtre par un spectacle nouveau. Il parut seul sur la scène, se baissa, et, la tête couverte de son manteau, se mit à contrefaire si habilement le cri d'un cochon de lait, que les plus incrédules n'eussent vraiment pu s'empêcher de penser qu'il en avait un véritable sous ses habits. Aussi lui cria-t-on de secouer son manteau et sa robe, ce qu'il fit; et, comme il ne se trouva rien dessous, vous jugez les applaudissements. L'acteur avait quitté la scène, que les mains n'*avaient* pas encore *cessé de battre*, ni les bravos de retentir.

Un seul spectateur, brave paysan, peu susceptible, il faut le croire, d'un vif enthousiasme, ne s'était pas laissé aller à cet entraînement de toute l'assemblée. « Je n'aurais pas cru, dit-il à ceux qui l'entouraient, que des gens de bon sens comme vous se fussent jamais montrés si faciles à séduire. En vérité, les tours que vous avez vu faire à ce bouffon ne sont pas si difficiles que vous le pensez, et, quant au dernier, je prétends que si vous voulez user à mon égard de la même bonne volonté que vous *avez mise à l'entendre*, je vous ferai voir demain, ici même et à pareille heure, que je sais tout aussi bien que lui faire le cochon de lait. » On accueillit avec des quolibets la proposition du paysan; toutefois le défi fut accepté, et la foule revint, le jour suivant, plutôt pour siffler mon homme que pour voir ce qu'il savait faire. Le bouffon, qui parut le premier sur le théâtre, fut encore plus applaudi que le jour précédent. Alors le villageois, s'étant baissé à son tour et enveloppé la tête de son manteau, tira l'oreille à un véritable cochon qu'il *avait commencé par mettre* secrètement sous son bras, et lui fit pousser des cris perçants. Mais l'assistance, cela va sans dire, ne laissa pas de donner le prix au pantomime, et, comme le paysan faisait mine de vouloir recommencer, elle ne voulut pas même l'écouter. Alors le bonhomme, montrant tout à coup le cochon de lait aux spectateurs: « Messieurs, dit-il, les cris que vous *avez refusé d'entendre*, c'est cet animal qui les poussait: ce n'est pas moi que vous sifflez, c'est le cochon lui-même. Voyez comme vous êtes bons juges! »

167e Dictée.

(*Grammaire*, § 314. — Participe passé des verbes *pouvoir*, *devoir*, *vouloir*, *croire*, *désirer*, etc.)

Même travail que sur les dictées précédentes.

LE PÈRE GUILLOT LE REBOUTEUR.

Me voilà, mon ami, installé, depuis deux mois, dans cette paisible retraite que j'avais tant *désirée!* A six lieues à la ronde, il n'y a pas d'autre médecin que moi, et je puis volontiers me croire, dans ces contrées primitives, le seul représentant des doctrines de la Faculté. Le seul, pas tout à fait. Je me suis rencontré, ces jours derniers, avec un confrère, beaucoup plus ancien que moi dans le pays, et y possédant des intelligences bien plus suivies et bien plus nombreuses que je n'aurais *voulu*. Un brave bûcheron m'avait appelé, il y a environ un mois, près d'un de ses enfants qui avait une fluxion de poitrine. Je soignai l'enfant de mon mieux; il ne tarda pas à se relever, et, comme il m'intéressait, l'autre jour, en passant à travers les bois, j'entrai dans la cabane. Le père, à mon approche, parut un peu embarrassé; je m'imaginai qu'il songeait aux petites sommes qui m'étaient *dues*, et je m'empressais de le rassurer, quand j'avisai mon petit malade couché de nouveau sur son lit. « Comment, lui dis-je, encore ici? et vous n'êtes pas venu me chercher, père François? — Oui.... non.... monsieur, dit le père François en balbutiant. Voyez-vous, ils disent tous que les maladies du dedans, c'est l'affaire des médecins, mais que pour les blessures qu'on se fait au corps, c'est l'affaire du père Guillot, et, dame, comme Victor s'était fait mal à l'épaule en tombant d'un arbre, je me suis adressé au père Guillot, que voici, et qui est un fameux rebouteur, n'est-ce pas, père Guillot? »

Et en même temps le bûcheron me montrait un petit homme à cheveux gris, qui se chauffait les jambes sous le manteau de la cheminée.

Je saluai le père Guillot avec tout le respect qui lui est *dû*, en le regardant toutefois d'un air qui lui fit sans doute comprendre que je n'étais pas dupe de ses momeries ; puis je m'approchai du pauvre enfant, qui avait, ni plus ni moins l'épaule démise, et dont le père Guillot venait, je l'ai su depuis, de toucher le mal, comme on dit dans le pays. Quand je me retournai, mon confrère, sans souffler mot, s'était esquivé. J'ai évité, comme tu peux le croire, de m'épuiser en observations, que très-probablement on aurait *crues* intéressées, et je me suis contenté de faire tous les efforts que j'ai *pu* pour tirer le petit Victor de l'état où l'avait laissé le père Guillot. Grâce à Dieu, j'ai réussi, mais je vois bien maintenant, mon cher ami, qu'il n'est pas si facile de faire le bien que je l'avais *pensé* d'abord.

168e Dictée.

(*Grammaire*, § 315. — Participe passé précédé d'un adverbe de quantité.)

Même travail que sur les dictées précédentes.

A BON CHAT BON RAT.

I.

Voici une petite anecdote racontée par un voyageur qui a pu, tout récemment, traverser, sous l'habit de médecin, les contrées jusqu'alors à peu près inconnues de l'Arabie centrale*; elle vous montrera que, malheureusement, la mauvaise foi est de tous les pays.

« J'avais donné mes soins, dit le médecin voyageur, à un certain personnage qui passait, aux yeux de ses compatriotes, pour un grand saint, et que j'avais, quant à moi, tout lieu de prendre pour un grand hypocrite. Autant de fois j'étais venu frapper à sa porte pour lui demander ce qui m'était dû, autant de fois je l'avais trouvée close. Je

* M. Palgrave. Voir la page 70.

sus de plus que mon homme, pour colorer sa friponnerie, employait auprès de certaines gens, à qui je ne cachais pas *le peu** de sympathie que m'avait *inspiré* sa personne, ce singulier argument :

« La vie de l'homme, disait-il, est entre les mains de Dieu seul, et sa volonté est la seule cause de la santé ou de la maladie, de la vie ou de la mort. *Le peu* de jours qu'il nous a accordés, c'est lui qui nous les conserve ou qui nous les ôte, comme il lui plaît. En appelant des médecins, quand nous nous trouvons malades, — et moi, tout le premier, j'en conviens, j'ai eu cette faiblesse, — nous offensons Dieu, et de *combien d'*iniquités ne nous sommes-nous pas ainsi *rendus* coupables, sans nous en douter peut-être. *Autant d'*efforts nous avons *faits* pour prolonger cette vie qui ne nous appartient pas, *autant d'*impiétés nous avons *commises*. Mais les plus pervers de nous tous, ce sont les médecins eux-mêmes, sacriléges, puisqu'ils usurpent un pouvoir divin ; menteurs, puisque les guérisons qu'ils s'attribuent ne sont aucunement leur œuvre, et à ce double titre, ne méritant ni remercîments, ni récompenses, dignes bien plutôt d'être honteusement congédiés et chassés par les vrais croyants. »

II.

« *Beaucoup de* mes amis avaient *entendu* ces propos, et charitablement ils étaient venus me les redire. Je ne me tins pas pour battu. Mon homme était puissant dans la ville; trop de rigueur pouvait me perdre, mais *trop de* condescendance ne m'eût pas moins *nui*. Il fallait agir de finesse ; je m'y hasardai. Un certain jour, je fis venir chez moi, sous un prétexte quelconque, tous ceux que je connaissais, le saint homme comme les autres, et là, devant tout le monde, je l'interpellai directement, et lui dis :

* Quand *le peu* suivi d'un nom signifie une petite quantité, c'est le nom qui détermine l'accord ; quand *le peu* signifie *le manque*, c'est avec la locution adverbiale elle-même que l'accord se fait.

« Mon ami, il est hors de doute que la santé vient de Dieu seul, et que le médecin mérite peu de remercîments; de la même façon, ni plus ni moins, j'entends que, quand vous me payerez la somme qui m'est due pour *le peu* de soins que je vous ai *donnés*, c'est Dieu qui, par vos mains, me la payera; vous ne serez en cela que son instrument; et, quand vous m'aurez payé, je vous devrai tout *aussi peu* de reconnaissance que vous m'en avez *témoigné* vous-même. »

« Le renard était pris au piége; comme il vit que les rieurs n'étaient pas de son côté, il s'esquiva, et j'eus mon argent. »

169e Dictée.

(*Grammaire*, § 302 à 315. — Participe passé : Récapitulation.)

Même travail que sur les dictées précédentes *.

LE PÈRE JÉRÔME.

De toutes les vieilles gens que j'ai *rencontrés* dans ma vie, celui dont le souvenir m'est *resté* le plus charmant et le plus doux était un simple jardinier qu'on appelait le père Jérôme. Que de bons moments j'ai *passés* avec lui sous le berceau de clématites dont il avait *fait*, tout au fond de son petit jardin, une retraite fraîche et *parfumée!* Soldat dans sa jeunesse, il avait *voyagé* longtemps, et il me racontait tous les dangers qu'il avait *courus*, toutes les misères qu'il avait *essuyées*, et aussi toutes les merveilles qu'il avait *pu* contempler, toutes les grandes choses qu'il avait *vu* faire. Sur ce dernier point surtout, le père Jérôme avait une mémoire inépuisable. Il semblait que tout ce qui lui était *arrivé* de mauvais de la part des hommes eût *glissé* sur son âme indulgente et tendre. Les déceptions qu'il avait *éprouvées*, comme nous en avons *éprouvé* tous tant que nous sommes, les piéges où sa bonne foi s'était *laissé*

* Nous soulignons tous les participes passés.

surprendre, les intrigues, les rivalités, les méchancetés qui avaient *obstrué* sa route et *essayé* d'arrêter ses pas, il les avait doucement *écartés*, et il s'était *frayé* passage, marchant toujours droit et toujours ferme, mais sans avoir jamais *repoussé* ni même *fait* reculer personne. Vous dormez maintenant, père Jérome, sous cette terre qu'ont si longtemps *cultivée* vos mains honnêtes et laborieuses; mais toutes les saines leçons que vous m'avez *données*, tous les exemples fortifiants que vous m'avez *placés* sous les yeux, je ne les ai point *oubliés;* la bonne semence que vous aviez *fait* germer dans mon cœur, je ne l'ai point *laissée* périr. Que la fortune se soit *plu* à seconder mes efforts, ou qu'elle ait *trompé* mes espérances, je me suis toujours *tourné* vers vous; vous reportant tout l'honneur du peu de sagesse que j'ai *su* montrer, du peu de sympathie sincère et cordiale que j'ai *trouvée* dans les autres, et qu'ils ont, bien à tort, *attribuée* à mon propre mérite, qui n'eût été rien sans vous.

170e Dictée.

(*Grammaire*, § 302 à 315. — Participe passé : Récapitulation.)

UN INSTITUTEUR A SON ANCIEN ÉLÈVE.

Je ne saurais vous exprimer, mon cher enfant, toute la joie que m'a *causée* la démarche que vous avez *faite* auprès de moi. Vous en avez *jugé* avec grande raison : le peu de connaissances que vous a *données* votre séjour de trois ans dans une école, où pourtant vous avez *laissé* de si bons souvenirs, est assurément bien insuffisant. Que de choses qui n'ont pu vous être *enseignées*, et qu'il vous faudrait savoir ! Que de choses que vous avez *sues*, et que vous oublierez ! Je vous rappellerai cette comparaison, que bien des fois déjà vous m'avez *entendu* faire, et qui est toujours vraie, quoiqu'un peu *vieillie:* L'esprit est comme un domaine, dont les terres doivent être sans relâche *soignées* et *amendées* Dans les fermes bien *exploitées*, vous ne sauriez trouver une parcelle du sol qu'on ait *laissée* sans culture. Et il y a longtemps qu'on a *renoncé* au système suranné des jachères. Si vous ne faisiez de même pour votre esprit, ou il serait bientôt *devenu* tout à fait stérile, ou, comme de mauvaises herbes parasites, les idées fausses, les passions basses y auraient bientôt *germé*, foulant et étouffant le bon grain, je veux dire les saines connaissances et les sentiments généreux. Et au lieu de recueillir le fruit de tout le soin que vous avez déjà *pris* et de toutes les peines que vous vous êtes déjà *données*, il vous faudrait, sous peine de vous écarter de plus en plus des principes que vos parents ont *cherché* à vous inspirer, passer tout votre temps à réparer, avec grand effort, les pertes que, par négligence, vous auriez *laissé* faire à votre intelligence et à votre âme. J'applaudis donc de tout mon cœur à la bonne résolution qui vous a *porté* à me choisir de nouveau pour diriger, comme par le passé, les études que vous vous êtes *proposé* de continuer dans la mesure de vos moyens. Je serai toujours tout à vous, et vous me trouverez toujours disposé à vous faire part du peu d'expérience que m'ont *faite*, avec les années, les livres que j'ai *lus* et les hommes sérieux et utiles que j'ai *entendus* parler, ou qu'il m'a été *donné* de connaître.

171e Dictée.

(*Grammaire*, § 302 à 315. — Participe passé : Récapitulation.)

HARPAGON ET SA SERVANTE.

HARPAGON. — Je sors, l'esprit assez *rassuré*; personne ne peut se douter de l'endroit où ma petite fortune est *cachée*. Holà! toi, ou étais-tu *fourrée* tout à l'heure! J'ai *crié* après toi dans toute la maison, et tu ne m'as pas *répondu*.

LA SERVANTE. — Seigneur, mon Dieu! comme je vous croyais *parti*, je m'étais *retirée* dans ma chambre, et je priais dévotement le ciel, pour qu'il vous soit *donné*, sur vos vieux jours, beaucoup de bonheur et beaucoup d'argent.

HARPAGON. — Tu dis qu'on m'a *donné* beaucoup d'argent?...

LA SERVANTE. — Seigneur, mon Dieu! si j'ai dit cela, je me suis *trompée;* j'ai voulu dire que je priais le ciel, qui n'a jamais *laissé* la vertu sans récompense, de vous accorder beaucoup d'argent.

HARPAGON. — A la bonne heure : mais je crois bien plutôt que tu m'avais *suivi* pour m'épier, méchante pie bavarde, ou que tu t'étais *cachée,* pour me voler.

LA SERVANTE. — Pour vous voler! Et que vous volerais-je, grand Dieu? A part les murs de la maison, qui ne sont guère *faits* pour être *emportés,* je ne vois pas ce qu'on pourrait prendre ici!

HARPAGON. — C'est vrai, je suis un pauvre homme, à à qui les faveurs de la fortune n'ont jamais été *accordées,* et qui n'a jamais *réussi,* malgré toutes les peines qu'il s'est *données* pendant toute sa vie. Mais c'est égal; il y a des gens si méchants, qu'ils pourraient croire, vois-tu, que j'ai ici de l'argent *caché.* Cela n'est pas, entends-tu bien; comment cela pourrait-il être?... Je sors, et je prétends que la porte reste *fermée,* et que les verrous soient *tirés,* jusqu'à ce que je sois *rentré.* Si la voisine vient te demander quelque chose à emprunter, tu répondras que les voleurs sont *venus* et qu'ils nous ont *dérobé* tout, la nuit *passée.* Rentre vite, car si je viens à savoir que tu as *mis* seulement le bout du nez hors de la maison,... suffit! (il lui montre sa canne.)

LA SERVANTE, *restée* seule. — Le vilain homme! Seigneur mon Dieu! me traiter ainsi, après toutes les peines que je me suis *données* pour son service!

HARPAGON, sortant, après avoir *appuyé* contre la porte, pour s'assurer qu'elle est bien *fermée.* — Je tremble qu'elle n'ait *flairé* l'endroit où est *déposée* ma chère cassette!

III. — DICTÉES SUR LA SYNTAXE DE SUBORDINATION.

172e Dictée.

(*Grammaire*, § 316 et 317.)

Les élèves souligneront dans cette dictée les verbes subordonnés, et indiqueront par les numéros 1, 2, 3, 4, 5, cette subordination, selon qu'elle est indiquée : 1° par le participe, 2° par l'infinitif, 3° par une conjonction, 4° par un relatif, 5° par un interrogatif.

UN GRAND POËTE DANS SA FAMILLE.

Racine, *qui a donné* tant de chefs-d'œuvre à la scène française, était, dans sa vie privée, plein de simplicité et d'une sorte de bonhomie délicate et charmante.

Quelque agrément *qu'*il *pût trouver* à la cour, *où* il *était* fort *goûté* par le plus grand monde d'alors, il y mena toujours une vie retirée, *partageant* son temps entre un petit nombre d'amis et ses livres. Sa plus grande satisfaction était *de revenir*, *toutes les fois que* son service auprès du roi le lui *permettait*, *passer* quelques jours dans sa famille, et à ceux *qui* lui vantaient les avantages de sa position, il avait coutume *de répondre* : Vous ne savez guère *qui* je *suis* : quand je me *retrouve* à ma table avec ma femme et mes enfants, j'y fais, je vous jure, meilleure chère qu'aux repas les plus somptueux.

On conte qu'un jour *étant revenu* tout exprès de Versailles *pour goûter* ce plaisir, il *trouva* chez lui un écuyer *appartenant* à la maison de Condé, *lequel venait* le *prévenir qu'*on l'*attendait*, ce jour-là même, *à dîner* chez monsieur le duc. Monsieur le duc, c'était ni plus, ni moins, le troisième ou quatrième personnage du royaume, un prince du sang, le petit-fils du grand Condé. « Je n'aurai point l'honneur *d'y aller*, répondit Racine, il y a plus de huit jours *que* je n'*ai vu* ma femme et mes enfants ; ils se font une fête *de manger* aujourd'hui avec moi une très-belle carpe ; je ne puis me *dispenser de dîner* avec eux. » L'écuyer lui représenta *qu'*une compagnie nombreuse, *invitée* au repas de monsieur le duc, *se faisait* aussi une fête *de l'avoir*, et *que* le prince *serait mortifié*, *s'il* ne *venait* pas. Racine se fit *apporter* la carpe, *qui était* environ d'un écu, et la *montrant* à l'écuyer, il lui dit : « Jugez vous-même *si* je *puis refuser de dîner* avec ces pauvres enfants, *qui ont voulu* me *régaler* aujourd'hui, et *n'auraient* plus de plaisir, *s'ils* mangeaient ce plat sans moi. Vous ferez, monsieur, *valoir* cette raison à Son Altesse Sérénissime ; vous lui direz *quelle* circonstance particulière *m'empêche de* me *rendre* à son invitation, si obligeante pour moi, et vous la supplierez *d'agréer* mes excuses. »

L'écuyer fit la commission de Racine ; Son Altesse Sérénissime rit beaucoup de la carpe, et il ne cessa pas *de tenir*, au nombre de ses amis, un homme *qui savait être* à la fois un grand poëte et un bon père de famille.

173e Dictée.

(*Grammaire*, § 318 à 320.)

Les élèves 1° transcriront les participes contenus dans cette dictée et les remplaceront par les temps équivalents de l'indicatif ou du subjonctif précédés d'un relatif; 2° souligneront d'un trait simple les participes qui se rapportent au sujet du verbe, d'un trait double ceux qui se rapportent au régime, d'un trait triple ceux qui ne se rapportent ni au sujet ni au régime *.

LE LAPIN BLANC.

Un seigneur anglais venait de toucher une somme assez forte en billets de banque. Il retournait chez lui et traversait un bois peu fréquenté, lorsqu'il rencontre un homme, *portant* sur son épaule un joli lapin blanc. Cet homme lui demande s'il veut lui acheter son lapin. L'Anglais refuse ; l'autre résiste, et finit par montrer une paire de pistolets. Il est difficile de résister à une prière *appuyée* sur de tels arguments. Le gentleman, comme on dit de l'autre côté du détroit, *renfermant* en lui-même toute sa colère, se borne à demander le prix du lapin. « Mille guinées, mi-

* Nous écrivons ces derniers en petites capitales, les autres en italiques.

lord ! » C'était justement la somme qu'il venait de toucher. « Vous êtes un peu cher, » répond milord, et, sans ajouter un seul mot, il tire son portefeuille. L'homme au lapin, les billets EMPOCHÉS, disparaît lestement dans les profondeurs du bois.

Quelques années après, le lord, se *promenant* dans Londres, reconnaît, fort *occupé* dans l'intérieur d'une boutique, son propre voleur *faisant* mentir le proverbe, qui veut que le bien mal acquis ne profite jamais, et *devenu*, à en juger par l'apparence, un commerçant aisé.

Milord s'informe dans le voisinage, s'assure bien de l'identité du voleur d'autrefois et du commerçant d'aujourd'hui, et, toutes ses précautions PRISES, se présente dans le magasin, *muni*, à son tour, d'un lapin blanc.

« Monsieur, dit-il au marchand, voici un lapin blanc que je veux vous vendre. » L'homme jette un regard sur son visiteur et le reconnaît : « Il suffit, milord, lui dit-il, vous n'avez pas besoin de me dire votre prix ; je le sais d'avance. Et, *prenant* dans son secrétaire mille guinées, il les remet au gentilhomme, qui se tint pour content, dit-on, et lui fit grâce des intérêts.

174e Dictée.

(*Grammaire*, § 321 à 325.)

Les élèves 1° transcriront les infinitifs donnés dans cette dictée et les remplaceront par les temps équivalents de l'indicatif ou du subjonctif précédés de la conjonction *que;* 2° souligneront d'un trait simple les infinitifs employés comme sujet, d'un trait double les infinitifs employés comme régime direct ou indirect, qu'ils soient précédés ou non d'une préposition *.

UN RUSÉ COMPÈRE.

Ce rusé compère dont je veux vous *parler*, mes amis, c'est un oiseau que vous connaissez sans doute, le pivert.

---

* Nous laissons en caractères romains les infinitifs sujets ; nous écrivons en italiques les infinitifs régimes directs, et les infinitifs régimes indirects en petites capitales.

L'été dernier, je me promenais seul dans mon jardin, lorsque j'en aperçus un qui, placé à quelques pas de moi, se tenait en éveil, voulant sans doute s'*assurer* qu'on ne l'épiait point. Cette manœuvre me promettait l'occasion d'une observation peut-être curieuse ; « Il faut *voir*, me dis-je, ce qu'il va *faire*, » et je n'hésitai pas à *m'*ARRÊTER et à me TENIR coi dans un taillis.

De là, je découvris bientôt mon pivert étendu sur le sable et immobile. Il se mit à TIRER démesurément la langue, feignant d'*être mort*.

« Quel est son dessein? » pensais-je en moi-même. Se tiendra-t-il longtemps ainsi? Est-ce qu'il dort? Dormir dans cette position, si gênante pour un oiseau, c'est incompréhensible.

Je ne tardai pas à AVOIR la réponse à mes questions.

En effet, je vis bientôt la langue, ainsi projetée, *rentrer* dans le bec, puis, s'allongeant encore, *rentrer* ensuite prestement, pour *sortir* de nouveau.

Or voici ce qui se passait. Il y avait, dans une allée voisine, une fourmilière souterraine. Les fourmis, s'avançant en longue file, étaient venues EXAMINER l'oiseau, et, le croyant mort, enchantées sans doute d'une si bonne aubaine, elles s'étaient jetées sur sa langue pour la *dévorer*.

Mais quand la charge fut complète, le pivert, sentant sa langue bien couverte de fourmis, crut, lui aussi, le moment venu, et les avala. Il recommença plusieurs fois ce manége, puis, repu à son gré, il se remit sur ses pattes, et s'envola.

Où allait-il? Je le suivis, et le vis bientôt s'*abattre* sur un arbre où était son nid. C'était à ses petits qu'il portait cette nourriture si laborieusement conquise. Les jours suivants, je recommençai à OBSERVER l'oiseau. Il allait sans cesse de son arbre à l'allée, recommençant sa manœuvre, et répétant ses voyages aussi souvent que le commandait l'appétit de la chère nichée. Il fit si bien que les fourmis furent bientôt détruites ou qu'elles durent *aller s'établir* ailleurs.

Et c'est pourtant cet oiseau, si intéressant et si utile, que nous ne cessons de *détruire* chaque jour.

175e Dictée.

(*Grammaire*, § 326 à 331.)

Les élèves souligneront, dans cette dictée, les verbes subordonnés à une conjonction, et ils expliqueront pour quelle raison ces verbes sont employés à l'indicatif ou au subjonctif et à tel temps plutôt qu'à tel autre de l'indicatif ou du subjonctif.

AMOUR FILIAL.

Je ne crois pas *qu'*il y *ait* au monde de plus touchante légende que celle que je vais vous dire et dont vous pourrez entendre le récit aux veillées du soir, *si* le hasard vous *conduit* jamais dans la cabane hospitalière des montagnards de l'Etna.

Il y avait de longues années *que* le volcan *semblait* avoir étouffé ses feux, et, comme des nains qui grimpent sur les épaules d'un géant, de nombreux villages s'étaient, l'un par-dessus l'autre, bâtis sur ses flancs, étendant chaque jour leurs champs et leurs vignes, et les rapprochant de la gueule du monstre, *jusqu'à ce que* celui-ci vint à se réveiller de son lourd sommeil.

Aussi, *lorsque* ce jour *arriva*, la catastrophe fut-elle terrible.

La lave, longtemps comprimée, se fraya enfin un passage, et, s'échappant, comme d'un vase trop plein, des bords calcinés du cratère, elle commença à se répandre en nappes de matières rougies, pareilles à du métal fondu, le long des parois de la montagne.

Et *à mesure qu'*un flot nouveau sortait de la bouche de feu, le flot qui le précédait, poussé par cette lourde masse, acquérait dans sa course une rapidité et une violence nouvelles.

Les premiers villages furent détruits aussitôt qu'atteints, *avant* même *que* les habitants *eussent pu* songer à faire retraite.

Dans ceux qui étaient situés un peu plus bas, ce fut, à la première nouvelle de l'éruption, un sauve-qui-peut général, chacun ne songeant qu'à sa propre vie et faisant désormais bon marché de tout le reste.

A ce moment, on vit deux jeunes gens, portant entre leurs mains entrelacées leur vieille mère affaiblie par l'âge, descendre lentement la montagne sous le poids de ce précieux fardeau, sans paraître s'apercevoir *qu'*à chaque instant la lave fumante *gagnait* du chemin sur eux. « Mes enfants, leur disait la mère, je suis bien vieille et vous êtes bien jeunes; je ne veux pas *que* vous *mouriez* pour moi; abandonnez-moi et sauvez-vous. »

Les jeunes gens ne répondaient pas, et la lave les gagnait toujours.

Mais au moment où elle va les atteindre, *comme si* les forces aveugles de la nature *eussent été* tout d'un coup *saisies* d'un respect surnaturel en présence de ces deux martyrs de la piété filiale, à une pointe de rocher que sa course furibonde semblait devoir briser comme un jouet d'enfant, la lave se sépare en deux courants, et de chaque côté ce fleuve de soufre et de feu faisait cortége à la mère et aux fils qui trouvèrent enfin un refuge au pied même de la montagne.

176e Dictée.

(*Grammaire*, § 330 et 331. — Règle d'attraction.)

Les élèves souligneront les verbes subordonnés contenus dans cette dictée, et ils expliqueront quelle relation de temps et de mode il existe entre chacun de ces verbes et le verbe principal dont il dépend.

L'HOSPITALITÉ ARABE.

Voici un exemple des mœurs hospitalières des Arabes, que j'emprunte à un de leurs plus beaux livres, les Aventures d'Antar *; je pense que *vous* ne le *connaissez pas*.

Au milieu d'un combat, Chéiboub, le frère d'Antar, a vu le cheval du héros s'enfuir, la selle vide, et, s'imagi-

* Voir la remarquable traduction qu'en a récemment publiée M. L. M. Devic.

nant qu'Antar est mort, il quitte lui-même la mêlée pour regagner sa tribu. Une cinquantaine de cavaliers ennemis s'élancent après lui, et la poursuite dure depuis midi jusqu'au soir.

Il parvient ainsi au pied d'une montagne, devant une caverne, à l'entrée de laquelle est assis un jeune berger occupé à préparer son repas. « Jeune homme, lui dit Chéiboub, je doute que tu m'*aies* jamais *vu* et que tu *puisses* savoir qui je *suis*; mais ce n'est pas le moment des longs discours; mes ennemis courent après moi; je me mets sous ta sauvegarde. — Tu es mon hôte, répond le berger ; qui que tu *sois*, entre dans ma demeure. »

Chéiboub était à peine entré que les cavaliers *arrivèrent* auprès du pâtre. Ils venaient par groupes de dix et de vingt. « Livre-nous, lui crièrent-ils, ce démon qui a tué nos hommes et troublé notre repos. Fais-le sortir, afin que nous le *percions* de nos lances. Nous ne voudrions pas qu'il te *fût fait* le moindre mal à cause de lui, mais il faut, entends-tu bien, qu'il *soit puni* comme il le mérite. »

Le pâtre résista longtemps, puis voyant qu'à chaque minute s'*augmentait* le nombre des cavaliers : « Du moins, dit-il, faites avec moi un accord ; éloignez-vous à quarante coudées de l'entrée de la caverne, afin que je le *fasse* sortir de ma sauve-garde. Alors ce sera votre affaire à vous et à lui ; mais ne me forcez pas à trahir mon hôte. — Soit ! » répondirent-ils.

Le jeune berger entra dans la grotte. « Ami, dit-il à Chéiboub, tu as entendu ce qui m'est arrivé avec cette troupe. Si j'*avais* avec moi seulement dix des miens, je ne laisserais pas un seul d'entre eux arriver jusqu'à toi. Mais, puisque cela n'est pas, dépouille tes vêtements et revêts les miens. Puis va les trouver, et dis leur : « J'ai « tout fait pour que l'étranger *sortît* de la grotte; il a « refusé; arrangez-vous avec lui. Moi, je m'en vais. » Voici ma besace et mon bâton, dérobe-toi à leur fureur. Le reste me regarde. »

Chéiboub fit ce que lui avait dit le berger, et sortit

de la caverne. La ruse réussit, et tandis que leur ennemi s'*enfonçait* dans le désert, les cavaliers ne trouvèrent plus que le berger couvert des vêtements de Chéiboub. « Malheureux ! dirent-ils, qu'as-tu fait? — Ce que j'ai *dû*, répondit le pâtre, et je serai content, si cela vous *convient* ainsi, que vous me *perciez* de vos lances. »

Les cavaliers s'entre-regardèrent, et, après quelques instants d'une muette délibération, ils se remirent en selle et épargnèrent le jeune berger.

177e Dictée.

(*Grammaire*, § 332 à 336.)

Les élèves souligneront les pronoms relatifs et les différentes locutions interrogatives auxquels, dans cette dictée, sont subordonnés des verbes, et ils expliqueront pourquoi ces verbes sont à tel ou tel temps de l'indicatif ou du subjonctif.

LA PERSÉVÉRANCE.

Nous voici arrivés à la fin de la grammaire. Si l'on vous eût dit, au commencement de l'année : « Vous voyez ce livre; il faut qu'avant un an nous en ayons étudié en grand détail toutes les pages, » plus d'un assurément parmi vous se fût écrié : « Vous nous demandez l'impossible; vous ne savez donc pas *de quelle* difficulté *sont* ces règles que vous voulez nous faire apprendre. » Je le savais, mais je savais aussi *qui* vous *étiez* et *quels* efforts on *pouvait* attendre de vous. Vous voyez maintenant *où* nous en *sommes*. La seule cause de notre succès, c'est que nous avons été persévérants. Donnez-moi un élève *qui* ne *s'effraie* pas du travail, et *qui* se *laisse* conduire au jour le jour sans regarder ni ce qu'il a fait, ni ce qui lui reste à faire, je réponds qu'il réussira. Je n'en veux pour preuve que cette petite histoire que je trouve dans un livre* spécialement

* *Premières leçons de lecture courante*, par M. Aulard, inspecteur d'Académie.

écrit pour vous par un homme qui connaît mieux que personne vos défauts et vos qualités.

« Un petit enfant, à qui sa mère avait commandé d'aller chercher de l'eau à la fontaine, se mit à pleurer en disant : « Quand le seau sera plein, il sera trop lourd ; je ne pourrai jamais le porter. — Mais, lui répondit la mère, tu ne le rempliras pas aujourd'hui ; il suffira qu'il soit à moitié, voilà *la seule* chose *que* je te demande. — Et demain? — Demain tu mettras de l'eau jusqu'à l'anse. — Et après-demain? — Après-demain, tu le porteras tout plein. — Je ne pourrai jamais, » répéta l'enfant.

« La bonne mère le prit alors sur ses genoux, et lui dit : « Il y avait une fois un homme qui portait un bœuf.... — Un bœuf, maman, un gros bœuf? — Un gros bœuf. — Est-ce possible? Comment pouvait-il le porter? — Voici *de quelle manière* il y *était arrivé.* Le bœuf, à sa naissance, était un petit veau qui ne pesait guère plus que notre chien de garde. Tu ne me demandes pas *comment* il s'y *prit* pour le mettre sur ses épaules. Cela ne lui donna pas beaucoup de peine. Le lendemain et les jours suivants, il le portait sans difficulté et sans s'apercevoir que l'animal devenait plus lourd.... — Je comprends, je comprends, maman ! je vais bien vite à la fontaine, et dans trois jours j'apporterai le seau tout plein. »

FIN.

TABLE DES DICTÉES.

FIN DE LA TABLE DES DICTÉES.

TABLE GRAMMATICALE.

FIN DE LA TABLE.

9248. — Imprimerie générale de Ch. Lahure, rue de Fleurus, 9, à Paris.

Grammaire des écoles primaires, par E. SOMMER, agrégé des classes supérieures, docteur ès lettres, contenant plus de 350 exercices. 1 vol. in-12, cartonné, 75 centimes.

Ouvrage extrait du *Cours de langue française*, couronné par la *Société pour l'instruction élémentaire* et dont l'introduction dans les écoles est autorisée par M. le Ministre de l'instruction publique.

Cette grammaire, sans avoir — ce que son titre même ne comportait pas — la prétention d'être complète, renferme cependant tout ce qu'il est essentiel d'apprendre pour connaître pratiquement la langue.

L'auteur n'a pas voulu qu'il fût nécessaire, après les études élémentaires, de se procurer un livre plus développé, dépense souvent difficile. Aussi a-t-il donné, avec autant de développement que dans un *Cours complet*, tout ce qui concerne l'orthographe des verbes et les règles du participe passé, excluant de son livre ces questions particulières, souvent si délicates ou si obscures, qui ne peuvent guère être résolues que par la lecture des bons auteurs.

D'après l'excellent système en usage depuis quelques années, qui dispense l'élève d'avoir à se servir de plusieurs livres, il a, dans le corps même de la *Grammaire*, fait suivre chaque règle d'exercices destinés à en montrer l'application, et pour donner plus de place à ces exercices, il les a imprimés dans un caractère fort lisible, mais moindre que celui des règles, ce qui lui a permis d'en admettre un choix non-seulement plus nombreux, mais plus varié et plus complet, qu'il ne s'en trouve dans toute autre grammaire composée pour les écoles primaires.

Ne croyant pas d'ailleurs qu'il fût avantageux de sacrifier la clarté à une économie mal entendue, il n'a pas tenu à ce que chaque page contînt tout ce que matériellement elle peut contenir; une disposition claire, principalement dans la conjugaison, où il est si important de faire saisir tout d'abord la concordance des temps, lui a paru préférable à tout.

C'est ainsi que M. Sommer est arrivé sans contredit à offrir aux enfants des écoles un volume moins compacte, plus étendu, plus irréprochable au point de vue de l'impression que ceux qui se sont trouvés jusqu'à présent entre leurs mains; et il ne faut pas oublier, comme le remarque l'auteur lui-même, que, « quand le livre plaît à l'enfant, il est rare que ce que le livre contient ne lui plaise pas un peu aussi. »

Grammaire des jeunes filles, à l'usage des écoles et des pensionnats, par le même auteur, contenant plus de 350 exercices, spécialement rédigés pour les jeunes filles, par Mme CÉCILE REGNARD. 1 volume in-12, cartonné, 75 centimes.

Ouvrage extrait, comme le précédent, du *Cours de Langue française*, couronné par la Société pour l'instruction élémentaire et dont l'introduction dans les écoles est autorisée par M. le Ministre de l'instruction publique.

Grammaire des jeunes filles est la reproduction exacte de la *Grammaire des* [illegible]*res*, à l'exception des exercices qui, spécialement destinés aux jeunes [illegible] naturellement être composés et écrits par une femme. M. Sommer [illegible] pour un travail de ce genre, qu'à la plume délicate, élé[illegible] Regnard.

[illegible] adaptées à la Grammaire des jeunes filles, à l'usage [illegible] pensionnats, par Mme CÉCILE REGNARD. 1 volume in-12, 80 c.

Imprimerie générale de Ch. Lahure, rue de Fleurus, 9, à Paris.

www.ingramcontent.com/pod-product-compliance
Ingram Content Group UK Ltd.
Pitfield, Milton Keynes, MK11 3LW, UK
UKHW020316230726
13925UKWH00002B/453